Franquias Brasileiras

Dados Internacionais de Catalogação na Publicação (CIP)
(Câmara Brasileira do Livro, SP, Brasil)

Franquias brasileiras : estratégia, empreendedorismo, inovação e internacionalização / organizadores Pedro Lucas de Resende Melo, Tales Andreassi. -- São Paulo : Cengage Learning, 2012.

Vários autores.
Bibliografia.
ISBN 978-85-221-1184-8

1. Empreendedorismo 2. Franquias (Comércio varejista) 3. Franquias (Comércio varejista) - Administração 4. Inovações 5. Internacionalização 6. Planejamento estratégico 7. Qualidade total - Gerenciamento I. Melo, Pedro Lucas de Resende. II. Andreassi, Tales.

11-13105 CDD-658.8708

Índices para catálogo sistemático:

1. Franchising : Qualidade : Administração de empresas 658.8708
2. Franquias : Qualidade : Administração de empresas 658.8708

Franquias Brasileiras

Estratégia, Empreendedorismo, Inovação e Internacionalização

Organizadores

Pedro Lucas de Resende Melo   Tales Andreassi

Alexandre Freire Guerra   Batista Salgado Gigliotti   Bruna Sayuri Tateno Tanaka
César Augusto de Moraes Tureta   Claudia Regina Rodrigues
Eduardo Eugênio Spers   Fabio Luiz Mariotto   Felipe Mendes Borini
Jaércio Alex Silva Barbosa   Maria Fernanda Sia   Moacir de Miranda Oliveira Jr.
Rogério Stival Morgado   Tarsila Miyanohara Ota   Thelma Valéria Rocha
Ubirajara Marques de Oliveira Neto

CENGAGE Learning™

Austrália • Brasil • Japão • Coreia • México • Cingapura • Espanha • Reino Unido • Estados Unidos

CENGAGE Learning™

Franquias brasileiras – Estratégia, empreendedorismo, inovação e internacionalização
Pedro Lucas de Resende Melo e Tales Andreassi (orgs.)

Gerente Editorial: Patricia La Rosa

Supervisora Editorial: Noelma Brocanelli

Supervisora de Produção Editorial: Fabiana Alencar Albuquerque

Editor de Desenvolvimento: Fábio Gonçalves

Copidesque: Nelson Luis Barbosa

Revisão: Fernanda Batista dos Santos e Maria Alice da Costa

Pesquisa Iconográfica: Vivian Rosa

Diagramação: Cia. Editorial

Capa: Manu Santos Design Estratégico

ISBN-13: 978-85-221-1184-8
ISBN-10: 85-221-1184-7

Cengage Learning
Condomínio E-Business Park
Rua Werner Siemens, 111 – Prédio 20 – Espaço 4
Lapa de Baixo – CEP 05069-900
São Paulo – SP
Tel.: (11) 3665-9900 – Fax: (11) 3665-9901
SAC: 0800 11 19 39

Para suas soluções de curso e aprendizado, visite **www.cengage.com.br**

Impresso no Brasil.
Printed in Brazil.
1 2 3 4 5 6 7 13 12 11 10 09

Agradecimentos

Primeiro, a todos os autores colaboradores, que tornaram possível, mediante um trabalho em equipe, a realização desta obra!

Aos franqueados e franqueadores que cederam parte do seu precioso tempo para nos receber e prover informações determinantes para que conseguíssemos retratar em um livro as práticas vividas em seus negócios!

Pedro Lucas de Resende Melo
Tales Andreassi

Sobre os organizadores

Pedro Lucas de Resende Melo

Doutorando em administração pela FEA-USP, com tese em elaboração sobre o tema "Internacionalização das Redes de Franquias Brasileiras". Mestre e bacharel em Administração pela PUC-SP. Docente em Gestão Estratégica da PUC-SP e de cursos de pós-graduação e MBA em São Paulo. Atuou como coordenador acadêmico do BI (Business International – Educação Executiva). Membro fundador do Grupo de Estudos em Franchising (FGV/SP). Membro do Grupo Internacionalização das Franquias Brasileiras (ESPM/SP). Desempenha atividades de consultoria. Realiza pesquisas no segmento de franchising desde 2004. Editor da coluna "Franquias", da associação Brasileira de Lojistas de Shopping (Alshop). Avaliador de periódicos e eventos nacionais e internacionais. Possui mais de trinta publicações, entre artigos científicos e capítulos de livro, no Brasil e no exterior. Especialidades: franchising, negócios internacionais, estratégia, empreendedorismo e inovação. E-mail para contato: resendemelo@usp.br.

Tales Andreassi

Bacharel e mestre em Administração pela Universidade de São Paulo. Master (MPhil) in Science and Technology Policy Studies pelo SPRU (Science Policy Research Unit), University of Sussex/Inglaterra. Doutor em Administração pela Universidade de São Paulo. Foi pesquisador visitante no Centre for Policy Research on Science and Technology (CPROST), na Simon Fraser University (Canadá). Atuou por dez anos como gerente de projetos da Associação Nacional de Pesquisa, Desenvolvimento e Engenharia das Empresas Inovadoras (Anpei). É autor de quatro livros e dezenas de artigos científicos publicados no Brasil e no exterior. Dedica-se à pesquisa e à docência nas áreas de empreendedorismo, estratégia e inovação. Professor da FGV-Eaesp, onde também é coordenador do Centro de Empreendedorismo e Novos Negócios (CENN) e coordenador do Mestrado Profissional em Gestão Internacional (MPGI) (*stricto sensu*). E-mail para contato: tales.andreassi@fgv.br.

Sobre os autores

Alexandre Freire Guerra

Advogado, pós-graduado (MBA) em Comércio Internacional pela FEA e FIA, Especializado em Negócios Internacionais pela Universidade de Pierre Mendes (França) e mestre em Administração na área de concentração em Estratégia pelo Insper. Diretor financeiro e de planejamento do Giraffas Administradora de Franquias Ltda.

Batista Salgado Gigliotti

Mestre em Administração de Empresas pela FGV-SP. OneMBA Internacional pela FGV-SP. Pós-graduado em Administração de Empresas pela FGV-SP e engenheiro civil pela Faculdade Mauá. Sócio fundador da Fran Systems Consultoria Ltda., especializada em estratégia e desenvolvimento de negócios e de franquias, e máster franqueada da Sunbelt Business Brokers para o Brasil. Executivo responsável pela implantação da Burger King no Brasil e em países da América Latina, e pela reorganização das marcas Pizza Hut, KFC e Taco Bell na América do Sul. Membro da Associação Brasileira de Franchising (ABF) e da International Business Brokers Association (IBBA). Palestrante da FGV-SP, do Insper e da ABF. Coordenador de projeto-franquias do Centro de Empreendedorismo e Novos Negócios (CENN) da FGV-SP. Professor da Anhembi e do Senac. Vencedor do "Prêmio ABF Destaque Franchising (2011)" pela pesquisa desenvolvida na dissertação de mestrado.

Bruna Sayuri Tateno Tanaka

Graduada em Administração de Empresas pela ESPM.

César Augusto de Moraes Tureta

Graduado em Administração de Empresas pela FEA/UFJF. Mestre em Administração de Empresas pelo DAE/UFLA e doutor em Administração de Empresas pela EAESP/FGV. Professor da ESPM-SP e do Centro Universitário FEI.

Claudia Regina Rodrigues

Mestre em Administração de Empresas pela FGV-SP. Especializações em Marketing na ESPM e USP. Graduada em Administração de Empresas pela FEA/USP. Atuou em indústrias de bens de consumo, consultoria e mercado financeiro. Atualmente, trabalha no mercado financeiro, com responsabilidades voltadas para gestão de produtos e estratégia de vendas. Especialidades: Marketing; Estratégia; Franchising e Gestão de Projetos.

Eduardo Eugênio Spers

Doutor em Administração de Empresas pela FEA/USP. Mestre em Economia Aplicada pela ESALQ/USP, com pós-doutorado na Universidade de Wageningen, Holanda. Professor e pesquisador do Programa de Mestrado em Gestão Internacional da ESPM. Membro do Grupo de Internacionalização das Franquias Brasileiras (ESPM/SP).

Fabio Luiz Mariotto

Possui graduação em Engenharia Mecânica pela Universidade de São Paulo, mestrado em Engenharia de Produção pela Stanford University e doutorado em Administração de Empresas pela Stanford University. Atualmente, é professor titular da Fundação Getulio Vargas – SP.

Felipe Mendes Borini

Doutor em Administração de Empresas pela FEA/USP. Mestre em Administração pela PUC/SP. Professor e pesquisador do Programa de Mestrado em Gestão Inter nacional da ESPM. Coordenador do Grupo de Internacionalização das Franquias Brasileiras (ESPM/SP).

Jaércio Alex Silva Barbosa

Mestre em Administração de Empresas (FGV), bacharel em Administração de Empresas pela Faculdade de Economia e Administração (USP), pós-graduação em Gestão Estratégica (Universidade de Miami). Executivo da área internacional do Grupo Telefônica, atuou na International Data Corporation (IDC-Brasil), GWI Bank, Bovespa e Instituto Ethos. Professor de MBA da Universidade Anhembi Morumbi e do Senac, além de sócio da Consultoria Próximos Passos.

Maria Fernanda Sia

Graduada em Administração de Empresas pela ESPM.

Moacir de Miranda Oliveira Jr.

Professor livre-docente do Departamento de Administração da FEA/USP. Possui livre-docência, doutorado e mestrado em Administração pela Universidade de São Paulo. Especialidades: Planejamento e gestão estratégica; Internacionalização de empresas; Estratégia e inovação em corporações multinacionais; Inovação e gestão do conhecimento; Gestão estratégica sustentável.

Rogério Stival Morgado

Doutorando pela Poli/USP, mestre em Comunicação e Marketing pela USP, com especializações em Administração e Marketing no Brasil e no exterior. Graduado em

Comunicação na ECA/USP, atuou em indústrias e diversas empresas de serviços e varejo. É consultor e professor universitário. Desenvolve atividades sociais e voluntárias em entidades assistenciais e filantrópicas. Especialidades: Varejo; Franchising; Marketing; Inovação; Estratégia e Negócios internacionais.

Tarsila Miyanohara Ota

Graduada em Administração de Empresas pela ESPM.

Thelma Valéria Rocha

Doutora em Administração de Empresas pela FEA/USP. Mestre em Administração de Empresas pela Eaesp/FGV-SP, com especialização em International Business pela SSE – Suécia. Professora e pesquisadora do Programa de Mestrado em Gestão Internacional da ESPM. Coordenadora do Grupo de Internacionalização das Franquias Brasileiras (ESPM/SP).

Ubirajara Marques de Oliveira Neto

Mestre em Administração de Empresas com ênfase em Finanças Corporativas pela Eaesp/FGV-SP, graduado em Engenharia Civil pela Escola Politécnica da USP, intercambista no curso de MBA da Manchester Business School – UK. Sócio fundador da Servmix Tecnologia e Engenharia Ltda. e atualmente trabalha nas áreas de construção civil e finanças.

Prefácio

No momento em que o país está cada vez mais confiante no crescimento da economia, nada mais natural que o brasileiro se torne mais empreendedor e interessado em abrir um negócio próprio. É nesse contexto que o sistema de franquias se constitui em uma excelente opção, em razão das facilidades e, especialmente, da confiança e credibilidade que esse tipo de negócio possui.

Não é de hoje que o franchising brasileiro vem crescendo num ritmo exponencial, superior ao próprio PIB do país, e se mantendo com alto faturamento nos últimos anos. Isso significa que o setor se encontra em uma posição consolidada, o que justifica a crescente adesão dos empresários que demandam por um negócio seguro e lucrativo.

Engana-se, porém, quem acha que, para fazer parte desse sistema, basta apenas investir, e a partir disso o negócio deslanchará como num passe de mágica. Assim como em qualquer segmento, é preciso tomar cuidado, analisar os riscos, estudar detalhadamente o seu perfil empreendedor e o tipo de negócio que pretende criar ou franquear. Sem falar na capacidade de organização e gestão necessárias para tocar a franquia até que os resultados efetivos comecem a aparecer.

Por esse motivo, é tão importante que o empreendedor interessado em seguir nesse ramo comece buscando informação. É a partir da pesquisa, da análise, da leitura e do conhecimento sobre o sistema que será possível fazer uma análise detalhada do mercado e, assim, boas escolhas.

Mesmo com todo avanço e evolução que o franchising tem alcançado nesses últimos anos, ainda há uma carência de bibliografia de qualidade, de pesquisas sistêmicas que contemplem as dúvidas de quem está em busca de dados efetivos sobre o setor. Por essa razão, em nome da Associação Brasileira de Franchising (ABF), tenho a honra de apoiar iniciativas como a que vemos neste livro, pois isso só contribui para melhorar o acervo de dados sobre o mercado de franquias brasileiro.

Ricardo Bomeny
Presidente da Associação Brasileira de Franchising

Sumário

Apresentação, XV

Parte 1 Conceitos centrais, abordagens temáticas, empreendedorismo e relacionamentos em franchising, 1

1 O funcionamento do sistema de franchising,1
Batista Salgado Gigliotti

2 Pesquisas nacionais e internacionais sobre franchising, 17
Pedro Lucas de Resende Melo e Tales Andreassi

3 O perfil do franqueado e a propensão ao risco, 35
Ubirajara Marques de Oliveira Neto e Tales Andreassi

4 Relacionamentos, incentivos e conflitos em franquias, 55
Alexandre Freire Guerra

Parte 2 Casos de operações internacionais de franquias, 69

5 Desafios para a internacionalização das franquias brasileiras: um *survey* com franquias internacionalizadas, 71
Felipe Mendes Borini, Thelma Valéria Rocha e Eduardo Eugênio Spers

6 Aspectos determinantes para a internacionalização no franchising: um estudo com franquias brasileiras, 89
Jaércio Alex Silva Barbosa e Fabio Luiz Mariotto

7 Fusão e internacionalização de franquias no segmento de alimentação: o caso "TrendFoods e China in Box", 107
Pedro Lucas de Resende Melo, Tales Andreassi e Moacir de Miranda Oliveira Jr.

8 A internacionalização de franquias no segmento de óculos de sol e acessórios: o caso "Chilli Beans", 123
Felipe Mendes Borini, César Augusto de Moraes Tureta, Tarsila Miyanohara Ota, Bruna Sayuri Tateno Tanaka e Maria Fernanda Sia

Parte 3 Casos de competitividade, inovação, transferência de conhecimentos e gestão da qualidade em franquias, 141

9 Competitividade das franquias no segmento de perfumaria e cosméticos: o caso "Água de Cheiro, Antídoto, Contém 1g, Mahogany e O Boticário", 143
Claudia Regina Rodrigues e Tales Andreassi

10 Inovação em franquias de alimentação: o caso "TrendFoods", 159
Pedro Lucas de Resende Melo, Tales Andreassi e Moacir de Miranda Oliveira Jr.

11 Transferência de conhecimento em franquias de produtos naturais, educação e acessórios: o caso "Mundo Verde, Seven e Morana", 177
Batista Salgado Gigliotti

12 Gestão da qualidade em franquias de alimentação: o caso "Delta", 213
Rogério Stival Morgado

Apresentação

A apresentação desta coletânea sobre franchising inicia-se com uma recomendação aos leitores, "não deixem de ler estas páginas iniciais". Sabemos que o hábito nos faz passar pelas páginas iniciais diante da ansiedade de leitura pelos capítulos que compõem um livro. Esta breve apresentação tem a intenção não somente de introduzir os temas dos capítulos que perfazem este livro, como também de sugerir caminhos para uma leitura mais prazerosa desta obra.

Esta coletânea destina-se a *profissionais do meio prático*, que incluem franqueados, franqueadores e suas equipes, que terão um suporte de casos que englobam práticas em franquias brasileiras. Não obstante, destina-se a pessoas interessadas em conhecer melhor o sistema de franchising antes de adquirir sua primeira franquia. Trata-se de uma obra que fornece sustentação também ao *público acadêmico* que busca aprofundar seus estudos sobre o ambiente de franquias, por possuir uma base teórica para esse aprofundamento.

Os capítulos constituem-se de uma *parte teórica* e *outra prática*. Somente na primeira parte da coletânea há três capítulos puramente teóricos, por se tratar de definições e questionamentos centrais ao sistema de franchising. Nas demais partes, têm-se práticas retratadas tanto por estudos de caso com franqueadores e franqueados como por estudos quantitativos que envolvem muitas redes de franchising em um mesmo capítulo.

Cabe destacar que todos os estudos de casos e estudos quantitativos têm suas bases de informações provindas de dados primários, ou seja, foram fornecidas exclusivamente para nossos autores, não sendo informações puramente colhidas em sites e outras fontes secundárias (exceto o Capítulo 6).

Destacam-se *estudos de caso* que envolvem importantes redes de franquias brasileiras, como: Água de Cheiro, Antídoto, Chilli Beans, Contém 1g, Mahogany, Morana, Mundo Verde, O Boticário, TrendFoods (China in Box e Gendai) e Seven Idiomas. E também perfazem os segmentos: alimentação, cosméticos e perfumaria, curso de idiomas, acessórios (óculos de sol, relógios e bijuterias) e produtos naturais.

Além disso, os *estudos quantitativos* abrangem cerca de vinte redes em franquias brasileiras, por exemplo: Amor aos Pedaços, Bariloche, Bom Grillé, Cacau Show, Carola, Contém 1g, Diniz, Fábrica de Chocolate, Giraffas, Grão Expresso, Hering, Imaginarium, Líquido, Montana Grill, Pastelândia, Premiatto, Puket, Sottozero e Tip Top. E compõe os segmentos de alimentação e vestuário.

A autoria destes capítulos é composta em sua maioria por docentes de cursos de Administração de Empresas em diversos níveis (graduação, MBA, mestrado e doutorado) em prestigiadas instituições de ensino da cidade de São Paulo – Universidade de São Paulo (USP), Fundação Instituto Administração (FIA), Fundação Getulio Vargas/Eaesp, Pontifícia Universidade Católica de São Paulo (PUC/SP), Escola Superior de Propaganda e Marketing (ESPM) e Universidade Presbiteriana Mackenzie – e por executivos de franquias.

A ordenação dos capítulos segue em três partes divididas por temas. Por tratar-se de uma coletânea, sugere-se que esta leitura se dê de acordo com o nível de conhecimento sobre o sistema de franchising e o interesse do leitor por esses assuntos. Não sendo essencialmente necessário que a ordem numérica dos capítulos apresentada nesta obra seja seguida.

A *Primeira Parte* compreende conceitos centrais sobre o entendimento do funcionamento do sistema de franchising; envolve o levantamento de estudos e principais temáticas concernentes a esse ambiente de negócios; trata-se do perfil do franqueado e a propensão ao risco; e discutem-se os relacionamentos, conflitos e benefícios em uma relação entre franqueado e franqueador. Com isso, objetivamos nessa parte trazer ao leitor um entendimento geral sobre as peculiaridades do sistema de franchising. Não obstante, esperamos gerar questionamentos tanto a franqueados como a franqueadores. Qual é o perfil para se ingressar em um sistema de franchising? Será possível melhorar os laços desse relacionamento. Como fazer isso?

Em sua *Segunda Parte*, apresentam-se temáticas contemporâneas ao ambiente globalizado, envolvendo a exposição de casos de redes de franquias brasileiras em mercados internacionais. É possível refletir nessa parte sobre a competitividade das redes brasileiras: Estaríamos preparados para uma competição fora do Brasil? Quais são os melhores caminhos para se competir no exterior? Qual é a aprendizagem trazida de operações no exterior para as redes brasileiras? Seria vantajoso ter uma franquia brasileira no exterior?

Por fim, na *Terceira Parte*, temos a presença de temáticas múltiplas, envolvendo temas emergentes ao ambiente competitivo das franquias. São tratadas questões sobre a competitividade no segmento de franquias; práticas que estimulam inovações; a importância da transferência de conhecimento; e o controle de qualidade de padrões em redes de franquias. Todas essas questões buscam aumentar o poder competitivo das redes de franquias. Nessa parte do livro, espera-se gerar ao leitor questionamentos sobre qual é a melhor postura diante do dilema entre customização *versus* padronização. Quais as escolhas a serem realizadas no canal de marketing? Como inserir o franqueado no processo de inovação das redes de franquias e estimular a postura empreendedora? Quais métricas definir para o controle de qualidade?

Adicionalmente, têm-se, ao final de cada capítulo, um *resumo* e quatro *questões para discussão*. As questões são úteis, sobretudo, para a utilização desta obra em cursos de Administração de Empresas. Acreditamos que o material subsidiado nesta coletânea possa ser utilizado em cursos de Administração de Empresas e correlatos à área de negócios, especialmente em disciplinas de negócios internacionais; marketing, empreendedorismo, inovação e gestão do conhecimento. A aplicação sugerida é tanto para cursos de graduação como de pós-graduação. Ademais, os resumos visam fornecer um aspecto geral ao leitor do que foi tratado no referido capítulo.

O material de apoio, que se encontra na página do livro, no site da editora (www.cengage.com.br), apresenta *slides* de todos os capítulos, seguidos das questões para discussão presente neste livro. Esperamos que este material adicional sirva de suporte para ser utilizado nos cursos referidos ao tema.

Após esta breve apresentação, contendo instruções gerais sobre o livro, esperamos que todos tenham uma boa leitura e aumentem seus conhecimentos sobre franchising. Estamos abertos a sugestões por meio dos nossos e-mails de contato.

Pedro Lucas de Resende Melo
Tales Andreassi

Parte 1

Conceitos centrais, abordagens temáticas, empreendedorismo e relacionamentos em franchising

1 O funcionamento do sistema de franchising

Batista Salgado Gigliotti

Objetivos do capítulo

1. Auxiliar no entendimento do funcionamento do sistema de franquias.
2. Traçar a evolução do conceito de franquias.
3. Analisar como ocorre o processo de adoção do sistema de franquias.
4. Apresentar a situação do mercado de franquias brasileiro.

Introdução

O sonho de nos tornarmos donos de nosso próprio negócio nos toca em várias fases da vida. No entanto, essa aspiração deverá primeiro responder a três questões básicas: O que vou fazer? Qual será o conceito do meu empreendimento? Qual é a projeção de faturamento? Este tripé de questionamentos é a base necessária para nortear o surgimento de qualquer negócio.

Para responder à primeira questão é necessário realizar uma autoavaliação de nossas competências, habilidades e nossos desejos a fim de buscar algo que faça sentido para nossa vida, que nos satisfaça e esteja compatível com nossas capacidades. Além disso, é imperativo que se assuma características visionárias e esteja disposto à correr riscos nos negócios.

Ser visionário é um hábito cultivado a partir do contínuo exercício da observação de situações cotidianas ao nosso redor, que pode nos levar a identificar uma boa oportunidade de negócio a partir de uma situação desagradável vivida por nós.

Uma vez identificada a oportunidade empreendedora, é preciso ainda conceituar o negócio, o que significa que as necessidades da sociedade e de seu público-alvo deverão ser atendidas. Tal necessidade não deve ser entendida como o objeto da venda em si, mas sim o que está por trás dela. Como exemplo, podemos citar os serviços de *delivery* que fornecem "conveniência" e o serviço de uma empresa de consultoria que entrega "segurança, ética e confiança".

Por fim, com relação à terceira pergunta a ser respondida, apesar das inúmeras técnicas de projeção de vendas disponíveis no mercado, sempre haverá um razoável grau de incerteza quanto aos seus valores futuros.

Resolvidos os três questionamentos, há de se preocupar com outros pontos tangíveis e objetivos, que são cruciais para a abertura de qualquer negócio, como a definição dos custos, de participação de mercado, de logística, de capacidade operacional, de estratégia, de busca de recursos financeiros, entre outros.

A aquisição de uma franquia aparece nesse contexto como uma forma de facilitar essa experiência de buscas e questionamentos, especialmente no que se refere aos aspectos subjetivos. O franqueador, ao transferir para o franqueado, sua experiência e conhecimentos pregressos, reduzirá as dificuldades quanto à determinação do conceito e das projeções de receitas.

Hoje, são inúmeras as marcas franqueadoras que estão recrutando franqueados. O candidato a franqueado deve considerar em sua busca a opção que melhor se ajuste ao seu perfil e aos seus anseios. Assim, se o candidato está buscando um negócio com fluxo de caixa imediato e contínuo, deverá optar por setores de varejo. Se estiver buscando opções de crescimento no médio prazo, deverá escolher as opções do setor de serviços.

Ao pensar em fazer parte de um sistema de franquia, o futuro empreendedor deve ter em mente que entrará em uma espécie de clube, no qual há regras a serem seguidas, desde o momento de sua aprovação até uma eventual saída do sistema. Para ter acesso ao "clube", o candidato deverá pagar uma taxa de adesão – a taxa de franquia – e remunerar o franqueador com o pagamento dos *royalties* para receber continuamente os serviços e assessoria prestados pelo franqueador e seus parceiros. É importante que esteja bem entendido o tipo de relação que terão entre si, franqueadores e franqueados, em uma relação de dependência mútua.

O sistema de franquia

Um setor que tem recebido atenção por parte de investidores, de empresários, da imprensa e da sociedade em geral é o de franquias. O crescimento desse setor, que vem sendo observado tanto no Brasil como em diversos países, parece ser sedutor por tratar-se de uma escolha que substitui o emprego ou por ser uma opção para a realização do sonho de ser empreendedor. Ao mesmo tempo, vai ao encontro do anseio das empresas pela possibilidade da rápida expansão de suas marcas e, consequentemente, proporcionando ganhos de escala, com custos e riscos aparentemente mais baixos. Conforme dados relativos ao período de 2001 a 2009, o setor dobrou de faturamento e igualmente em número de marcas que aderiram ao sistema.[1]

Passados dezesseis anos da publicação da primeira lei de franquias brasileira, o sistema no país já oferece histórico para o entendimento dessa relação comercial, bem como para a identificação e análise de possíveis novos desafios enfrentados pelo setor. Assim, esse ambiente favorece o crescimento de estudos acadêmicos sobre o franchising no Brasil.

O sistema de franquia é academicamente aceito como um contrato entre dois agentes, no qual um vende o direito de uso de uma marca, um produto acabado e algum conhecimento e/ou método de gestão a outro agente, em troca de uma combinação de taxas e remuneração.[13, 19]

"Franqueador", portanto, é a pessoa, física ou jurídica, proprietária da marca e detentor de conhecimento, que concede a franquia. Por sua vez, "franqueado" é aquele que compra a concessão e será o operador de determinadas unidades da rede.[2, 8, 19]

Outros autores propõem uma versão mais ampla da definição de franchising:

> *Franchising* é um negócio que essencialmente consiste de uma organização (o franqueador) com um pacote de negócio testado em mercado, centrado num produto ou serviço, entrando em um relacionamento contratual com franqueados, tipicamente pequenas firmas autofinanciadas e autogeridas, operando sob a marca registrada do franqueador para produzir e/ou comercializar bens e serviços de acordo com um formato especificado pelo franqueador.[22]

Qualquer empreendedor pretende obter ganhos de escala. Nos setores de varejo e de serviços, ela pode ser obtida pelo aumento da massa crítica do número de pontos de venda, o que demanda constantes investimentos.[13] Justamente, o primeiro motivador à adoção do sistema de franquias é a possibilidade de crescimento com investimentos de terceiros.[7] As economias de escala geradas pelo sistema de franquia são importantes fatores de vantagem competitiva em relação a negócios independentes.[3] O ganho de escala pode trazer benefícios em termos de maior poder de barganha junto a fornecedores, na aquisição de pontos comerciais, na compra de espaços na mídia, além de fortalecer o reconhecimento da marca e, consequentemente, o aumento do valor dos intangíveis da empresa. Outra característica da implantação do modelo para o franqueador é a diluição de responsabilidades e de tarefas com os vários franqueados, ou seja, o compartilhamento de riscos associados.[13] Somados a isso, a ampla expansão geográfica e o rápido crescimento da rede geram vantagens competitivas significativas.

Por sua vez, o sistema de franquia gera à empresa franqueadora a necessidade de desenvolvimento de uma padronização para que haja maior inibição ao franqueado quanto ao mau uso de sua marca.[12] Portanto, deve provocar um incremento de custos, como resultante da contratação de pessoal especializado em suporte e fiscalização dos franqueados.

Outro aspecto importante a ser considerado é que, ainda que haja uma tentativa de amparo legal, o risco da cópia (ou "pirataria") do conhecimento transferido sempre existe. Em se tratando dos problemas da imitabilidade na transferência de conhecimento, quanto maior a dificuldade de replicar, maior a dificuldade de imitar.[14, 23] No sistema de franquias, no entanto, sua base está no êxito da replicação do conceito. Assim, este parece ser um dos dilemas vividos pelo setor.

Resumidamente e considerando os comentários anteriores, ao implantar o modelo de franchising, o franqueador passa a fornecer um serviço ao franqueado mediante uma remuneração. A empresa-mãe, portanto, passa a ter uma receita que provém dos resultados obtidos com a qualidade dos serviços de franquia prestados e não apenas do produto ou serviço original. Assim, uma empresa do setor de cosméticos, ao tornar-se uma franqueadora, passa a auferir receitas não somente com as vendas de perfumes, como também com aquelas vindas de taxas de franquia e de *royalties* pagos pelos franqueados. Por esse raciocínio, parece compreensível que, em uma feira de franquias – onde os objetos de atenção e de venda são as "franquias" –, um franqueador de uma rede de cosméticos esteja competindo com um franqueador de uma rede de chocolates aos olhos de um investidor, um futuro adquirente de uma franquia. Nesse caso, pensando exclusivamente no objeto de venda chamado "franquia", o que pode diferenciar as propostas desses franqueadores pode ser, dentre outros aspectos, a qualidade da transferência do conhecimento por parte deles ao franqueado. O aumento de conhecimento parece mais reduzir a variabilidade de desempenho do que aumentá-la.[16] Considerando o setor de franquias e que nesse segmento econômico os franqueadores são concorrentes entre si – já que cada um deles tenta vender sua proposta de sistema de franquias –, parece que a maneira pela qual a difusão do aprendizado ocorre é em si um conhecimento precioso, fator de diferenciação entre marcas e, portanto, poderá representar igualmente uma vantagem competitiva entre franqueadores.[25]

Quando o aspirante a empreendedor compara a opção de abrir um negócio com conceito próprio com a possibilidade de comprar uma franquia, reconhece nessa última algumas vantagens. Por meio do modelo de franquia – e pressupondo que a transferência de conhecimento se efetive –, há um encurtamento da curva de aprendizagem pela superação imediata de várias barreiras à entrada pela apropriação das experiências vividas pelo franqueador. No jargão popular: a ideia de "não ter que reinventar a roda".[26] Além disso, sua entrada no sistema significará o acesso às escalas da rede como um todo e a valer-se da força da marca já existente.[3] Assim como para o franqueador, há também uma diluição de responsabilidades e de tarefas. Ainda como vantagem, o franqueado pode esperar receber apoio contínuo ao longo do tempo por parte do franqueador.[13] Em contrapartida, o futuro franqueado deve considerar que há riscos como a falência do franqueador; alterações de políticas pelo franqueador ao longo da operação do negócio; a iniciativa é mais limitada, pois há regras preestabelecidas; há uma divisão dos ganhos pelo pagamento de *royalties* e taxas, que não ocorre em negócios independentes; dificuldades na saída do negócio, já que o franqueador pode ter o poder de negar a aprovação do novo comprador.[2, 4, 5, 6, 17, 22]

Ao ingressar no sistema, o franqueado, geralmente, paga uma taxa de adesão chamada taxa de franquia, e remunera o franqueador pela cessão do uso da marca (licença), pela transferência do *know-how* e pelo suporte contínuo, por meio dos *royalties*.[4, 6, 17]

Neste trabalho, considera-se como ponto de partida para a definição de "franquia" aquela estabelecida na lei brasileira:

> Franquia empresarial é o sistema pelo qual um franqueador cede ao franqueado o direito de uso de marca ou patente, associado ao direito de distribuição exclusiva ou semiexclusiva de produtos ou serviços e, *eventualmente*, também ao direito de uso de tecnologia de implantação e administração de negócios ou sistema operacional, desenvolvidos ou detidos pelo franqueador, mediante remuneração direta; sem que, no entanto, fique caracterizado vínculo empregatício. (Art. 2º da Lei nº 8.995 de 15 de dezembro de 1994)

Em um extremo, notadamente pela existência do termo "eventualmente" na definição legal, haveria uma possibilidade jurídica de não ocorrer nenhuma transferência de conhecimento. Mas, se não houvesse o direito de acesso à tecnologia de implantação e administração do negócio e/ou ao sistema operacional, a transação entre franqueador e franqueado se converteria simplesmente em uma relação de licença de uso de marca, cuja relação comercial é regida por outros parâmetros. De qualquer forma, para ter acesso às referidas informações, o franqueado deve esperar que o franqueador lhe transfira esse conhecimento adquirido e acumulado ao longo de sua história mediante uma remuneração.[13, 21]

A taxa de franquia é, portanto, uma taxa de adesão a um "clube", o equivalente à "joia". Como em um clube, o candidato passa pelo processo de aprovação de acordo com os critérios estabelecidos pela organização. Da mesma forma, tem de obedecer às regras para que o sistema (o "clube") funcione adequadamente, com ordem, segurança e benefícios aos participantes. Já os *royalties* são o equivalente à manutenção do sistema, seja no desenvolvimento de novos produtos e serviços, seja na certificação contínua das equipes e das operações para garantir a consistência dos produtos e dos serviços oferecidos, fundamental para a consolidação e a percepção do valor da marca pelos clientes.

Na prática e do ponto de vista jurídico, o que um candidato adquire realmente ao assinar um contrato de franquia é o que consta na Circular de Oferta de Franquia (COF). O conteúdo desse documento oficial é obrigatório pela lei de franquias brasileira e deve ser entregue ao candidato com no mínimo dez dias de antecedência à assinatura do contrato ou do pré-contrato de franquia. De acordo com a legislação, o franqueador deve informar na COF dados importantes para a decisão da compra, como a situação do registro de suas marcas, o modelo de expansão adotado, as regras básicas de aprovação do candidato e do ponto comercial, os balanços recentes do franqueador, os dados de contato de todas as unidades em operação da rede, como será o treinamento, quais manuais serão entregues e, naturalmente, uma estimativa de investimentos e de desempenho de uma franquia típica. Note-se que, pela lei, não há obrigatoriedade do registro das marcas ou da entrega de nenhum manual, mas sim de se dizer a verdade, ou seja, qual a situação real em cada item e naquele instante. É importante, portanto, que o candidato estude minuciosamente a COF com ajuda de outros profissionais (advogados, consultores, contadores, operadores etc.) e administre as próprias expectativas. Como se pode observar, a COF é um documento dinâmico, que varia ao longo do tempo em razão da própria maturação de cada sistema de franquia.

Evolução do sistema de franquia

Nos últimos trinta anos, um número significativo de pesquisas sobre franquias tem sido objeto de estudo em diversas disciplinas como Economia, Direito e Administração.[8]

O tema "franchising" vem ganhando novo impulso nas contribuições acadêmicas desde o ano 2002, tanto internacionalmente como no Brasil. Na verdade, parece que, no caso brasileiro, o crescimento das publicações vem sendo ainda maior. As pesquisas e os estudos acadêmicos internacionais sobre franquias têm sido dedicados especialmente ao seu relacionamento com a Teoria da Agência, Estratégia, Custos de Transação Econômica, enquanto no caso brasileiro o foco tem sido maior quanto à sua ligação com Empreendedorismo, Estratégia, Internacionalização, Contratos e Conflitos.

Conforme a literatura de especialistas em franchising, do ponto de vista de sua origem etimológica, o termo francês *franchise* foi inicialmente utilizado na Idade Média para traduzir o ato da *outorga de certas liberdades* a algumas pessoas, em detrimento da própria liberdade do outorgante. Uma cidade *franchisée* (franqueada) era a que oferecia a livre circulação de pessoas e de bens que por ela transitassem. Ao que consta, ao final da Idade Média, tanto a palavra como o conceito desapareceram da França.[2,6]

As franquias no ambiente das organizações empresariais surgem em 1863, quando a empresa norte-americana Singer Sewing Machines concedeu licenças aos comerciantes para a revenda de seus produtos.[6, 11] Naquele momento, a função do sistema de franquias era de ser um *canal de distribuição*, rapidamente absorvido por outras empresas no século seguinte. No período pós-recessão causada pela quebra da Bolsa de Nova York em 1929, as firmas foram compelidas a buscar opções mais criativas de crescimento. Dentre elas estavam o lanifício Pingouin, na França, e a General Motors, nos Estados Unidos, que tiveram uma rápida expansão de suas redes de distribuição a partir da década de 1930 valendo-se do sistema de franquia.[2, 6, 9, 10, 11] Porém, haviam introduzido outra característica adicional: a *exclusividade* no ponto de venda, ou seja, o franqueado não poderia vender produtos de outras marcas.

O grande impulso do sistema aconteceu após a Segunda Guerra Mundial, quando ex-combatentes buscaram oportunidades de trabalho independente, sem patrão. O sistema de franquia representava para eles uma *aquisição do conhecimento* prévio do franqueador, reduzindo a possibilidade de tropeços do novo empreendedor, mas também um incentivo pela *facilidade de acesso a financiamentos* em linhas de crédito específicas criadas pelo governo norte-americano.[6, 9, 11, 18]

Atualmente, os objetivos de franqueadores e franqueados são semelhantes àqueles, mas o sistema tornou-se mais complexo em razão do aumento da concorrência e dos fracassos observados.[22]

Processo de adoção do sistema de franquia

Um empreendedor já estabelecido busca implantar o sistema de franquias em sua empresa para expandir sua presença no mercado, obtendo ganhos de escala e aumentando a *exposição de sua marca*, com a vantagem de, ao fazê-lo, valer-se do capital e do *conhecimento do mercado local* por parte do franqueado.[3, 15, 18] Além disso, por ter um apoio de um administrador local (o franqueado), com recursos que o franqueador não possui – como o conhecimento de seu mercado específico –, esse último passa a ter acesso a mercados remotos, antes de difícil gestão também por barreiras logísticas.[13, 17, 18]

Para o novo empreendedor que adere à rede pela aquisição de uma franquia, as vantagens estão no acesso a um conhecimento prévio por parte do franqueador e às facilidades proporcionadas pela licença de uso de uma marca consolidada. Mais do que o glamour do uso de uma marca reconhecida, o franqueado, quando compara uma iniciativa em "voo solo" com a opção da franquia, aposta nessa última, com investimentos de capital e de tempo de dedicação, de forma a garantir um encurtamento do período de aprendizagem, possibilitando menor exposição a riscos inerentes à atividade. Por essa razão, paga as taxas cobradas pelo franqueador para, em contrapartida, receber a transferência de conhecimento do franqueador, além do acesso às vantagens que o sistema oferece.[6, 22, 24]

Assim, o sistema de franquias gradativamente parece adquirir outra importância nas relações comerciais, passando a ser um *prestador de serviços* aos ingressantes. Com a implantação do sistema de franquias, o franqueador introduz um novo produto ou serviço oferecido por sua empresa ao mercado, traduzido pelo suporte e pelo acesso às vantagens do sistema de franquia aos franqueados, e que é diferente, mas agregador à sua linha de *core products* original (por exemplo: chocolates, cosméticos e livros); que é a franquia propriamente dita. No Brasil, existem atualmente mais de 1.600 redes franqueadoras, sendo operadas por mais de oitenta mil unidades.[1] Portanto, em uma feira de franquias, por exemplo, onde o objeto de venda é a "franquia", empresas de distintos setores (por exemplo, alimentação, cosméticos, educação) concorrem entre si quanto à oferta de oportunidade de negócio (a franquia). Os números de crescimento do setor de franquias (veja a Figura 1) mostram que é crescente a concorrência que sofre cada franqueador quanto ao seu produto ou serviço de "franquia".

Enquanto o índice de mortalidade das empresas no segundo ano de operação é de 42%, no sistema de franquias esse mesmo índice cai para 17%.[1, 20] Em pesquisa com empreendedores que tiveram suas empresas encerradas, os principais fatores apontados por eles como causadores daquele fracasso são: qualificação da mão de obra, número de clientes, número de concorrentes, melhor localização e aspectos legais.[20] Neste estudo, notou-se que a falta de conhecimento desses aspectos dos negócios foi apontada pelos empreendedores como tendo sido o motivo que os levaram aos seus fracassos nas iniciativas empreendedoras. Nesse aspecto, há uma percepção de que o sistema de franquia tem uma situação mais favorável porque antecipa as barreiras encontradas mediante o conhecimento prévio do franqueador.[6, 17]

Atualmente, a evolução do sistema de franquia adquiriu importância significativa no *desenvolvimento da sociedade*. Pelas suas características de transferência disciplinada de conhecimento, profissionaliza jovens ingressantes no mercado de trabalho, bem como as firmas que, antes da implantação de franquias, trabalhavam sem processos e metodologias. Além disso, tendo como objetivo a rápida expansão dos negócios, o modelo é fator multiplicador – e com velocidade – da oferta de posições de trabalho. Por fim, deve-se mencionar o fato de que esse efeito expansionista de forma ordenada possibilita o acesso a produtos e serviços de qualidade em regiões remotas distantes de centros urbanos, algo que não seria possível por iniciativas regionais isoladas, especialmente por causa dos custos gerados pela sua falta de escala.[6, 17]

O franchising continua a aumentar em importância no fornecimento de serviços, de postos de trabalho e de oportunidades de autoemprego. Esse fato levou também a um aumento nos debates nas disciplinas de Gestão e de Marketing, assim como em Economia, Sociologia, Psicologia, Direito e Empreendedorismo.[22]

O caso brasileiro

No Brasil, estamos assistindo a uma nova fase do modelo de franquia, com sua adoção em atividades não tradicionais, ou seja, fora dos setores de varejo e de serviços. A tendência do momento traz exemplos de franquias nas áreas da saúde, de produtos financeiros, de serviços especializados de engenharia, de imobiliárias e de serviços gerais a empresas e ao indivíduo. Essa nova onda inclui ainda a implantação de franquias no chamado Terceiro Setor e no governo, onde já existem instituições públicas e organizações não governamentais que utilizam o sistema de franquias como modelo para obtenção dos mesmos objetivos originais, sejam filantrópicos ou públicos, mas com maior precisão, velocidade e amplitude.[6] As Figuras 1 a 3 demonstram a evolução do setor de franquias no Brasil.

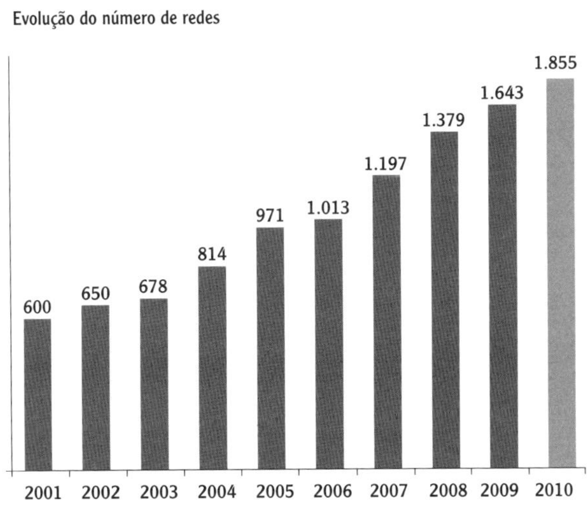

Fonte: ABF (2011).

Figura 1 – Evolução do número de redes franqueadoras no Brasil.

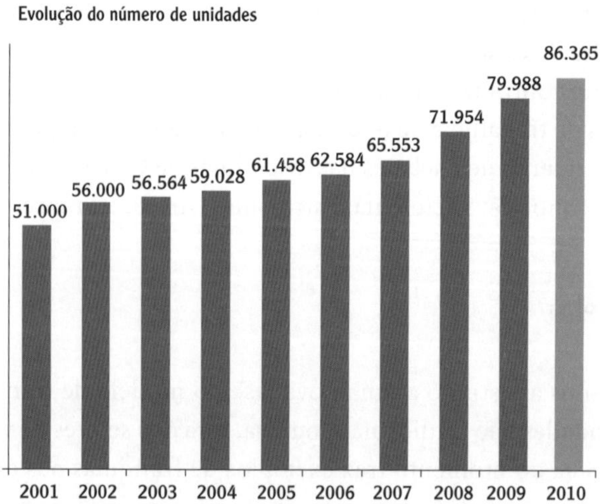

Fonte: ABF (2011).

Figura 2 – Evolução do número de unidades das redes franqueadoras no Brasil.

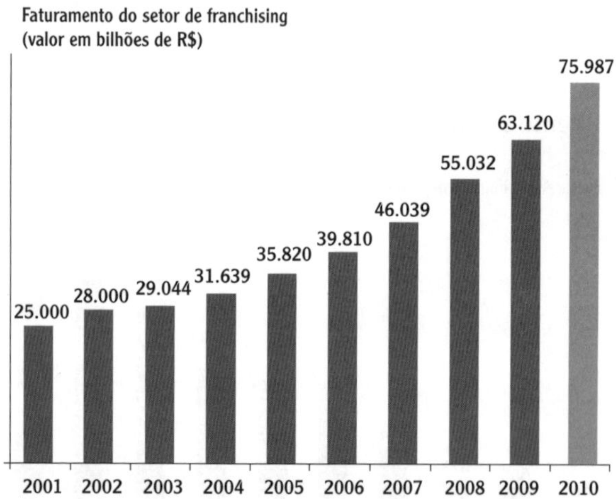

Fonte: ABF (2011).

Figura 3 – Evolução do faturamento do setor de franquias no Brasil.

Apesar de notarmos o rápido e consistente crescimento do setor de franquias brasileiro, ainda é grande o potencial quando comparamos os números nacionais com o de outros países. Enquanto no Brasil temos um número aproximado de quatrocentas unidades por milhão de habitantes, esse mesmo dado na Espanha é de 1.500 unidades por milhão de habitantes; nos Estados Unidos é de 1.900 unidades por milhão de habitantes; na França é de 2.400 unidades por milhão de habitantes; e na Austrália é de 2.600 unidades por milhão de habitantes. Na Argentina, país que adotou o sistema muitos anos depois do Brasil, esse mesmo número é de aproximadamente 300 unidades por milhão de pessoas. Mesmo se considerarmos que a população dos demais países tem maior poder aquisitivo que a média da população brasileira e se dobrássemos esse número (ou seja, se o Brasil dobrasse o número de unidades de franquia por milhão de habitantes), ainda assim estaríamos com apenas a metade da capacidade verificada na Espanha, por exemplo.

Dentre vários fatores pelos quais a evolução das unidades de franquias tem sido mais lenta que a evolução da quantidade de marcas franqueadoras, pode-se citar o ainda insipiente esclarecimento da população quanto ao entendimento do que significa o sistema de franquias, a juventude da única lei de franquias (que é de 1994!) e a falta de conhecimento – e até mesmo de orientação – do público quanto à variedade de opções de franquias disponíveis no mercado.

Ainda quanto ao cenário brasileiro, a expansão econômica que vem sendo observada nos últimos anos tem gerado uma oferta maior de marcas franqueadoras, assim como um aumento significativo da procura pela aquisição de uma franquia. No entanto, o candidato deve ter em mente que também estão mais escassas as ofertas de pontos comerciais, especialmente em centros comerciais, e a disponibilidade de mão de obra qualificada. Portanto, é muito importante a preparação de um plano de negócio adequado à realidade, mesmo quando a situação macroeconômica é favorável.

Resumo

Empreender tem sido uma aspiração da maioria das pessoas, seja pelo gosto do desafio, pela satisfação de fundar uma empresa, seja pelo simples fato de oferecer uma alternativa ao emprego. Aqueles que iniciam essa caminhada percebem rapidamente que é uma tarefa complexa, começando pela concepção da ideia. Dentre as questões mais difíceis de serem respondidas ao iniciar um empreendimento – talvez por serem também as mais intangíveis – estão: definir o que fazer, conceituar o negócio e projetar as vendas. O sistema de franquia apresenta-se como uma opção facilitadora a essas questões pelas suas vantagens, como aquisição de conceito já pronto e, na maioria dos casos, com dados históricos; a força da marca que pode levar a um aumento do poder de barganha por meio do crescimento da rede, não somente na compra de insumos, mas também na aquisição de pontos comerciais e de espaços na mídia; além de se poder contar com o conhecimento do franqueador e dos franqueados mais experientes. No entanto, as partes devem entender o tipo e as regras da relação entre franqueador e franqueado, levando a um modelo "ganha-ganha". Para isso, é necessário entender a evolução histórica do sistema de franquia, desde a origem da palavra até os dias atuais, passando pelo grande impulso após a Depressão de 1929. Além desses aspectos, é preciso compreender os conceitos básicos do sistema, como o conteúdo da Circular de Oferta de Franquia (COF), a amplitude do pagamento dos *royalties*, a contribuição ao fundo de marketing e o significado da taxa de adesão ao sistema – ou "taxa de franquia". De fato, o franchising tem adquirido significativa importância no Brasil, fato que pode ser observado pelo rápido crescimento do número de redes, do número de unidades franqueadas e do faturamento global do sistema. No entanto, dados comparativos com outros países mostram que o país ainda tem muito espaço para crescer em número de unidades por milhão de população. A ideia deste capítulo foi justamente esclarecer esses pontos para a melhor compreensão do funcionamento do sistema e de provocar discussões específicas sobre o tema.

Questões para discussão

1. Considerando dois diferentes perfis empreendedores, ou seja, investidor puro e operador puro, quais são os principais motivadores que levam cada um a adquirir uma franquia?
2. Por que adquirir uma franquia passou a ser objeto de desejo de consumo?
3. Ao ser analisada uma oportunidade de franquia, quais são os aspectos que o candidato deve considerar para a tomada de decisão mais adequada?
4. Quais são os principais desafios das franquias brasileiras na atualidade?

Referências

[1] Associação Brasileira de Franchising (ABF). Disponível em: http://www.portaldofranchising.com.br. Acesso em: 28 dez. 2010.

[2] Barroso, L. F. *Franchising & Direito*. 2. ed. São Paulo: Lumen Juris, 2002.

[3] Bronson, J. W.; Morgan, C. P. The role of scale in franchise success: evidence from the travel industry. *Journal of Small Business Management*, p. 33-42, 1998.

[4] Castrogiovanni, G. J. et al. Franchise failure rates: an assessment of magnitude and influencing factors. *Journal of Small Business Management*, p.105-114, abr. 1993.

[5] Cavaliere, F. J.; Swerdlow, M. R. Why Franchise? *Business Forum*, v. 13, n. 3, p. 11, verão 1988.

[6] Cherto, M. et al. *Franchising: uma estratégia para a expansão de negócios*. São Paulo: Premier Máxima, 2006.

[7] COMBS, J. G.; KETCHEN JUNIOR, D. J. Can capital scarcity help agency theory explain franchising? Revisiting the capital scarcity hypothesis. *The Academy of Management Journal*, v. 42, n. 2, p. 196-207, abr. 1999.
[8] ELANGO, B.; FRIED, V. H. Franchising research: aliterature review and synthesis. *Journal of Small Business Management*, p. 68-81, 1997.
[9] EMERSON, R. W. Franchise contracts and territoriality: a French comparison. *Entrepreneurial Business Law Journal*, v. 3, n. 2, p. 316-53, 2009.
[10] FÉDÉRATION FRANÇAISE DE LA FRANCHISE (FFF). Disponível em: www.franchise-fff.com. Acesso em: 20 dez. 2010.
[11] INTERNATIONAL FRANCHISE ASSOCIATION (IFA). Disponível em: www.franchise.org. Acesso em: dez. 2010.
[12] KALNIS, A.; MAYER, K. J. Franchising, ownership, and experience: a study of Pizza Restaurant survival. *Management Science*, v. 50, n. 12, p. 1716-28, 2004.
[13] LAFONTAINE, F. Agency theory and franchising: some empirical results. *RAND Journal of Economics*, v. 23, n. 2, p. 263-83, 1992.
[14] LIEBESKIND, J. P. Knowledge, strategy, and the theory of the firm. *Strategic Management Journal*, v. 17, n. esp., p. 93-107, inverno de 1996.
[15] LILLIS, C. M. et al. Competitive advantage variation over the life cycle of a franchise. *Journal of Marketing*, p. 77-80, 1976.
[16] MARCH, J. G. Exploration and exploitation in organizational learning. *Organization Science*, v. 2, n. 1, n. esp.: Organizational Learning: Papers in Honor of (and by) James G. March, p. 71-87, 1991.
[17] MAURO, P. C. *Guia do franqueador*: como desenvolver marcas mundiais. 4. ed. São Paulo: Nobel, 2007.
[18] MOCKLER, R. J.; EASOP, H. E. The art of managing a franchise. *Business Horizons*, v. 11, n. 4, p. 27, ago. 1968.
[19] PFISTER, E. et al. Institutions and contracts: franchising. *European Journal of Law Economics*, v. 21, p. 53-78, 2006.
[20] SEBRAE-SP. Serviço de Apoio às Micro e Pequenas Empresas. Disponível em: www.sebraesp.com.br. Acesso em: 15 dez. 2010.
[21] SORENSON, O.; SORENSEN, J. B. Finding the right mix: franchising, organizational learning, and chain performance. *Strategic Management Journal*, v. 22, n. 6/7, p. 713-24, 2001.
[22] STANWORTH, J. et al. Franchising as a small business growth strategy: are source-based view of organizational development. *International Small Business Journal*, dez. 2004.
[23] TEECE, D. J. Capturing value from knowledge assets: the new economy, markets for know-how, and intangible assets. *California Management Review*, v. 40, n. 3, ABI/Inform Global, p. 55, primavera de 1998.
[24] WINDSPERGER, J.; GOROVAIA, N. The choice of knowledge transfer mechanisms in franchising networks. A property rights view. *Center of Business Studies*, University of Vienna, 18 abr. 2007.

[25] WINTER, S.; SZULANSKI, G. Replication as strategy. *Organization Science*, v. 12, n. 6, nov.-dez. 2001.
[26] WITHANE, S. Franchising and franchisee behavior: an examination of opinions, personal characteristics, and motives of Canadian franchisee entrepreneurs. *Journal of Small Business Management*, p. 22-29, jan. 1991.

2 Pesquisas nacionais e internacionais sobre franchising

Pedro Lucas de Resende Melo
Tales Andreassi

Objetivos do capítulo

1. Levantar a produção científica sobre franchising entre 1998 e 2007.
2. Traçar as características da produção científica brasileira.
3. Apresentar as características da produção científica internacional.
4. Traçar as oportunidades de pesquisa sobre franchising.

Introdução

O objetivo principal deste capítulo é traçar o perfil da pesquisa científica sobre franchising no Brasil e no exterior. Para tanto, foram utilizadas publicações dos eventos e periódicos coordenados pela Associação Nacional de Pós-Graduação em Administração (Anpad)[2] disponibilizados em seu *website*, como também periódicos internacionais classificados como A, B ou C pelo sistema Qualis (Ranking de Qualificação da Capes)[6] e disponíveis no portal virtual Proquest.[5] O período de análise figura-se entre 1998 e 2007, visando analisar um período de dez anos de produção científica sobre franchising.

Para esta averiguação, temos os seguintes questionamentos: (i) como tem evoluído a pesquisa científica em franchising; (ii) em quais veículos acadêmicos essas publicações estão vinculadas; (iii) quais as principais temáticas abordadas; (iv) os vínculos institucionais desses autores; (v) a participação dos Estados brasileiros e países nessas produções; (vi) a predominância de determinados autores; (vii) os métodos de pesquisa utilizados; e (viii) os segmentos econômicos de aplicação desses estudos. A busca por essas respostas passa necessariamente pela análise de um universo de trabalhos científicos representativos da pesquisa sobre franchising no Brasil e no exterior.

Estudos desse tipo são conhecidos como meta-análises e, mesmo não sendo raros no meio acadêmico, não houve nenhum registro desse tipo de estudo sobre franchising, o que lhe confere um caráter de ineditismo. Sua importância reside em expectativas de contribuições para a evolução das pesquisas sobre o sistema de franchising brasileiro ao realizar uma comparação desse desenvolvimento em relação ao exterior, especialmente com os Estados Unidos, por ser esse o país em que há maior *expertise* no franchising.

Este trabalho se inicia com a apresentação da metodologia utilizada para o levantamento dessas publicações; a seguir, apresentam-se e discutem-se os dados encontrados. Por fim, conclui-se este estudo com recomendações e críticas referentes à pesquisa científica nacional e internacional sobre franchising.

Metodologia

Esta pesquisa pretendeu analisar o perfil das publicações científicas nacionais e internacionais que tratam sobre o sistema de franchising. Para isso, alguns critérios foram previamente definidos a fim de se delimitar o universo a ser pesquisado.

Primeiro, quanto ao período de publicação, esses trabalhos deveriam ter sido publicados entre os anos de 1998-2007. Adotou-se esse critério temporal visando dar um caráter recente ao trabalho, a fim de se debater e visualizar caminhos para futuras pesquisas sobre o sistema de franchising.

Quanto à coleta de dados, dividiu-se a amostra em duas áreas, as publicações nacionais e as internacionais. Nas publicações nacionais, foi estabelecido que somente fizessem parte deste estudo artigos vinculados ao *website* da Anpad,[2] nisso incluem-se os periódicos *Revista de Administração de Empresas* (RAE), *Revista de Administração Contemporânea* (RAC), *Brazilian Administration Review* (BAR), *Revista de Administração Contemporânea Eletrônica* (RAC-E) e os eventos Encontro da Anpad (Enanpad), Encontro de Marketing (EMA), Encontro de Estudos Organizacionais (Eneo), Encontro de Estudos em Estratégia (3E'S), Simpósio de Gestão da Inovação Tecnológica (Simpósio), Encontro de Administração Pública e Governança (ENAPG), Encontro de Gestão de Pessoas e Relações do Trabalho (ENGPR), Encontro de Administração da Informação (Enadi) e Encontro de Ensino e Pesquisa em Administração e Contabilidade (ENEPQ). Essa escolha se deu em razão da maior conveniência de acesso à base de dados desses periódicos e anais e, especialmente, por sua avaliação perante o sistema Qualis,[6] no qual tais periódicos possuem classificação entre Nacional A e Internacional B, e os eventos entre Nacional A e Internacional A, ou seja, publicações de alto reconhecimento. Entretanto, somente foram encontrados artigos no perfil estabelecido nos seguintes veículos científicos: Enanpad (19); 3E'S (2); EMA (1); Simpósio (1) e RAC (1), totalizando 24 publicações.

Nos trabalhos internacionais, utilizou-se como base de busca o portal virtual Proquest,[5] por ser um aglutinador de periódicos internacionais. Para esses trabalhos internacionais estabeleceu-se o critério da presença desses periódicos na tabela Qualis,[6] que titula tais publicações em Internacional A, B ou C. Dados os critérios estabelecidos, foram localizados 37 artigos presentes em quinze periódicos (Tabela 3).

Posteriormente à seleção desses artigos, procedeu-se à leitura dos seus resumos, problematização, metodologia e conclusões. Em casos específicos, houve a leitura integral de seus textos, na busca de uma compreensão maior do assunto tratado. A base para o levantamento dos dados para a pesquisa sobre a publicação científica em franchising recorre a estudos similares elaborado por autores, como Cardoso[4] e Tonelli et al.,[7] com destaque nacional. Levam-se em consideração os seguintes aspectos: (i) artigos publicados nacional e internacionalmente; (ii) classificação segundo a tabela Qualis;[6] (iii) local de publicação; (iv) período de publicação; (v) temáticas abordadas; (vi) filiação dos autores; (v) participação dos estados brasileiros e países; (vi) autores por artigos; (vii) publicação por pesquisador; (viii) método de pesquisa utilizado e (ix) segmento econômico de aplicação.

Apresentação e análise dos resultados

A exposição e discussão dos dados encontrados nesta pesquisa serão apresentadas em seguida. Para cada categoria, sucederá uma comparação entre os indicadores nacionais e internacionais.

Estudos nacionais e internacionais

Foram obtidos 24 estudos nacionais, o que corresponde a cerca de 40% da amostra analisada, e 37 artigos internacionais, perfazendo os outros 60% dos artigos sobre franchising que preencheram os requisitos listados na metodologia. Essa diferença pode ser justificada por dois argumentos, tanto devido a uma maior base de trabalhos internacionais veiculados no Proquest[5] do que nacionalmente pela Anpad,[2] como também por maior número de estudos sobre franchising em outros países, especialmente nos Estados Unidos e na União Europeia.

Tabela 1 – Estudos nacionais e internacionais

Origem	**Participação**	**%**
Nacional	24	39,3
Internacional	37	60,6
Total	**61**	**100,0**

Tabela Qualis

Dentre os critérios adotados neste estudo quanto à produção científica sobre franchising, foi estabelecido que, para figurar entre os estudos nacionais, era imprescindível que o trabalho estivesse vinculado à Anpad.[2] Da amostra estudada, aproximadamente 96% são trabalhos vinculados a eventos Internacionais A ou Nacionais A, sendo encontrado somente um artigo publicado em periódicos, no caso Nacional A.

Por sua vez, dentre os estudos internacionais, para sua participação foi necessário o periódico estar listado na tabela Qualis[6] como Internacional A, B ou C. Constatou-se que 78% dos artigos internacionais sobre franchising estão classificados como A ou B, o que gera maior reconhecimento por esses trabalhos analisados.

Essa metodologia visou selecionar artigos tanto nacionais quanto internacionais, que tenham sua qualidade atestada por instituições que adotam rigorosos padrões de qualidade em suas avaliações.

Tabela 2 – Tabela Qualis

Classificação	Participação	%
Nacional		
Eventos – Internacional A	19	79,1
Eventos – Nacional A	4	16,6
Periódico – Nacional A	1	4,1
Total	**24**	**100,0**
Internacional		
Periódico – Internacional A	13	35,1
Periódico – Internacional B	16	43,2
Periódico – Internacional C	08	21,6
Total	**37**	**100,0**

Local de publicação

Em relação aos locais de publicação dos artigos nacionais publicados, cerca de 80% desses estão vinculados ao principal congresso da área, o Enanpad. Há de considerar neste item a natureza ainda recente dos demais congressos organizados pela Anpad, como o Encontro de Marketing (2003),[2] o Encontro de Estudos de Estratégia (2005) e demais eventos temáticos; com isso, agregando poucos trabalhos em sua base.

Já nos estudos internacionais, três periódicos, *Strategic Management Journal*, *European Journal of Marketing* e *Journal of Retailing*, concentram 43% das publicações sobre franchising, estando o restante pulverizado em treze periódicos.

Tabela 3 – Local de publicação

Local	**Participação**	%
Nacional		
Encontro da Anpad (Enanpad)	19	79,1
Encontro de Estudos de Estratégia (3E'S)	2	8,3
Encontro de Marketing (EMA)	1	4,1
Simpósio de Gestão da Inovação Tecnológica (Simpósio)	1	4,1
Revista de Administração Contemporânea (RAC)	1	4,1
Total	**24**	**100**
Internacional		
Strategic Management Journal	6	16,2
European Journal of Marketing	6	16,2
Journal of Retailing	4	10,8
Journal of Management	3	8,1
Journal of Economic Behavior and Organization	3	8,1
Journal of Small Business and Enterprise Development	2	5,4
Journal of Small Business Management	2	5,4
Academy of Management Journal	2	5,4
Management Research News	2	5,4
European Business Review	1	2,7
Qualitative Market Research	1	2,7
Management Decision	1	2,7
Computer and Industrial Engineering	1	2,7
Journal of Business Ethics	1	2,7
The Academy of Management Review	1	2,7
Total	**37**	**100,0**

Período de publicação

Nos anos 1998 e 2002 não houve nenhuma publicação sobre franchising em âmbito nacional nos veículos analisados. Em 2004 ocorreu o pico dessa produção, com 21% dos artigos publicados, mesmo tendo reduzido a participação no ano subsequente, 33% da produção estão concentrados nos dois últimos anos analisados, 2006 e 2007.

Internacionalmente, os dados nos mostram que, igualmente à ocorrência nacional, 2002 foi um ano em que não houve nenhuma publicação sobre franchising.

O pico de produção, por sua vez, foi em 1999, concentrando 24% da produção. Os últimos dois anos perfazem 16% da produção do período analisado.

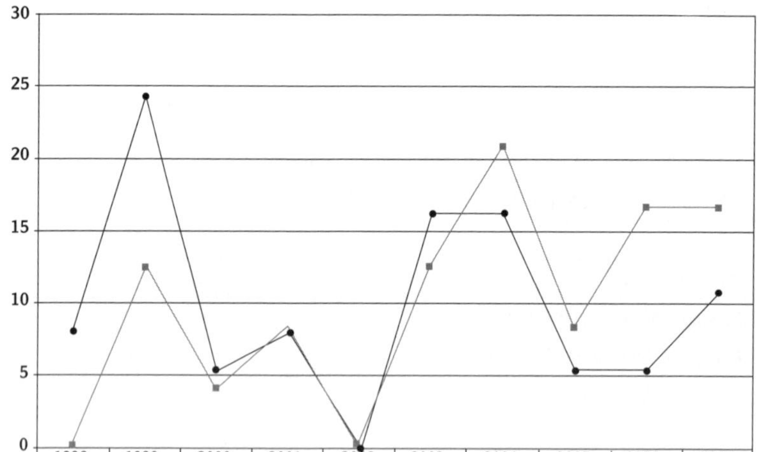

	1998	1999	2000	2001	2002	2003	2004	2005	2006	2007
Internacional (%)	8,1	24,3	5,4	8,1	0	16,2	16,2	5,4	5,4	10,8
Nacional (%)	0	12,5	4,1	8,3	0	12,5	20,8	8,3	16,6	16,6

—●— Internacional (%) —■— Nacional (%)

Gráfico 1 – Período de publicação.

Temáticas abordadas

Respondendo aos temas principais desses artigos, observa-se por parte dos estudos nacionais um destaque à temática de Empreendedorismo e Estratégia, com cinco trabalhos cada, o que corresponde a mais de 40% dos trabalhos nacionais. A justificativa para essa expressiva participação de artigos sobre Empreendedorismo envolvendo franchising pode vir da organização do mercado de trabalho atual e de opções de investimento, em que empreendedores demonstram maior atração na criação de negócios por meio do franchising, o que desperta a atenção dos pesquisadores para essa área. Os estudos relativos à Estratégia representam o caráter competitivo do franchising, em um ambiente de transformações frequentes. Vale ressaltar a busca pela internacionalização das franquias brasileiras, conferindo a terceira posição entre os trabalhos nacionais.

Entre os artigos internacionais, enfoques econômicos ganham destaque, sobretudo pela Teoria da Agência, presente em aproximadamente 25% dos artigos analisados, todos internacionais. Junto à Teoria da Agência, têm-se outras abordagens econômicas, como a dos Custos de Transação, Resource Based View (RBV) e Es-

Tabela 4 – Principal tema abordado

Tema principal	**Incidência**	%
Nacional		
Empreendedorismo	5	20,8
Estratégia	5	20,8
Internacionalização	4	16,6
Contratos	3	12,5
Conflitos	2	8,3
Gestão social	2	8,3
Marketing	1	4,1
Finanças	1	4,1
Padronização	1	4,1
Total	**24**	**100,0**
Internacional		
Teoria da agência	9	24,3
Estratégia	5	13,5
Custos de transação econômica	3	8,1
Resource Based View (RBV)	2	5,4
Expansão	2	5,4
Relacionamentos	2	5,4
Conflitos	2	5,4
Escassez de recursos	1	2,7
Tecnologia da informação	1	2,7
Percepção pública	1	2,7
Gestão do conhecimento	1	2,7
Marcas	1	2,7
Estudos organizacionais	1	2,7
Ética	1	2,7
Marketing	1	2,7
Direitos de propriedade	1	2,7
Performance	1	2,7
Contratos	1	2,7
Publicidade	1	2,7
Total	**37**	**100,0**

cassez de Recursos, que junto com a Teoria da Agência constituem 38% dos estudos internacionais analisados. Estudos sobre Estratégia ganham destaque também internacionalmente, em segundo lugar, revelando a preocupação pelas transformações dos mercados mundialmente. Por sua vez, não foi localizado nenhum trabalho envolvendo Empreendedorismo como tema principal abordado.

Filiação dos autores

Buscando maior síntese da relação de filiação dos autores, foi considerada somente a principal filiação do primeiro autor. Nesses estudos, autores vinculados às instituições de ensino com boas avaliações pela Coordenação de Aperfeiçoamento de Pessoal de Nível Superior (Capes) apresentam mais de um artigo publicado sobre franchising, como é o caso da Eaesp-FGV/SP (Nota 6); FEA-USP (Nota 6); Coppead-UFRJ (Nota 5); CCSA-Mackenzie/SP (Nota 5); IAG-PUC/RJ (Nota 5) e FEA-RP (Nota 4), correspondendo a cerca de 55% dos analisados. Os trabalhos restantes se encontram disseminados por outras onze instituições de ensino, o que demonstra a preocupação pela pesquisa científica em administração por diversas instituições.

Em se tratando dos estudos internacionais, nota-se uma grande pulverização, já que 70% desses estão vinculados a 26 instituições de ensino, com um trabalho publicado cada, o que demonstra mais o interesse particular desses pesquisadores, comprovando a inexistência de centros consolidados de estudos sobre franchising. Deve-se destacar a mobilidade de filiação apresentada por alguns autores, acarretando menor número de registros para cada instituição.

Tabela 5 – Filiação dos autores

Instituição	Incidência	%
Nacional		
Eaesp (FGV/SP)	3	12,5
FEA (USP)	2	8,3
Coppead (UFRJ)	2	8,3
CCSA (Mackenzie/SP)	2	8,3
IAG (PUC/RJ)	2	8,3
FEA-RP (USP)	2	8,3
FZEA (USP)	1	4,1
FCAV (Unesp)	1	4,1
CCSA (FURB/SC)	1	4,1

Tabela 5 – Filiação dos autores (*continuação*)

Instituição	**Incidência**	%
Nacional		
IBMEC/SP	1	4,1
Ebape (FGV/RJ)	1	4,1
CCSA (Unioeste/PR)	1	4,1
Iceg (PUC/MG)	1	4,1
Face (PUC/RS)	1	4,1
CCSH (UFSM/RS)	1	4,1
CFH (UFSC)	1	4,1
CSA (UEM/PR)	1	4,1
Total	**24**	**100,0**
Internacional		
University of Illinois/EUA	3	8,1
University of California/EUA	2	5,4
Florida State University /EUA	2	5,4
University of Viena/AUT	2	5,4
University of Las Palmas/ESP	1	2,7
University of Ulster/UK	1	2,7
Purdue University /EUA	1	2,7
University of Surrey/UK	1	2,7
University of Pennsylvania/EUA	1	2,7
Salisbury University /EUA	1	2,7
University of Queensland/AUS	1	2,7
State University of NewYork/EUA	1	2,7
University of Dayton/EUA	1	2,7
Manchester School of Management/UK	1	2,7
Case Western Reserve University /EUA	1	2,7
Lulea University ofTechnology/EUA	1	2,7
University ofTasmania/AUS	1	2,7
University of Southern California/EUA	1	2,7
University of Montana/EUA	1	2,7
University of Delaware/EUA	1	2,7
Memorial University of Newfoundland/EUA	1	2,7
University of Memphis/EUA	1	2,7
University of Kentucky/EUA	1	2,7
Claremont Mckenna College/EUA	1	2,7
University of Paris I/FRA	1	2,7
Iowa State University /EUA	1	2,7
Massachusetts InstituteTechnology/EUA	1	2,7
Christopher Newport University /EUA	1	2,7

Tabela 5 – Filiação dos autores (*continuação*)

Instituição	**Incidência**	%
Internacional		
University of South Florida/EUA	1	2,7
Boston University /EUA	1	2,7
Sem identificação	2	5,4
Total	**37**	**100,0**

Publicação por região

A produção nacional sobre franchising está representada em sua totalidade por Estados pertencentes às regiões Sudeste e Sul, levando-se em consideração a filiação do primeiro autor. Estados com maiores participações no PIB nacional, São Paulo e Rio de Janeiro, representam 70% dessa produção científica; desse valor, 50% são de autores filiados às instituições paulistas de ensino.

Tabela 6 – Publicação por região

Região	**Incidência**	%
Nacional		
São Paulo	12	50,0
Rio de Janeiro	5	20,8
Paraná	2	8,3
Santa Catarina	2	8,3
Rio Grande do Sul	2	8,3
Minas Gerais	1	4,1
Total	**24**	**100,0**
Internacional		
Estados Unidos	24	64,8
Reino Unido	3	8,1
Austrália	3	8,1
Áustria	2	5,4
Espanha	1	2,7
França	1	2,7
Suécia	1	2,7
Sem identificação	2	5,4
Total	**37**	**100,0**

Internacionalmente, a origem dessas produções científicas contempla países desenvolvidos, sendo os Estados Unidos responsável por cerca de 65% das autorias. Autores de nações europeias estão presentes em aproximadamente 22% desses trabalhos. Esses parâmetros nos levam a crer que há um incentivo maior às pesquisas em Estados brasileiros mais desenvolvidos e internacionalmente em nações que gozam de maior poderio econômico.

Publicação por pesquisador

A produção em parceria pode ser notada tanto em artigos internacionais como em nacionais, e, em ambos os casos, essas parcerias ocorrem prioritariamente entre dois autores. Essa configuração é presente em cerca de 42% dos artigos nacionais e 62% internacionalmente. A segunda opção tanto nacional como internacionalmente são as produções independentes que constituem em média 21% da produção nacional e 30% da internacional.

Tabela 7 – Autores por artigos

Número de autores	**Artigos**	**%**
Nacional		
1	5	20,8
2	10	41,6
3	6	25,0
4	2	8,3
5	1	4,1
Total	**24**	**100,0**
Internacional		
1	11	29,7
2	23	62,1
3	2	5,4
4	1	2,7
5	0	0,0
Total	**37**	**100,0**

A produção por autor, que leva em consideração a condição de coautoria, demonstra que nacionalmente o máximo de artigos publicados sobre franchising não ultrapassou a marca de dois artigos, deixando sinais de não haver pesquisadores centrados nesses estudos, estando a produção dispersa em 96% dos casos em autores que somente obtiveram uma publicação nos veículos analisados. Internacionalmente, em média 15% dos autores possuem mais de uma publicação, encontrando-se cinco autores com dois artigos, dois autores com três artigos, e somente um autor com quatro artigos. Esses dados sinalizam maior continuidade nos estudos sobre franchising por uma ainda restrita comunidade de pesquisadores internacionais.

Tabela 8 – Artigos por autor

Autores	Número de autores	%	Principais autores
Nacional			
Com 1 artigo	52	96,2	—
Com 2 artigos	2	3,7	HOELTEBAUM, Marianne
			MARQUES, Dalton
Total	**54**	**100,0**	
Internacional			
Com 1 artigo	46	85,1	—
Com 2 artigos	5	9,2	HOFFMAN, Richard
			KAUFMAN, Patrick
			KLEINER, Brian
			PREBLE, John
			SHANE, Scott
Com 3 artigos	2	3,7	COMBS, James
			DANT, Rajiv
Com 4 artigos	1	1,8	MICHAEL, Steven
Total	**54**	**100,0**	

Método de pesquisa

A preocupação por trabalhos quantitativos é evidente nos trabalhos nacionais sobre franchising; em cerca de 42% desses há emprego de *surveys* (estudos quantitativos). Internacionalmente, esse método é ainda mais expressivo, apresentando-se em 62% dos artigos analisados. Isso comprova o rigor quanto ao emprego de técnicas estatísticas presente em veículos científicos de primeira linha, tanto nacionais como, especialmente, internacionais, o que demonstra até mesmo um alinhamento do meio acadêmico brasileiro com o exterior.

O método do estudo de caso possui, entretanto, uma significativa participação nos trabalhos nacionais, constituindo 46% das publicações, fazendo-se presente em somente 8% dos trabalhos internacionais. Artigos de discussão teórica assumem uma parcela mais significativa internacionalmente do que os estudos de caso, constituindo 24% dessas publicações.

Tabela 9 – Método de pesquisa

Método	Incidência	%
Nacional		
Estudo de casos	11	45,8
Survey	10	41,6
Discussão teórica	2	8,3
Etnográfico	1	4,1
Total	**24**	**100,0**
Internacional		
Survey	23	62,1
Discussão teórica	9	24,3
Estudo de casos	3	8,1
Meta-análise	1	2,7
Análise de conteúdo	1	2,7
Total	**37**	**100,0**

Segmento econômico

O segmento econômico tratado nesses estudos, tanto nacionais, em 29% dos casos, como internacionais, em 62% dos artigos, não aborda segmentos específicos. Esses números se justificam, em grande parte, por *surveys* que não restringem suas coletas de dados por setores econômicos. Por sua ordem, o setor de alimentação foi o que mais se apresentou nos estudos nacionais, em 29% dos artigos, e internacionais, em 22% dessas publicações.

Tabela 10 – Segmento econômico

Setor	Incidência	%
Nacional		
Não específico	7	29,1
Alimentação	7	29,1
Beleza	2	8,3
Educação	2	8,3

Tabela 10 – Segmento econômico (*continuação*)

Setor	Incidência	%
Nacional		
ONG	1	4,1
Vestuário	1	4,1
Pet shop	1	4,1
Imobiliário	1	4,1
Governo	1	4,1
Correspondência	1	4,1
Total	**24**	**100,0**
Internacional		
Não específico	23	62,1
Alimentação	8	21,6
Hospedagem	2	5,4
Esportivo	2	5,4
Transporte público	1	2,7
Vestuário	1	2,7
Total	**37**	**100,0**

Considerações finais

Neste estudo, em que se realizou um levantamento da produção científica nacional e internacional sobre franchising, foi possível obter uma proporção equitativa entre artigos nacionais (40%) e internacionais (60%). Entretanto, esses números absolutos são modestos. Ao se considerar que somente no Enanpad (2007) houve 982 artigos aceitos e que no período de dez anos houve apenas 24 artigos sobre franchising, pode-se notar que se trata de uma temática pouco debatida pela academia brasileira.

Por sua vez, esse setor é economicamente importante, sendo responsável pela movimentação de mais de R$ 46 bilhões em 2007, além de apresentar um índice de crescimento marcante, superior a 15% entre 2006 e 2007.[1]

Deve-se destacar que parte desse reduzido número de trabalhos selecionados se deu pelo rigor metodológico adotado nesta pesquisa. Somente participaram artigos vinculados ao *website* da Anpad,[2] por ser este um aglutinador tanto de eventos como periódicos bem avaliados pelo sistema Qualis;[6] e artigos internacionais presentes em periódicos classificados como Internacionais A, B ou C disponíveis no portal Proquest.[5]

O Enanpad, principal evento da área, representou 80% dos artigos analisados nacionalmente. Internacionalmente, os periódicos *Strategic Management Journal*, *European Journal of Marketing* e *Journal of Retailing* concentram 43% dessas publicações, caracterizando periódicos que tratam de abordagens estratégicas e mercadológicas.

É importante enunciar que veículos científicos atrelados à Anpad[2] não registraram nenhuma ocorrência de publicações nos últimos anos, como é o caso dos periódicos RAE, RAC, BAR, RAC-E e dos eventos Eneo, ENAPG, ENGPR, Enadi e ENEPQ. Parte dessa ausência de publicações sobre franchising pode ser explicada pelo caráter ainda recente desses eventos. Dois fatores contribuíram para a limitação do número de artigos analisados: um deles é o número de veículos científicos e o outro, a linha temporal, restrita aos anos compreendidos entre 1998 e 2007. Caso fossem estendidos esses critérios, certamente se teria maior número de artigos na base analisada.

Quanto à disposição desses trabalhos ao longo dos anos, notou-se uma continuidade, excetuando o ano 2002. Nos dois últimos anos, 2006 e 2007, houve uma participação maior dos trabalhos sobre franchising no Brasil, o que representa cerca de um terço da produção do período analisado. Esse indicador pode ser um sinalizador do meio acadêmico quanto ao despertar pelos estudos sobre franchising, porém somente por meio de uma análise estatística minuciosa poderíamos traçar essa tendência.

Nacionalmente a presença de estudos sobre franchising envolvendo Empreendedorismo e Estratégia é marcante, representando mais de 40% desses estudos. Isso pode demonstrar a preocupação desses pesquisadores em analisar o franchising da óptica do empreendedorismo e seu cunho estratégico. Por sua vez, internacionalmente, os estudos mais marcantes se localizam em teorias econômicas como a Teoria da Agência, Custos de Transação, Resource Based View e Escassez de Recursos que representam 38% desses trabalhos. Essas temáticas podem indicar novos caminhos aos pesquisadores brasileiros na busca de estudos mais sistemáticos sobre o sistema de franchising.

Pesquisadores brasileiros filiados a programas de pós-graduação *stricto sensu* bem avaliados detêm em torno de 55% dessas autorias, o que indica o comprometimento dessas instituições com o processo de avaliação institucionalizado pela Capes.[4] Internacionalmente, há uma grande pulverização entre as instituições, em que 70% das autorias são representadas por 26 instituições de ensino. Isso caracteriza, especialmente nos estudos internacionais, a inexistência de polos de excelência em estudos sobre franchising.

O Brasil, por ser um país continental, tem no franchising um modelo adequado para a expansão de muitas empresas; entretanto, dentre os artigos analisados houve uma concentração de trabalhos oriundos das regiões Sul e Sudeste, em que somente o Estado de São Paulo foi responsável por 50% dessa produção. Internacionalmente, a presença dos Estados Unidos é notória em 65% dessas autorias, este que, por sua vez, é também o maior país em número de franquias. Esses dados indicam que regiões mais favorecidas economicamente são aquelas que empenham maiores recursos acadêmicos no estudo de sua atividade econômica.

Com relação à parceria para produção científica, isso ocorre de forma intensa tanto nacional, em 80% dos artigos, como internacionalmente, em 70% desses. A preferência de parceria entre dois autores por artigo está em 42% dos trabalhos nacionais e em 62% dos internacionais. Tais resultados demonstram a reconhecida importância da troca de informações e conhecimentos para a elaboração de publicações em veículos científicos em que há rigorosas avaliações.

Quando se trata da publicação por autor, nota-se que nacionalmente há poucos autores que dão continuidade aos seus trabalhos sobre franchising, pois somente dois autores possuíram mais de uma autoria. Este não é um indicador favorável, porque demonstra falta de continuidade nesses estudos, o que poderia ser benéfico ao setor. Já internacionalmente, encontra-se um grupo de oito autores que possuem mais de dois artigos publicados, demonstrando que há uma continuidade maior nos estudos sobre franchising.

A academia brasileira acompanha a prática metodológica internacional no emprego de estudos quantitativos. Há presença de *surveys* em 42% dos estudos nacionais, e essa mesma metodologia encontra-se em 62% dos estudos internacionais. Os estudos de caso foram mais representativos nos estudos nacionais, sendo utilizados em 46% das pesquisas; por sua vez, a adoção internacional dessa metodologia é mais restrita, em somente 24% dos artigos há o seu emprego. Os *surveys* são mais abrangentes e conseguem gerar considerações mais amplas sobre as populações observadas do que os estudos de caso, que buscam tratar de situações particularizadas.[3, 8]

Dentre as variáveis estudadas, nota-se tanto nos estudos nacionais quanto nos internacionais o não direcionamento da aplicação dessas pesquisas em setores econômicos em 29% dos artigos nacionais e 62% internacionalmente. Dados que podem ser compreendidos por meio da intensa utilização de *surveys* que aglomeram franquias de diversos setores. Por sua vez, o setor de alimentação foi o que teve o maior destaque em ambos os casos: 29% dos estudos nacionais e em 22% dos estudos internacionais.

Por fim, o Brasil representa atualmente a quarta posição mundial em números de unidades franqueadas; contudo, a sua participação em periódicos internacionais indexados ao sistema Qualis[6] não apresentou nenhum trabalho até o ano de 2007. Esse indicador pouco animador, em um primeiro momento, talvez possa servir de incentivo aos pesquisadores interessados no sistema de franchising e mesmo em formas de empreendedorismo. Pode-se considerar que em um campo econômico tão representativo na economia brasileira ainda possua um vasto território para a exploração dos pesquisadores brasileiros, que podem contar com campo de estudo que apresenta cerca 1.197 redes de franquias e 65.500 unidades franqueadas.[1]

A título de sugestões de pesquisas futuras, estudos mais aprofundados sobre os indicadores apresentados podem ser empregados, além de envolver maior número de veículos científicos, uma linha temporal mais extensa e até mesmo o desenvolvimento de teorias ainda pouco exploradas nacionalmente.

Resumo

O objetivo principal deste capítulo é traçar o perfil da pesquisa científica sobre franchising no Brasil e no exterior. Para tanto, foram utilizadas publicações dos eventos e periódicos coordenados pela Anpad, disponibilizados em seu *website*, como também periódicos internacionais classificados como A, B ou C pelo sistema Qualis e disponíveis no portal virtual Proquest. O período de análise figura-se entre 1998 e 2007, visando analisar um período de dez anos de produção científica sobre franchising. Para essa averiguação, temos os seguintes questionamentos: (i) como tem evoluído a pesquisa científica em franchising; (ii) em quais veículos acadêmicos essas publicações estão vinculadas; (iii) quais as principais temáticas abordadas; (iv) os vínculos institucionais desses autores; (v) a participação dos Estados brasileiros e paises nessas produções; (vi) a predominância de determinados autores; (vii) os métodos de pesquisa utilizados; e (viii) os segmentos econômicos de aplicação desses estudos. A busca por essas respostas passa necessariamente pela análise de um universo de trabalhos científicos representativos da pesquisa sobre franchising no Brasil e no exterior. Como resultado, foi possível obter uma proporção equitativa entre artigos nacionais (40%) e internacionais (60%). Entretanto, esses números absolutos são modestos. Ao se considerar que somente no Enanpad (2007) houve 982 artigos aceitos e que no período de dez anos houve somente 24 artigos sobre franchising, pode-se notar que se trata de uma temática pouco debatida pela academia brasileira. Por sua vez, esse setor é economicamente importante, sendo responsável pela movimentação de mais de R$ 46 bilhões em 2007, além de apresentar um índice de crescimento marcante, superior a 15% entre 2006 e 2007. O Brasil representa atualmente a quarta posição mundial em números de unidades franqueadas; contudo, a sua participação em periódicos internacionais indexados ao sistema Qualis não apresentou nenhum trabalho até o ano de 2007. Esse indicador pouco animador em um primeiro momento talvez possa servir de incentivo aos pesquisadores interessados no sistema de franchising e mesmo em formas de empreendedorismo. Pode-se considerar que em um campo econômico tão representativo na economia brasileira ainda possua um vasto território para a exploração dos pesquisadores brasileiros, que podem contar com campo de estudo que apresenta cerca de 1.197 redes de franquias e 65.500 unidades franqueadas.

Questões para discussão

1. Quais são os motivos para a baixa inserção das pesquisas envolvendo estudos brasileiros sobre franchising no exterior?
2. As pesquisas internacionais sobre franchising podem fornecer algum direcionamento para as pesquisas brasileiras sobre franchising, ou é possível criar uma corrente própria de pensamento?
3. Quais são as principais limitações que se podem ter em se concentrar nacionalmente as publicações sobre franchising?
4. Quais sugestões podem ser direcionadas aos pesquisadores brasileiros que visam à inserção de suas publicações sobre franchising no exterior?

Referências

[1] Associação Brasileira de Franchising (ABF). Portal. Disponível em: http://www.portaldofranchising.com.br. Acesso em: 5 mar. 2008.

[2] Associação Nacional de Pós-Graduação (ANPAD). Portal. Disponível em: http://www.anpad.org.br. Acesso em: 30 dez. 2007.

[3] Babbie, E. *Métodos de pesquisas de survey*. Belo Horizonte: Editora da UFMG, 1999.

[4] Cardoso, R. L. et al. Perfil das pesquisas em contabilidade de custos apresentados no Enanpad no período de 1998 a 2003. *Revista de Administração Contemporânea*, v. 11, n. 3, p. 177-198, jul.-set. 2007.

[5] Proquest. Portal de Periódicos Científicos Internacionais. Disponível em: http://www.proquest.com. Acesso em: 15 out. 2007.

[6] Qualis. Ranking de Qualificação das Publicações Científicas. Disponível em: http://qualis.capes.gov.br/webqualis. Acesso em: 1º out. 2007.

[7] Tonelli, M. J. et al. Produção acadêmica em recursos humanos no Brasil: 1991-2000. *Revista de Administração de Empresas*, v. 43, n. 1, p. 104-22, 2003.

[8] Yin, R. K. *Estudo de caso*: planejamento e métodos. Porto Alegre: Bookman, 2001.

3 O perfil do franqueado e a propensão ao risco

Ubirajara Marques de Oliveira Neto
Tales Andreassi

Objetivos do capítulo

1. Apresentar os principais elementos motivadores da atividade empreendedora.
2. Apresentar os conceitos relacionados ao risco em atividades empreendedoras.
3. Apresentar as principais técnicas para mensuração de risco em atividades empreendedoras.
4. Apresentar os resultados encontrados neste estudo a respeito do comportamento dos empreendedores durante o processo de decisão para a aquisição da franquia, no que diz respeito à tomada de decisão frente ao risco.

Introdução

O sistema de franchising se baseia numa relação contratual referente a uma franquia que é desenvolvida entre duas partes: o franqueado e o franqueador. Dessa forma, o franchising é uma opção à diversificação que pode ser considerada uma estratégia cooperativa que as firmas adotam para dispersar os riscos e compartilhar competências. Essa relação envolve a transação de uma série de recursos tangíveis e intangíveis. Da parte do franqueador, este é o responsável pelo suporte para o estabelecimento de uma nova franquia, nisso estando incluídos os treinamentos, o fornecimento de produtos, a elaboração de planos de marketing e financeiros. Ao franqueado, por sua vez, cabe a responsabilidade da comercialização desses produtos e serviços estabelecidos pelo franqueador.[8, 14, 23, 39]

É nítido, nos últimos anos, o aumento do interesse de muitos empreendedores pelas franquias, servindo como uma opção ao empreendedor que deseja se estabelecer com marcas e *know-how* consolidados pelos franqueadores, o que contribui para reduzir as incertezas ao se abrir um negócio. Outros benefícios também podem ser identificados nas franquias, como os ganhos de escala em razão de maior acesso tecnológico possibilitado pelo franqueador; maior facilidade de se obter financiamentos para expansão do empreendimento; menor dispêndio de recursos para o monitoramento e controle das unidades, quando comparado a lojas próprias. Em muitos casos, o sistema de franchising pode ser considerado mais vantajoso em relação aos negócios independentes, em especial por fornecer ao empreendedor um modelo de gestão em parceria, em que há maior troca de informações e práticas inovadoras nos mercados em que a rede de franchising atua.[39, 40]

Os dados do mercado mundial de franquias demonstram que os Estados Unidos dominam a adoção do franchising internacionalmente, com mais de 760 mil unidades franqueadas, gerando 18 milhões de empregos e movendo US$ 1,53 trilhão anualmente na economia.[11, 20] O Brasil ganha destaque ao apresentar um faturamento em torno de R$ 76 bilhões, com mais de 86.400 unidades franqueadas por cerca de 1.855 redes, e 90% das redes são genuinamente brasileiras, o que representa uma geração de cerca de 780 mil empregos diretos e uma estimativa de quase dois milhões de empregos indiretos. É esperada, neste momento de crise financeira internacional, maior procura por negócios pré-formatados, como é o caso das franquias.[1, 27]

Dessa maneira, mesmo sendo um importante setor do ponto de vista econômico, e uma forma de empreendimento que tem atraído cada vez mais empreendedores, o setor de franchising brasileiro ainda é carente de desdobramentos científicos mais profundos. Um estudo recente atesta a produção científica nacional e internacional sobre o franchising, revelando as necessidades e oportunidades de maiores análises nesse setor.[27]

Por sua vez, os registros acadêmicos demonstram que um dos assuntos mais destacados no que diz respeito à decisão pelo ato de empreender é o fator risco, sendo de suma importância entender como isso afeta a tomada de decisão para a aquisição de uma franquia. O risco é deflagrado por dois fatores: (i) a percepção de risco, relacionada a como o empreendedor enxerga o novo negócio (oportunidade ou ameaça) e (ii) a propensão ao risco, relacionada a quanto o empreendedor está disposto a sofrer ou não risco. Nesse último fator, há uma classificação do empreendedor quanto à aversão ao risco: conservadora, moderada ou agressiva.[6, 25, 38]

Diante desse cenário, o presente capítulo investiga o processo de seleção de franqueados em relação ao perfil de risco. Para que isso seja possível, busca-se responder aos seguintes questionamentos: (i) Há um perfil de propensão ao risco presente em empreendedores que optaram por franquias? (ii) Existe um perfil de propensão ao risco adequado a cada setor de atuação das franquias? (iii) Tem-se uma relação entre a idade da rede e o perfil de propensão ao risco do franqueado? (iv) Evidencia-se a relação entre redes com maiores retornos esperados e atração por empreendedores propensos a correr risco?

Este capítulo articula-se da seguinte maneira: uma primeira parte composta pela revisão bibliográfica debatendo sobre a atividade empreendedora e os fatores de risco; posteriormente, transcorrem-se os aspectos metodológicos e a formulação das hipóteses; em seguida, são apresentados os resultados estatísticos e o debate em torno dessas relações entre variáveis analisadas; e, por fim, as considerações finais sobre as questões levantadas.

Referencial teórico

Uma das preocupações tradicionais dos estudos em empreendedorismo figura-se nos fatores relacionados ao surgimento de novos empreendedores e o funcionamento do processo de tomada de decisão para abertura de novos negócios. Esses fatores podem ser explicados por diversas áreas de conhecimento, como economia, sociologia e psicologia.[25, 36, 43] Essas abordagens clássicas da atividade empreendedora são influenciadas por aspectos macroambientais, que podem ser de ordem tanto econômica como social, interligados à identificação de oportunidades de negócios.[2, 7]

O fator risco é um dos temas centrais na discussão sobre o comportamento dos empreendedores em seu processo de tomada de decisão; consequentemente, tem sido comum a presença de estudos sobre os mais diferentes aspectos desse processo. As diversas abordagens envolvendo risco e tomada de decisão são sintetizadas na Tabela 1, junto com os seus respectivos autores.

Tabela 1 – Abordagens sobre risco e tomada de decisão

Abordagem	Autores
Prospecção de oportunidades	Hills et al. (1999); Rice e Kelley (1997)
Mensuração de oportunidade	Heanet al. (2002)
Tomada de decisão	Kahneman eTversky (1979);Tversky e Kahneman (1981); Scheider (1992)
Propensão ao risco	Wallach e Kogan (1964); Brockhaus (1980); Gómez-Mejia e Balkan (1989); Rowe (1997)
Fatores cognitivos risco e empreendedores	Palich e Bagby (1995)

Sitkin e Weingart[41] propuseram uma estrutura para o processo de tomada de decisão de empreendedores ante o risco dividida em dois subdomínios: (i) *outcome history* (histórico de risco) e (ii) *problem framing* (cenário de risco) cujas principais variáveis envolvidas são a propensão ao risco e a percepção de risco.

O "cenário de risco" refere-se à forma como a situação envolvendo risco se mostra ao empreendedor: como uma oportunidade ou como uma ameaça. Por sua vez, o "histórico de risco" é uma característica da interação entre indivíduo e situação que define quanto o empreendedor acredita que uma situação de risco ocorrida no passado tenha resultado em sucesso ou fracasso.

Correspondentemente, "percepção de risco" é o julgamento do empreendedor a respeito de quão controlável é a incerteza envolvida na situação, enquanto a "propensão ao risco" é a tendência pessoal do empreendedor a aceitar ou evitar risco.

A propensão do indivíduo à atividade empreendedora pode ser mensurada por meio de características individuais de percepção de risco.[29] Liles[22] sugeriu que a percepção de risco estaria associada à condição financeira do indivíduo, às oportunidades de emprego existentes ao seu redor, ao seu relacionamento familiar e a aspectos psicológicos do indivíduo. Para esse autor, a percepção de risco está muito associada à possibilidade de obtenção de sucesso ou insucesso com o novo negócio, e os resultados do potencial de falha no negócio podem ter consequências não só financeiras, mas emocionais, dado o grande envolvimento pessoal do indivíduo com o negócio.

Em um estudo pioneiro desenvolvido por Atkinson,[3] foi estabelecido um modelo para medição da percepção de risco que, assim como Liles,[22] previa a variável probabilidade de sucesso ou insucesso como participante no modo como o empreendedor avalia e percebe risco.

O levantamento da literatura sobre o tema percepção de risco aponta sete grandes áreas que agrupam os principais fatores relacionados ao comportamento dos indivíduos ante o tema risco. São eles: (i) macroambiente; (ii) idiossincrasias culturais; (iii) variáveis cognitivas; (iv) motivação empreendedora; (v) características pessoais; (vi) características da demografia empreendedora; e (vii) microeconomia do projeto. O macroambiente que define a propensão à abertura de um negócio inclui os fatores econômicos, enquanto as demais áreas dizem respeito aos fatores sociais.[6, 25, 38]

Há dois outros conceitos relacionados à propensão ao risco: (i) atitude de risco, relacionado a fatores psicológicos, exprime quanto risco um indivíduo está disposto a correr; e (ii) capacidade de risco, relacionado a questões financeiras, exprime quanto risco um indivíduo é capaz de suportar financeiramente.

Para alguns autores como Cordell,[9] a propensão ao risco de um indivíduo é a soma da capacidade de risco e a atitude de risco. No entender de Roszkowski et al.,[33] a propensão ao risco, ou tolerância ao risco, refere-se apenas à atitude de risco de um indivíduo, ou seja, a fatores psicológicos relacionados a quão confortável um indivíduo se sente ante a situações de risco, nesse caso, financeiro. Por sua vez, Sitkin e Weingart[41] definem propensão ao risco como a tendência pessoal de o empreendedor a aceitar ou evitar risco.

Técnicas de mensuração da propensão ao risco

As técnicas para mensuração da propensão ao risco de investidores já são estudadas há algumas décadas em diferentes áreas de conhecimento, mas especialmente na Psicologia e na Psicometria têm-se desenvolvido ferramentas para mensuração dessa característica pessoal dos indivíduos. Essas técnicas têm-se difundido, em especial, pela imposição governamental, a exemplo da legislação americana, que obriga por lei instituições financeiras a medir e classificar seus clientes de acordo com sua propensão ao risco. Com isso, o modo a sugerir e administrar portfólios de investimento tem como referência garantir a minimização do risco e a maximização do retorno do investimento de acordo com o perfil de risco identificado. Há tanto medições objetivas e subjetivas, como por julgamentos heurísticos, que veremos em seguida.[6, 25, 38]

Medições objetivas

As avaliações de propensão ao risco feitas de modo objetivo baseiam-se no passado de investimentos de risco do investidor para avaliar sua propensão ao risco atual, diferentemente das medições subjetivas, cujo foco é tentar entender como o investidor se sente ante a situações e decisões que envolvam risco e interpretar sua propensão ao risco mediante sua postura diante dessas situações.[13]

Assim, os defensores da medição objetiva apoiam-se na premissa de que as decisões de investimento passadas são as melhores estimativas para avaliar a propensão ao risco atual do investidor.[13]

Cordell[9] critica essa teoria e acredita que a utilização de investimentos passados como fonte de dados para avaliar a propensão ao risco atual é ineficiente, uma vez que a tolerância ao risco de um investidor pode mudar com o tempo, fruto, por exemplo, de maior exposição ao risco e aprendizado ao longo dos anos.

Por sua vez, Schooley e Worden,[36] baseados no modelo de Friend e Bluem,[13] mostraram que a propensão ao risco de um investidor é inversamente proporcional à taxa calculada entre o montante de investimentos passados em ativos de risco e o capital total disponível para investimento, conforme fórmula descrita a seguir:

$$1/RRA = IRA/TW$$

Onde:

RRA = Relative Risk Aversion
IRA = Investments in Risky Assets
TW = Total Wealth

Apesar de a técnica de medição objetiva estar calcada em fundamentos científicos, duas importantes condições precisam ser atendidas para que o método tenha validade: (i) a alocação passada de capital em ativos de risco tem de ser fruto de uma opção pessoal e não deve ter havido aconselhamento de terceiros; e (ii) ao realizar os investimentos, o investidor deve ter total conhecimento dos riscos de cada ativo investido.

Essas duas premissas, no entanto, raramente são atendidas no ato da avaliação da propensão ao risco de um investidor, especialmente em países como o Brasil, com pouca cultura de investimentos. Por premissa do método, pressupõe-se um histórico de investimentos para medição da propensão ao risco, o que inviabiliza o método para novos investidores.

Medições subjetivas

Nesse tipo de medição, a ênfase é dada em como o investidor percebe o risco ou como ele se sente ante uma decisão que envolva risco. Esta é a técnica mais difundida na elaboração de questionários, podendo ser aplicada também por meio de entrevistas diretas entre o investidor e o gerente de contas. A simplicidade do método e a possibilidade de utilização de questionários fizeram que essa técnica se difundisse, especialmente com a massificação da oferta de produtos financeiros.

Geralmente, as perguntas são feitas em questionários e as respostas são exibidas na forma de múltipla escolha. A cada resposta é atribuída uma pontuação, sendo a mais alta para a resposta mais agressiva ante o risco, e a mais baixa para a menos agressiva.

A soma da pontuação pode ser comparada com uma escala onde é possível identificar o grau de aversão ao risco do investidor: conservador, moderado ou agressivo. Apesar de ser a técnica mais utilizada, poucas pesquisas podem ser encontradas para avaliar sua eficiência. Grable e Lyton[16] focam esse assunto e é nessa falta de embasamento científico e comprovação, bem como em sua simplicidade, que se encontram as maiores críticas à utilização de questionários como forma de avaliação da propensão ao risco.

Julgamentos heurísticos

A técnica de medição por julgamento heurístico baseia-se em estudos demográficos, socioeconômicos e em menor proporção nas características comportamentais do investidor para determinar sua propensão ao risco.

As principais variáveis analisadas pela técnica são: idade, sexo, estado civil, escolaridade, profissão, patrimônio, renda, número de dependentes financeiros, conhecimento financeiro, expectativas econômicas e até alguns fatores psicológicos. Em sua maioria, os estudos realizados sobre o tema basearam-se em determinar correlações entre essas variáveis e a propensão ao risco do investidor mediante modelos de regressão.

Muitas inconsistências, no entanto, foram averiguadas nesses estudos. Alguns estudos, por exemplo, concluíram que a tolerância ao risco aumenta com a idade, enquanto outros postulam o contrário.

A utilização de questionários para medição da propensão ao risco

Bolchey[4] avaliou um questionário com dez perguntas tipicamente utilizadas por instituições financeiras para avaliação da propensão ao risco e descobriu que elas não foram capazes de predizer o comportamento dos entrevistados quanto à exposição ao risco em seus investimentos.

Já Yook e Everett[5] reportaram em seu capítulo as divergências entre seis modelos diferentes de questionários utilizados por instituições financeiras. Segundo Roszkowski et al.,[33] ambas as pesquisas têm relevância quanto a alguns aspectos abordados; por exemplo, quanto à ineficiência apontada por Bolchey[4] na utilização de questionários com poucas perguntas para correta avaliação da propensão ao risco, bem como as conclusões de Yook e Everett[45] de que havia inconsistências nos seis questionários avaliados, levando a conclusões equivocadas a respeito da propensão ao risco.

Roszkowski et al.,[33] no entanto, afirmaram que o problema não está na utilização de questionários para avaliar a propensão ao risco dos respondentes, mas em uma formulação deficitária dos questionários decorrentes da não utilização da psicometria. A argumentação desses autores é que os questionários podem ser utilizados desde que apropriadamente desenvolvidos, devendo ter como suas duas principais características: validade e consistência.

Para a psicometria, dois conceitos são importantes para que se garanta a eficiência de um teste de mensuração de atributo: (i) *validity* (validade), sendo a capacidade de um instrumento de medição realmente medir o que se propõe a medir e (ii) *reability* (consistência), sendo a capacidade de um instrumento de mensuração apresentar resultados consistentes.

Metodologia

Coleta de dados

A medição do perfil de tolerância ao risco (propensão ao risco) foi feita por meio de um levantamento utilizando-se um questionário com perguntas de múltipla escolha baseados predominantemente no método subjetivo de propensão de risco, conforme conceitos apresentados no item medição da propensão ao risco.

O questionário foi desenvolvido segundo os parâmetros da psicometria, de modo a maximizar a eficiência desse instrumento e minimizar os efeitos da falta de validade e de consistência.[33] Para tal, traduziu-se para a língua portuguesa o questionário desenvolvido por Grable e Lytton.[16]

Também foram inseridas questões relacionadas a características pessoais dos entrevistados e da rede franqueadora com o objetivo de validar os resultados obtidos para a medição da propensão ao risco bem como traçar um perfil da amostra.

Amostra

A amostra foi escolhida aleatoriamente dentre empreendedores que haviam adquirido franquias nos segmentos de vestuário e alimentação na região metropolitana de São Paulo, totalizando trinta casos. A escolha por esses dois segmentos se deu de maneira que pudesse ser testada a Hipótese 3 cujo objetivo foi averiguar a correlação da propensão ao risco do empreendedor com o grau de inovação e, portanto, risco presente no segmento.

Foi considerado, por mera simplificação do estudo e observação dos autores, que o segmento de vestuário, por estar inserido na indústria da moda, cuja principal característica é a necessidade de se manter em frequente mudança, adequando-se sazonalmente às variações no conceito de moda, apresenta alto grau de inovação e, consequentemente, um risco consideravelmente maior que o segmento de alimentação.

Com o objetivo de avaliar a correlação entre a idade da franquia, ou seja, seu tempo no mercado, e a propensão ao risco (Hipótese 1), foram escolhidas redes com diversas idades.

Uma vez escolhidos os segmentos e franquias de interesse, foram identificados possíveis franqueados para a realização da pesquisa de campo. As entrevistas foram conduzidas por intermédio de um entrevistador diretamente com o empreendedor do negócio (franqueado), esse que realizou o aporte financeiro para a aquisição da franquia.

Tabela 2 – Segmentos de atuação

Código	Franquia	Segmento
1	Amor aos Pedaços	Alimentação
2	Amor aos Pedaços	Alimentação
3	Amor aos Pedaços	Alimentação
4	Bariloche	Alimentação
5	Bom Grillé	*Fast-Food*
6	Cacau Show	Alimentação
7	Cacau Show	Alimentação
8	Carola	Vestuário
9	Contém 1 g	Vestuário

Tabela 2 – Segmentos de atuação (*continuação*)

Código	Franquia	Segmento
10	Diniz	Vestuário
11	Fábrica de Chocolate	Alimentação
12	Giraffas	*Fast-Food*
13	Grão Expresso	Alimentação
14	Hering	Vestuário
15	Hering	Vestuário
16	Imaginarium	Vestuário
17	Líquido	Vestuário
18	Montana Grill	*Fast-Food*
19	Montana Grill	*Fast-Food*
20	Pastelândia	*Fast-Food*
21	Pastelândia	*Fast-Food*
22	Premiatto	*Fast-Food*
23	Premiatto	*Fast-Food*
24	Puket	Vestuário
25	Puket	Vestuário
26	Sottozero	Alimentação
27	Spoleto	Alimentação
28	Hot dog (nome fictício)	*Fast-Food*
29	Hot dog (nome fictício)	*Fast-Food*
30	TipTop	Vestuário

Tratamento dos dados

A análise estatística utilizada envolveu diferentes tipos de testes estatísticos: testes descritivos da amostra, testes de correlação de Spearman e testes não paramétricos, como o teste de Mann-Whitney e o teste de Kruskal Wallis.

O índice de Spearman nada mais é que o índice de Pearson sobre o posto dos conjuntos de dados, sendo mais indicado quando os dados não seguem distribuição normal, quando existem valores discrepantes nos dados ou em casos em que a associação entre os dois conjuntos de dados não é linear.[12] A correlação de Spearman é o grau de associação entre duas variáveis e observado a partir da análise da correlação. A correlação de Spearman baseia-se na ordenação de duas variáveis sem nenhuma restrição quanto à distribuição de valores.

O teste de Mann-Whitney é a alternativa não paramétrica do teste *t* de *student*. O teste compara o centro de localização das duas amostras como forma de detectar diferenças entre as duas populações correspondentes. O teste se baseia nas ordenações das variáveis.[30]

O teste de Kruskal-Wallis é a alternativa não paramétrica do teste One-way Anova quando não se encontram presentes os pressupostos de normalidade e adequado para amostras pequenas (n = 30).[30] Trata-se de um teste para decidir se K amostras (K>2) independentes provêm de populações com médias iguais, ou seja, o teste permite ver se existem diferenças entre três ou mais condições experimentais. Assim como o teste de Mann-Whitney, o teste de Kruskal-Wallis é não paramétrico e primeiro converte os dados em postos.

Apresentação e análise dos resultados

A Tabela 3 mostra a distribuição de retornos esperados pelos franqueados à época de aquisição da franquia, e a Tabela 4 mostra o resultado da pergunta feita para verificar o porcentual de franqueados, dentro da amostra, que investiam em ação.

Tabela 3 – Taxa de retorno esperada

	%
Até 10%	30
Entre 10% e 20%	33,3
Entre 20% e 30%	13,3
Entre 30% e 40%	6,7
Mais de 40%	16,7
Total	100

Tabela 4 – Investimento em ações

	%
Sim	40
Não	60
Total	100

A grande maioria dos franqueados, quando questionada diretamente como se classificava quanto a seu grau de aversão ao risco, considerou-se um investidor moderado (80%). Porcentual semelhante foi encontrado quando a pergunta foi como o entrevistado se considerava quanto ao seu grau de aversão ao risco à época em que adquiriu a franquia (70%).

Tabela 5 – Propensão ao risco atual e à época de aquisição da franquia

	Propensão ao risco direta (na aquisição)	Propensão ao risco direta (hoje)
	%	%
Avesso ao risco	20	6,7
Moderado	70	80
Arriscado	10	13,3
Total	100	100

A Tabela 6 apresenta a pontuação obtida pelos franqueados pesquisados quanto à sua propensão ao risco. Essa pontuação é resultado de treze questões que analisavam de maneira indireta o perfil de risco de cada entrevistado.

Tabela 6 – Pontuação obtida no teste para medição da propensão ao risco de maneira indireta

Pontuação	%
17	3,3
18	6,7
19	3,3
22	3,3
24	6,7
25	10
26	6,7
27	6,7
28	6,7
29	3,3
30	6,7
31	3,3
32	10
33	6,7
34	3,3
36	6,7
39	3,3
42	3,3
Total	100

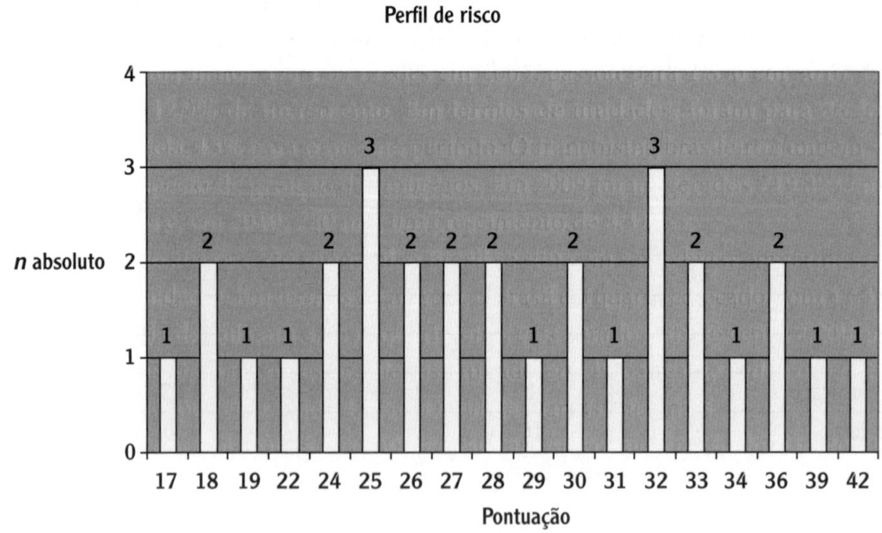

Gráfico 1 – Perfil de risco.

A média encontrada foi de 28 pontos com desvio-padrão de 6 pontos, ou seja, o perfil de propensão ao risco moderado é o que predomina (64%), nenhum foi classificado como conservador e 36% foram classificados como arriscado (acima de 31 pontos). Pode-se observar que há um contraste quando esse resultado é comparado ao perfil de risco encontrado quando a pergunta foi feita diretamente ao entrevistado, pois 70% se consideravam moderados, 10% se consideravam arriscados e 20%, avessos ao risco.

Também é possível observar uma variação, apesar de pequena, entre o perfil de risco medido hoje por meio da pergunta direta e o perfil de risco que o franqueado apresentava à época de aquisição da franquia, obtido também de forma direta quando questionado se o mesmo julgava ter o seu perfil de risco mudado ao longo dos anos posteriores à aquisição.

Teste de hipóteses

Uma vez verificadas as diferenças na propensão ao risco, medida por meio das perguntas diretas aos entrevistados e do questionário; e ainda, tendo sido encontradas mudanças no perfil de risco ao longo do tempo, conforme evidenciado na Tabela 5; optou-se por realizar o teste de hipótese levando-se em consideração as três medidas de propensão ao risco encontradas, sendo elas: (a) por meio do questionário, (b) por meio das perguntas diretas quando se referia a seu perfil de risco na aquisição da franquia e (c) quando se referia a seu perfil de risco no momento da entrevista. Também optou-se por realizar testes estatísticos transformando as variáveis escalares em variáveis binárias, agrupando os respondentes em grupos de indivíduos com perfil moderado e perfil arriscado, os estatisticamente significantes segundo a medição realizada.

A Hipótese 1 propõe a afirmação de que "existe associação entre a propensão ao risco do franqueado e a idade da franquia". Será verificado em relação à idade da franquia que é medida pelo ano de sua fundação subtraído do ano de aquisição pelo franqueado, ou seja, seu tempo de estabelecimento no mercado quando foi adquirida.

O teste de hipótese mostrou não haver correlação significativa entre idade e perfil de risco. Além disso, as correlações são muito fracas. Consequentemente, nenhum modelo de regressão se ajusta para a hipótese da propensão ao risco do franqueado variar conforme a idade da franquia, logo a Hipótese 1 não é suportada.

Quando transformada a variável escalar em binária e separado o grupo dos moderados e arriscados, continua a não existir relação entre idade e perfil do investidor. Quando analisado de modo direto, ou seja, perguntando diretamente ao franqueado qual o seu perfil de propensão ao risco e relacionando com a idade da franquia, verificamos que os franqueados não variavam sua percepção quanto ao risco. Logo, quando questionado de maneira direta e não disfarçada, a Hipótese 1 continua a não ser suportada.

A Hipótese 2 procura verificar se "existe uma associação entre a propensão ao risco do franqueado e o retorno esperado". Para tal utilizou-se o teste Kruskal Wallis. Também optou-se por realizar o teste de Mann Whitney agrupando os resultados da taxa requerida de retorno em duas categorias, uma representativa de um perfil moderado (taxa de retorno menor que 20%) e um perfil arriscado (taxa de retorno maior ou igual a 20%). Os resultados de ambos os testes mostram que não existe uma diferença significativa entre a propensão ao risco do franqueado e a taxa de retorno esperada.

Tomando a propensão ao risco de maneira indireta e dividindo entre moderados e arriscados, ou seja, transformando a variável quantitativa em uma variável binária e aplicando o teste de Mann Whitney, o resultado não se altera. Logo, quando questionado de maneira direta e indireta, a Hipótese 2 não é suportada.

A Hipótese 3 investiga se: "setores mais propensos a mudanças/inovações atraem franqueados com maior propensão ao risco". Os setores da pesquisa são vestuário, os mais propensos à inovação e alimentação, os menos propensos à inovação. O teste Mann mostra que a Hipótese 3 não pode ser suportada.

Tomando a propensão ao risco de maneira indireta e dividindo entre moderados e arriscados, ou seja, transformando a variável quantitativa em uma variável binária e cruzando com os setores mostrados, também não se verificou correlação significativa.

Como um terço das franquias de alimentação era de *fast-food,* tradicionalmente um ramo em que a padronização é maior que as demais de alimentação, foi testado se existia alguma diferença significativa na divisão de uma escala de inovação crescente começando pelo setor de menor grau de inovação, *fast-food*, passando pelo setor de alimentação tradicional e terminando no de maior grau de inovação, vestuário. O teste Kruskal Wallis aplicado dessa maneira também não apontou a existência de correlação entre a propensão ao risco e o setor da franquia.

Considerações finais

Neste estudo, foram realizadas entrevistas presenciais e coleta de dados por meio de questionários com trinta empreendedores proprietários de franquias nos segmentos de vestuário e alimentação. O objetivo foi avaliar o comportamento desses indivíduos durante o processo de decisão para a aquisição da franquia no que diz respeito à tomada de decisão ante o risco. Para tal, este estudo utilizou a propensão ao risco como variável indicativa da percepção de risco do empreendedor e buscou avaliar a correlação dessa característica com outras de modo a responder às seguintes perguntas:

I. Há um perfil de propensão ao risco presente em empreendedores que optaram por franquias?
II. Existe um perfil de propensão ao risco adequado a cada setor de atuação das franquias?
III. Tem-se uma relação entre a idade da rede e o perfil de propensão ao risco do franqueado?
IV. Evidencia-se a relação entre redes com maiores retornos esperados e atração por empreendedores propensos a correr risco?

Mancuso,[24] estudando a propensão ao risco de empreendedores, percebeu que esses classificavam-se predominantemente no perfil de risco moderado; no entanto, não se realizaram estudos empíricos para suportar essa afirmação. Este trabalho complementa as afirmações de Mancuso e as extrapola especificamente para o setor de franchising ao evidenciar que o perfil de risco moderado foi o mais presente em todos os métodos de medição da propensão ao risco realizados.

Na amostra analisada, 64% de empreendedores foram classificados como perfil moderado e 36% como perfil arriscado, segundo o método indireto de medição. Quando questionados diretamente, os números confirmaram essa tendência. Ainda que apresentando uma migração de empreendedores entre os perfis arriscado e avesso ao risco, o perfil moderado continuou a ser o mais frequente entre os indivíduos pesquisados, tendo sido encontrado 70% de empreendedores com esse perfil, 10% com perfil arriscado e 20% com perfil avesso ao risco.

Esse resultado também pode ser suportado indiretamente pela frequência de empreendedores que investem em ações, uma vez que esse tipo de investimento é mais procurado por indivíduos classificados como arriscado. Percebe-se que 40% dos entrevistados investiam em ações; portanto, possuem perfil de risco tendendo para arriscado, enquanto outros 60% não investiam, sendo sua propensão ao risco tendente ao perfil moderado ou avesso ao risco.

A distribuição de retornos esperados também é um indicador indireto da maior incidência de empreendedores classificados como moderado. Percebe-se que 66% dos entrevistados esperavam taxas de retorno menores que 20%, taxas essas típicas de investimentos em ativos financeiros classificados como moderados pelo mercado de capitais brasileiro. Esses ativos são compostos tipicamente por títulos de renda fixa pré ou pós-fixados, títulos públicos e privados, mesclados com ativos de renda variável menos arriscados cujo rendimento geralmente varia entre a taxa CDI e um horizonte de 18%, dependendo das proporções investidas em renda fixa e variável.

Cabe ressaltar que as conclusões provenientes da medição de frequência de indivíduos que investiam em ações e da taxa de retorno requerida não encontram fundamento científico, tendo sido utilizadas apenas como mais uma ferramenta para suportar os resultados encontrados por meio do método indireto utilizado neste estudo.

Com base no exposto, pode-se concluir, suportado pelos testes estatísticos realizados e nas evidências indiretas pesquisadas, que, assim como já o verificara Mancuso[24] para os empreendedores em geral, para a amostra pesquisada, o perfil de risco moderado também é o mais frequente em empreendedores que optaram pela aquisição de franquias.

O teste da Hipótese 1 (H1) cujo objetivo era verificar a seguinte afirmação: "existe correlação entre a propensão ao risco do franqueado e a idade da franquia", concluiu que não havia evidências estatísticas que suportassem essa afirmação. O teste realizado com resultados de propensão ao risco, medidos indiretamente por meio do questionário com treze questões de múltipla escolha e diretamente por meio da pergunta ao entrevistado sobre sua percepção a respeito da própria propensão ao risco, concluiu que essa hipótese, mesmo quando utilizadas diferentes técnicas estatísticas como Kruskal Wallis, não se suportava, não havendo, portanto, indícios de que haja qualquer correlação entre a propensão ao risco do franqueado e o tempo de estabelecimento da rede franqueadora no mercado.

O teste da Hipótese 2 (H2), que procurava verificar se "existe correlação entre a propensão ao risco do franqueado e o retorno esperado", mostra indícios de que o processo de decisão utilizado pelo empreendedor para aquisição de uma franquia também não leva em consideração uma relação de risco *versus* retorno. Os testes realizados com medições da propensão ao risco de modo direto e indireto e utilizando-se de diferentes metodologias estatísticas para a análise suportam a inexistência de correlação entre a propensão ao risco do franqueado e a taxa de retorno esperada no negócio, desqualificando, portanto, a veracidade da Hipótese 2.

A Hipótese 3 (H3), cujo objetivo foi investigar a "existência de uma relação entre a idade da rede e o perfil de propensão ao risco do franqueado", também foi rejeitada, uma vez que os testes estatísticos realizados para os setores de vestuário, mais arriscado segundo os critérios utilizados neste estudo, e o setor de alimentação, menos arriscado segundo esses mesmos critérios, não apresentaram diferentes níveis de propensão ao risco medidos nos proprietários dessas franquias.

As análises realizadas para teste da Hipótese 3 também suportam a não existência de correlação entre o setor de atuação e um perfil de risco típico, não sendo possível concluir, portanto, que haja um perfil de risco mais adequado para diferentes setores de atuação das redes franqueadoras.

A análise das hipóteses testadas suporta, portanto, para a amostra estudada, haver uma divergência entre os processos de decisão realizados para investimentos em ativos financeiros e investimentos em novos negócios por meio do sistema de franchising. Pois não foram encontradas evidências neste estudo que suportem que o empreendedor busca uma relação de risco e retorno racional quando toma decisões de aquisição de franquias. Esse resultado encontra fundamento na bibliografia apresentada neste estudo, uma vez que essa relata a existência de vários fatores que não apenas a relação risco e retorno como direcionador do processo de decisão pelo ato de empreender, tais quais fatores psicológicos, culturais, cognitivos e do próprio projeto.

Como sugestão de trabalhos futuros, indica-se a continuação dessa investigação por meio de uma amostra mais ampla, envolvendo maior número de franqueados, a fim de se buscar a confirmação estatística das hipóteses aqui delineadas e mesmo a utilização de técnicas estatísticas ainda mais sofisticadas.

Resumo

No Brasil, o franchising ganha destaque ao apresentar um faturamento de R$ 76 bilhões/ano, com mais de 86.400 unidades franqueadas por cerca de 1.855 redes. O presente capítulo investiga o processo de seleção de franqueados em relação ao perfil de risco. Busca-se responder aos seguintes questionamentos: (i) Há um perfil de propensão ao risco presente em empreendedores que optaram por franquias? (ii) Existe um perfil de propensão ao risco adequado a cada setor de atuação das franquias? (iii) Tem-se uma relação entre a idade da rede e o perfil de propensão ao risco do franqueado? (iv) Evidencia-se a relação entre redes com maiores retornos esperados e atração por empreendedores propensos a correr risco? Para isso foram elaboradas as seguintes hipóteses: H1: Existe correlação entre a propensão ao risco do franqueado e a idade da franquia; H2: Existe correlação entre a propensão ao risco do franqueado e o retorno esperado; H3: Setores mais propensos a mudanças/inovações atraem franqueados com maior propensão ao risco. A análise estatística envolveu testes descritivos da amostra, testes de correlação de Spearman e testes não paramétricos, como o teste de Mann-Whitney e o teste de Kruskal-Wallis. Não foram encontradas relações estatísticas relevantes nas hipóteses formuladas.

Questões para discussão

1. Na sua opinião, por que as correlações encontradas nos testes de hipótese são fracas demonstrando não haver correlação entre risco e decisão por franquias?
2. Discuta por que o perfil de risco moderado foi o mais encontrado entre investidores de franquias.
3. Analise e sugira formas de utilização desses resultados para seleção de franqueados pela rede franqueadora.
4. Analise e sugira formas de utilização desses resultados para seleção de redes franqueadoras pelos empreendedores.

Referências

[1] ALDRICH, H. *Organizations Evolving*. Beverly Hills: Sage, 2000.

[2] ASSOCIAÇÃO BRASILEIRA DE FRANCHISING (ABF). Disponível em: http://www.portaldofranchising.com.br/site/content/interna/index.asp?. Acesso em: 13 mar. 2009.

[3] ATKINSON, J. W. Motivational determinants of risk-taking behaviour. *Psychological Review,* v. 64, p. 359-72, 1957.

[4] BOUCHEY, P. Questionnaire quest: new research shows that standard, questionnaires designed to reveal, investors' risk tolerance levels are often elawed or misleading. *Financial Planning,* 1º jul. 2004.

[5] BROCKHAUS, S. R. H. Risk taking propensity of entrepreneurs. *Academy of Management Journal,* v. 23, n. 3, p. 509-20, 1980.

[6] BURKLE, T.; POSSELT, T. Franchising as a plural system: A risk-based explanation. *Journal of Retailing,* v. 84, n. 1, p. 39-47, 2008.

[7] Christiansen, C. *The innovator's dilemma.* Cambridge, MA: Harvard Business School Press, 1997.

[8] Combs, J.; Ketchen, D. Explaining interfirm cooperation and performance: toward a reconciliation of predictions from the resource-based view and organizational economics. *Strategic Management Journal,* v. 20, p. 867-888, 1999.

[9] Cordell, D. M. Risk tolerance in two dimensions. *Journal of Financial Planning,* v. 15, n. 5, p. 30-5, 2002.

[10] _______. RiskPack: how to evaluate risk tolerance. *Journal of Financial Planning,* v. 14, n. 6, p. 36-41, 2001.

[11] Dant, R. A futuristic research agenda for the field of franchising. *Journal of Small Business Management,* v. 46, p. 91-8, 2008.

[12] Dytham, C. *Choosing and using statistics*: a biologist's guide. 2. ed. Oxford, Inglaterra: Blackwell, 2003.

[13] Friend, I.; Bluem, M. The demand for risky assets. *The American Economic Review,* v. 64, p. 900-921, 1975.

[14] Gillis, W. *Resource-based and relational antecedents of firms' propensity to franchise and their effects on firm performance.* Tallahassee, FL. Doctor of Philosophy – The Florida State University (College of Business), 2007.

[15] Gómez Mejia, L.; Balkan, D. Effectiveness of individual and aggregate compensation strategies. *Industrial Relations,* v. 28, n. 3, p. 431-45, 1989.

[16] Grable, J. E.; Lytton, R. H. The development of a risk assessment instrument: a follow-up study. *Financial Services Review,* v. 12, n. 3, p. 257-74, 2003.

[17] Grable, J.; Lytton, R. H. Financial risk tolerance revisited: The development of a risk assessment instrument. *Financial Services Review,* v. 8, n. 3, p. 163-82, 1999.

[18] Hean T. K. et al. Opportunity Evaluation under risky conditions: the cognitive processes of entrepreneurs. *Entrepreneurship Theory and Practice,* v. 27, n. 2, p. 125-48, 2002.

[19] Hills, G. et al. Opportunity recognition as a creative process. *Frontiers of Entrepreneurship Research.* Wellesley, MA: Babson College, 1999. p. 216-27.

[20] International Franchise Association (IFA). Portal. Disponível em: http://www.franchise.org/industrysecondary.aspx?id=10008. Acesso em: 5 nov. 2008.

[21] Kahneman, D.; Tversky, A. Prospect theory: an analysis of decision under risk. *Econometrica,* v. 47, n. 2, p. 263-91, 1979.

[22] Liles, P. *New business ventures and the entrepreneur.* Homewood, IL: Irwin, 1974.

[23] Mahoney, J.; Pandian, J. The resource-based view within the conversation of strategic management. *Strategic Management Journal,* v. 13, n. 5, p. 363-380, 1992.

[24] Mancuso, J. R. "The Entrepreneurs" Quiz. In: Baumback, C. M.; Mancuso, J. R. (Ed.) *Entrepreneurship and value management*. Englewood, NJ: Prentice-Hall, Inc., 1975.

[25] Martin, R. E. Franchising and risk management. *American Economic Review*, v. 78, n. 5, p. 954-69, 1988.

[26] McClelland, D. *The achieving society*. Princeton, NJ: Van Nostrand, 1961.

[27] Melo, P. L. R.; Andreassi, T. Publicação científica nacional e internacional sobre franchising: levantamento e análise do período 1998-2007. Enanpad, 2008.

[28] Palich, L.; Bagby, D. Using cognitive theory to explain entrepreneurial risk-taking: Challenging conventional wisdom. *Journal of Business Venturing*, v. 10, n. 6, p. 425-38, 1975.

[29] Palmer, M. The application of psychological testing to entrepreneurial potential. *California Management Review*. v. 13, n. 3, p. 32-9, 1971.

[30] Pestana, M. H.; Gageiro, J. N. *Análise de dados para Ciências Sociais*: a complementaridade do SPSS. 2. ed. Lisboa: Edições Sílabo, 2000.

[31] Rice, R.; Kelley, J. Doomsday risk. *Financial Times*, v. 4, n. 13, 1997.

[32] Risk and Market Entry. *Entrepreneurial Management Science*, v. 52, n. 9, p. 1315--30, 2006.

[33] Roszkowski, M. J. et al. Insights from Psychology and Psychometrics on measuring risk tolerance. *Journal of Financial Planning*, v. 18, n. 4, p. 66-77, 2005.

[34] Rowe, D. Genetics, temperament, and personality. In: Hogan, R. et al. (Ed.) *Handbook of personality psychology*. San Diego, CA: Academic Press, 1997. p. 369-86.

[35] Scheider, S. Framing and conflict: aspiration level contingency, the status quo, and current theories of risky choice. *Journal of Experimental Psychology: Learning Memory and Cognition*, v. 18, p. 1040-57, 1992.

[36] Schooley, D. K.; Worden, D. D. Risk aversion measures: Comparing attitudes and asset allocation. *Financial Services Review*, v. 5, n. 2, p. 87-100, 1996.

[37] Schumpeter, J. *The Theory of Economic Development*. Cambridge, MA: Harvard University Press, 1934.

[38] Selig, G. Franchising and entrepreneurship: High reward or high risk? Nova Inglaterra. *Journal of Entrepreneurship*, v. 1, n. 1, p. 13-22, 1998.

[39] Shane, S. *From ice cream to the internet*: using franchising to drive the growth and profits of your company. New Jersey: Prentice Hall, 2005.

[40] Shane, S.; Hoy, F. Franchising: a gateway to cooperative entrepreneurship. *Journal of Business Venturing*, v. 11, p. 325-7, 1996.

[41] Sitkin, S.; Weingart, L. Determinants of risky of decision-making behavior: A test of the mediating role of risk perception and propensity. *Academy of Management Journal*, v. 38, n. 6, p. 1573-92, 1995.

[42] Tversky, A.; Kahneman, D. Rational choice and the framing of decisions. *Journal of Business,* v. 59, n. 4, p. S251-S278, 1986.
[43] Wallach, M.; Kogan, N. Aspects of judgment and decision management: interrelationships and changes with age. *Behavioral Science,* v. 6, n. 2, p. 23-6, 1964.
[44] Weber, M. *The Protestant Ethic and the Spirit of Capitalism.* Nova York: Scribners, 1930.
[45] Yook, K. C.; Everett, R. Assessing risk tolerance: questioning the questionnaire method. *Journal of Financial Planning,* v. 16, n. 8, p. 48-55, 2003.

4 Relacionamentos, incentivos e conflitos em franquias

Alexandre Freire Guerra

Objetivos do capítulo

1. Conceituar os conflitos de agência, a capacidade limitada das pessoas para tomar decisões, as assimetrias de informação, as diferenças de percepção de risco e o custo de alinhamento das partes envolvidas.
2. Demonstrar os motivos que levam as pessoas a aderir ao sistema de franquia, assim como os interesses e os benefícios para cada parte envolvida.
3. Analisar o risco moral, oportunismo e formas de monitoramento presentes no sistema de franchising.
4. Demonstrar a necessidade de implantação de mecanismos de controle para alinhar as determinações nas redes de franchising.

Introdução

Neste capítulo, pretende-se estudar as implicações decorrentes da associação de duas empresas independentes que se acordam por meio de um contrato comercial, com o objetivo de gerar ganhos bilaterais por meio do uso compartilhado de uma marca.[14]

O contrato comercial em questão é o contrato de franquia celebrado entre duas partes: de um lado, o franqueador, que além de detentor da marca possui o conhecimento necessário para gestão do negócio; de outro, o franqueado, agente interessado em investir seu capital próprio, a quem é transferido o direito de exploração da marca.

O franqueador se beneficia com o rápido crescimento da rede impulsionado pelo investimento de terceiros e a transferência do custo de gerenciamento da unidade franqueada. O franqueado economiza tempo e capital no desenvolvimento de uma marca nova se beneficiando da notoriedade da marca já desenvolvida e tem acesso ao conhecimento adquirido por anos de experiência do franqueador. Ademais, ambos se beneficiam com ganhos de escala mediante o incremento do volume de compras e distribuição, aumento do capital disponível para investimento em propaganda e desenvolvimento de novas tecnologias e linhas de produtos ou serviços.[2, 8, 11, 13, 14]

Apesar dos benefícios mútuos decorrentes do contrato de franquia, os riscos e os interesses do franqueado e do franqueador são divergentes.[6] Em essência, o presente trabalho pretende, à luz da teoria da agência (*agency theory*), verificar se os incentivos recebidos por franqueado e franqueador, oriundos do contrato de franquia, exercem o poder motivador suficiente para solucionar o problema de não convergência de interesses.

Teoria da agência

Antes de adentrar a teoria da agência, vamos rever alguns conceitos que remetem à sua origem. De acordo com Simon, o comportamento humano tende a ser racional, mas apenas de forma limitada. Os indivíduos possuem limitações em dois níveis: o primeiro refere-se a limitações do conhecimento humano sobre leis naturais, essa limitação depende do estado tecnológico vivenciado no período; o segundo nível é a limitação da capacidade mental do ser humano, ou seja, suas limitações de processar, armazenar, transmitir e receber informações. Esse segundo nível de limitação faz que o conhecimento processado e transmitido para os tomadores de decisões de uma corporação gere um custo adicional.[5, 15]

Esse custo adicional, custo de transferência de conhecimento, resulta da demora e de erros durante o processo de transferência, em razão das capacidades limitadas de quem transmite e de quem recebe a informação. Sendo assim, quando é necessário possuir um conhecimento específico para a tomada de decisão dentro de uma corporação, ou se transfere o conhecimento para quem possui o poder de decisão ou se transfere o poder de decisão para o detentor do conhecimento. A empresa maximizará seu valor minimizando o custo total de transferência do conhecimento e do poder de decisão.[3, 15]

Existe custo para se transferir o poder de decisão dos níveis mais altos da hierarquia para os mais baixos. Como os resultados alcançados pela corporação passam a depender das decisões tomadas pelos agentes, a quem o poder de decisão foi transferido, esses agentes precisam ser monitorados por ferramentas de recompensa e punições sobre suas *performances*. Esse controle deve ser desenvolvido para alinhar os interesses dos gerentes aos interesses dos controladores, uma falha nesse alinhamento pode aumentar as perdas residuais. Vale notar que o custo de transferência do poder de decisão está ancorado no custo de transferência do conhecimento, quanto maior for a predominância por conhecimentos específicos, mais difícil será monitorar as decisões dos agentes detentores da informação.[3]

Desse modo, o controlador da empresa possui dois problemas. Primeiro, em razão da limitação intelectual das pessoas, é impossível para o controlador ter o conhecimento necessário para participar de toda tomada de decisão; em uma organização com o mínimo de complexidade, o controlador terá de transferir o poder de decisão para quem possui o conhecimento. Em decorrência, surge o segundo problema, o controlador e seus agentes têm interesses e percepções diferentes, resultando em tomadas de decisões divergentes.[5]

Denominando "principal" aquele que delega o poder de decisão, e "agente" aquele a quem o poder de decisão é delegado, a literatura econômica entende como problema da agência (*agency problem*) o conflito que surge do poder de ação que o principal transfere ao agente cujos objetivos e percepções são diferentes. Para o principal, é difícil determinar se o agente está agindo de acordo com os seus objetivos ou se está agindo em benefício próprio.[10]

O problema da agência é um típico caso decorrente de risco moral (*moral hazard*), definido pela literatura como a situação em que uma das partes age de forma oportunista depois de celebrado o contrato. A oportunidade em agir em benefício próprio ocorre em um ambiente de assimetria informacional, situação em que uma das partes possui informações desconhecidas pela outra.[10]

Nesse ambiente assimétrico, é necessário o desenvolvimento, a implantação e a manutenção de um programa de incentivos e controle para alinhar os interesses dos agentes com o principal. A soma de todas as despesas efetuadas para esse fim, mais a perda residual da impossibilidade de corrigir o problema completamente, é denominada custo de agência (*agency costs*).[5]

Em ambientes estáveis, em que o principal possui conhecimento das atitudes que o agente deve desempenhar, basta um eficiente monitoramento para se certificar de que as ações estão em conformidade com o esperado. Porém, em ambientes de incerteza, em que não é claro para o principal as ações que os agentes devem desempenhar, deve ser adotado um incentivo em forma de remuneração ligado à performance do agente em relação ao resultado idealizado. O valor desse incentivo deve ser igual à variável incerta inerente à atividade (risco do agente), mais o esforço esperado do agente.[12]

Desse modo, o principal possui duas funções: designar um conjunto de atividades que o agente deve se encarregar e decidir como recompensar o agente em relação a esse conjunto de atividades. Parece simples, mas, como esse conjunto de tarefas possui riscos e complexidades diferentes, se o principal não desenvolver uma forma de remuneração que incentive uma distribuição eficiente de dedicação dos agentes entre as tarefas, estes se concentrarão nas tarefas mais prazerosas. Portanto, o incentivo deve remunerar o risco e o esforço do agente, de modo que, quanto maior for a complexidade e o risco das atividades, como também a variância entre elas, maior será a necessidade de uma remuneração compensatória.[12]

O problema da agência é observado em diversas relações interpessoais. O clássico exemplo é a relação entre o controlador da empresa e seus subordinados. No entanto, o objetivo deste trabalho é estudar o conflito entre franqueado no papel de agente e franqueador na qualidade de principal. Como veremos a seguir, o problema da agência nas redes de franquia decorre do papel de cada parte dentro do contrato de franquia, de seus conflitos de interesses, e do risco moral incidindo tanto para o franqueado como para o franqueador.

Redes de franquia

O contrato de franquia é um acordo entre duas empresas independentes, em que uma delas, o franqueador, transfere à outra, o franqueado, o direito de vender seu produto e o direito de utilizar sua marca. Em troca, o franqueado paga uma remuneração fixa inicial (taxa de franquia) e uma remuneração variável mensal (taxa de *royalties* e fundo de marketing). Esse contrato prevê uma delimitação regional e um período de vigência.[1, 2, 11, 13]

De acordo com a definição legal norte-americana, são necessários, para existir a relação de franquia, três fatores: (1) distribuição de bens ou serviços sobre a marca do franqueador; (2) exercer um significante controle e assistência ao franqueado; e (3) pagamento pelo franqueado ao franqueador.[6]

Os franqueados pagam de 6% a 10% do seu faturamento ao franqueador a título de *royalties* e a fundo de marketing e detêm para si o lucro remanescente gerado pela unidade. Além disso, o franqueado desembolsa um valor inicial para entrar no negócio e coletar os lucros futuros, por determinado período. A função mais importante do franqueado é gerenciar o dia a dia de suas unidades. O custo desse gerenciamento fica caro para o franqueador à medida que a rede cresce. Em contrapartida, a principal função do franqueador é prover assistência por meio de treinamento, gerenciamento da cadeia de suprimento e investimento em marketing e outros.[13]

Notamos, portanto, que o sistema de franquia é uma das muitas formas de expansão das atividades da empresa e distribuição de seus produtos no mercado. O primeiro questionamento que deve ser respondido para entendermos o sistema é a razão da escolha desse mecanismo pelas empresas.

Brickley[1] elenca três motivos que levam as empresas a franquear suas unidades: esse processo é uma forma barata de atrair capital barato; os franqueados possuem mais incentivos para uma boa gestão do que gerentes contratados; e é interessante atrair indivíduos que possuam informações ou talentos privilegiados.

Apesar de alguns autores defenderem que a primeira razão não faz sentido econômico,[11, 13] o fato é que as empresas franqueiam suas unidades como uma opção de financiamento de sua expansão. Porém, se esta fosse a única razão, em algum momento, com o crescimento da rede e a diminuição das restrições financeiras, essas firmas voltariam a expandir via lojas próprias.[7]

Em algum momento da vida de uma empresa, portanto, a escassez de capital pode influenciar a escolha do sistema de franquia como forma de expansão das unidades, porém as duas últimas razões elencadas por Brickley,[2] inteiramente ligadas ao problema da agência, parecem ter uma influência fundamental.

Em essência, o sistema de franquia surge com a dificuldade em monitorar o crescente número de unidades em uma dispersão geográfica cada vez maior. Diante do aumento do custo de monitorar e controlar os funcionários das unidades próprias, o sistema de franquia surge como forma de transferir o controle das mãos de seus gerentes para as mãos do franqueado.

Como o franqueado, além de ter investido um capital inicial, é remunerado pelo lucro de sua unidade, ele tem incentivo para atingir o melhor resultado possível. Já o gerente de uma unidade própria, mesmo se receber um salário variável, não terá o mesmo incentivo que o franqueado para destinar os esforços necessários para o bem do negócio. O custo de agência é menor para o franqueador se existir um franqueado operando a unidade.[7]

Ademais, existe uma diferença de comportamento entre os funcionários de uma unidade própria controlada por um gerente e os funcionários de uma unidade franqueada controlada pelo franqueado. O gerente da unidade própria não possui os mesmos incentivos que o franqueado para supervisar e controlar seus empregados, pois sua remuneração independe de seu comportamento com os outros funcionários e suas ações são difíceis de serem monitoradas.[7] Sendo assim, o franchising surge como solução ao problema de monitoramento e controle das unidades. Como o franqueado possui direitos residuais sobre a lucratividade da unidade e investiu um capital inicial no negócio, seu incentivo sempre será maior que o do funcionário.[13]

Após entender a razão das empresas em escolher ser franqueador, é preciso entender por que pequenos empresários escolhem ser franqueados. A primeira explicação está relacionada à aversão ao risco desses pequenos empresários; assim, uma marca forte, aceita pelo mercado, traz muita segurança ao negócio. Ademais, o franqueador detém conhecimento sobre o processo de produção do negócio, que é difícil para o franqueado desenvolver.[9]

Desse modo, a escolha do franqueado em abrir uma franquia em vez de um negócio próprio está em ter o benefício de utilizar os produtos vinculados à marca do franqueador, já consolidada no mercado. Ele apropria-se do suporte gerencial e do conhecimento dos processos de produção concedidos pelo franqueador e tem facilidade para acessar as linhas de créditos disponibilizadas por bancos ou por fornecedores do franqueador. E, por último, os franqueados possuem capacidade limitada (financeira e administrativa) para empreender um novo negócio.[13]

O contrato de franquia, então, é um acordo comercial que une duas partes com objetivos complementares. É um acordo justo e saudável em que tanto franqueado como franqueador extraem benefícios com a relação.

Relação entre franqueado e franqueador

O contrato de franquia é um acordo que envolve risco de negócio e risco moral por parte do franqueado, risco moral por parte do franqueador, e assimetria de informações em ambos os lados. É, portanto, uma típica relação principal–agente. A não convergência de interesses é um fator crucial na relação de franquia.[6, 8]

O problema de conflito entre as partes nas redes de franquia se origina no duplo risco moral (*Double sided moral hazard*) existente na relação. Estudado pela primeira vez por Rubin[13] e testado depois por Lafontaine,[8] o duplo risco moral decorre: do risco moral sofrido pelo franqueador que transfere a operação de suas unidades aos franqueados, ficando enfraquecido quanto ao controle da operação e manutenção dos padrões de qualidades; e do risco moral sofrido pelo franqueado que não tem domínio sobre as atitudes do franqueador quanto ao desenvolvimento da rede e contribuição para a melhora dos resultados das unidades franqueadas.

A análise do risco moral sofrido pelo franqueador apresenta como primeiro problema, e principal fato causador de problemas na relação, o uso comum da marca. Como o franqueado possui o direito de usar a mesma marca utilizada por toda a rede de franquia, ele tem o benefício de oferecer um produto ou serviço de menor qualidade sem sofrer as consequências em sua totalidade. Como a redução na qualidade tem o efeito de reduzir a demanda futura de toda a rede, o ganho de economia no curto prazo auferido pela redução de qualidade não será sentido no futuro em sua totalidade pelo franqueado.[6]

Os franqueados arcam com todo o custo de manter alta qualidade em suas unidades, mas o benefício gerado não é apenas sobre ele em forma de aumento de vendas, mas também sobre todas as outras unidades da rede gerando ao franqueador um aumento de venda na rede inteira. Nesse sentido, o nível de qualidade que maximiza os lucros do franqueado é sempre menor que o nível de qualidade que maximiza os lucros do franqueador.[9]

Como, no entanto, o item mais valioso transacionado no contrato de franquia é a marca, pois é por meio dela que são transmitidos aos consumidores o preço, a qualidade e os produtos comercializados, se algum franqueado operar sua unidade com uma qualidade inferior, ele prejudicará a imagem da rede inteira, diminuindo o lucro futuro de todos os franqueados. Existe aqui um problema de externalidade negativa de rede: se apenas um franqueado operar em níveis de qualidade inferior, ele será bastante beneficiado e o prejuízo sobre o todo será quase imperceptível, porém se todos os franqueados agirem dessa maneira, o prejuízo do todo será grande o suficiente para exceder o benefício individual.

Sendo assim, qualquer variação nos atributos dos produtos prejudica a capacidade da marca em informar, reduzindo parcialmente o seu valor. O maior risco, não só para franqueador, mas para o sistema como um todo, é qualquer ação do franqueado que prejudique a imagem da marca na percepção dos consumidores. O nível de previsibilidade dos ativos da marca, que é a percepção dos consumidores sobre o que esperar dos produtos oferecidos, é o que determinará o sucesso da rede de franquia.[4, 13]

Transferindo a atenção para a visão do franqueado, verificam-se também riscos decorrentes das ações do franqueador. O primeiro ponto de conflito é o incentivo do franqueador em extrair o maior faturamento possível de sua rede, pois, além de os *royalties* recebidos serem vinculados ao faturamento, é importante para o franqueador disponibilizar ao mercado a maior quantidade possível de seu produto. O problema ocorre porque isso incentiva o franqueador a aumentar ao máximo o número de lojas da rede, pois para ele não importa se o faturamento vem de uma ou de várias lojas. Porém, o aumento do número de lojas incrementa o faturamento da rede toda, mas pode reduzir o faturamento de cada loja individualmente, prejudicando o franqueado.[6]

A política de abrir várias lojas em um pequeno espaço territorial é chamada no Brasil de "canibalização", situação em que as lojas de franqueados diferentes começam a concorrer entre si. Um franqueado de uma rede de franquias no Brasil afirma que o franqueador abriu vinte lojas em um raio de seis quilômetros da sua, o que levou a uma perda de receita em sua unidade de 50%.[4]

Diante do problema de agência existente na relação de franquia, por causa da não convergência de interesses entre as partes, uma solução para o franqueador seria vender a franquia a um preço fixo inicial. Nesse caso, o franqueado teria todos os direitos residuais da relação. Com o pagamento ao franqueador sendo efetuado *ex ante*, os prejuízos decorrentes do não atendimento das expectativas iniciais de faturamento seriam inteiramente do franqueado, cabendo a ele todo o risco do negócio. A transferência total dos direitos residuais sobre o negócio daria ao franqueado o incentivo necessário para a dedicação ao trabalho no limite da eficiência.[6, 9, 14]

Como no contrato por preço fixo inicial o franqueado assume o direito sobre todo o lucro futuro da unidade e não apenas de parte, não existirá uma pendência residual na relação. Diante disso, espera-se que o nível de esforço escolhido pelo franqueado sujeito ao pagamento de taxas variáveis seja sempre menor que o franqueado em um contrato de preço fixo.[9, 13]

Na prática, o que ocorre é que os contratos de franquia não são realizados a um preço fixo, já que os franqueados pagam uma taxa variável do início ao fim do contrato. Em estudo de 1978, Rubin[13] analisou essa divergência entre teoria e prática e apontou a falha do modelo teórico por causa da inobservância da aversão ao risco do franqueado e do duplo risco moral existente na relação.

O franqueado tem necessidade de dividir o risco com o franqueador; no contrato por preço fixo os resultados do franqueador independem do desempenho do negócio; em contrapartida, em um contrato de divisão de risco, se o negócio não vai bem o franqueador também é penalizado. Receber uma participação do faturamento motiva o franqueador a dedicar tempo e esforço às necessidades da rede como um todo (Rubin, 1978).[13] Lafontaine[8] comprova empiricamente que o contrato de divisão de risco é o mais adequado em virtude da aversão ao risco do franqueado e da necessidade de prover incentivos bilaterais.

O contrato de divisão de risco existe, portanto, porque ele reduz o risco moral que o franqueado incorre diante de possíveis atitudes oportunistas do franqueador, ou seja, uma remuneração variável aos resultados (como *royalties* sobre o faturamento) é a forma de remuneração ideal porque incentiva o franqueador a não desviar. Mas, e o risco moral incorrido pelo franqueador de atitudes oportunistas do franqueado? Será que a remuneração variável também incentiva o franqueado ao fiel cumprimento do contrato?

No contrato de divisão de riscos, a remuneração variável fará que o franqueado tenha todo o benefício da economia adicional resultante da diminuição dos custos operacionais, conforme já comentado neste texto, tornando-se um forte incentivo para o desvio de conduta. Ademais, como os *royalties* são calculados sobre o resultado, o franqueado pode se beneficiar da assimetria de informações inerente à relação, aumentando o risco moral sofrido pelo franqueador.[9]

Desse modo, o contrato de franquia existe porque gera benefícios mútuos às duas partes, porém, como as partes possuem interesses divergentes, é necessário ajustar os incentivos para que o contrato seja cumprido. Como a forma de remuneração ao franqueador incentiva, ao menos em parte, a prática de ações em favor do contrato, mas gera um incentivo para o desvio do franqueado, são necessários mecanismos de controle e incentivo ao franqueado que alinhem os interesses.

A Tabela 1 permite observar que a existência do contrato de franquia se deve ao fato de ocorrerem benefícios complementares às partes. De um lado, o franqueador possui um custo de agência menor com o franqueado; de outro, o franqueado passa a comercializar produtos ou serviços por um método já desenvolvido e sobre uma marca já estabelecida. No entanto, como seus objetivos são divergentes, cada parte terá riscos decorrentes de ações e atitudes da outra. A resolução do conflito exige a criação de mecanismos que forneçam incentivos para que o contrato seja corretamente cumprido.

Tabela 1 – Interesses das partes no contrato de franquia

	Franqueador	Franqueado	Alinhamento
Por que o franchising?	1. Redução dos custos de agência em relação a lojas próprias. 2. Atrair capital de terceiros. 3. Busca por indivíduos com informações ou talentos privilegiados.	1. Aversão ao risco dos pequenos investidores. 2. Beneficiar-se de uma marca já desenvolvida. 3. Receber o *know-how* do franqueador.	Convergentes
Principais objetivos	1. Aumentar o número de unidades. 2. Aumentar o faturamento total da rede. 3. Fortalecer a marca.	1. Extrair o máximo de lucro possível de sua unidade. 2. Crescer dentro da rede.	Divergentes
Incentivos [*PayOffs*]	1. *Royalties* sobre o resultado. 2. Taxa de franquia sobre novas unidades.	1. Lucro remanescente da unidade (faturamento – custos operacionais – *royalties*).	Divergentes
Risco moral [*Moral Hazard*]	1. Aumento descontrolado do número de lojas, fomentando a competição entre as lojas. 2. Implantação de produtos e serviços prejudiciais ao franqueado em particular.	1. Ações do franqueado que prejudiquem a imagem da marca (exemplo: descumprimento dos padrões de qualidade e conformidade).	Divergentes

Dois importantes mecanismos que, se aplicados complementarmente, se tornam incentivos para o alinhamento dos interesses das partes são:

1. Os *direitos residuais* (*residual claims*), que correspondem aos ganhos residuais por meio dos rendimentos futuros que o franqueado possui. Deve ser garantida ao fran-

queado uma boa perspectiva de ganhos financeiros, de modo que o risco de perda desses ganhos futuros seja um incentivo para não haver desvios de conduta.[6, 9]

2. Os *mecanismos de autocumprimento contratual* (*self enforcement mechanisms*), que correspondem aos benefícios contratuais que incentivem os franqueados a permanecer dentro dos padrões estabelecidos. O contrato de franquia deve ser desenvolvido de forma que seja interessante para o franqueado estar em conformidade aos padrões exigidos, as cláusulas contratuais devem incentivar o autocumprimento do contrato.[9, 14]

Existem, contudo, dificuldades, sendo a primeira em razão da definição dos termos do contrato de franquia. Por mais completo que o contrato de franquia seja, é impossível ele ser suficiente para assegurar o bom comportamento do franqueado. O padrão de comportamento ideal é complexo e difícil de ser mensurado; prevê-lo em sua totalidade, *ex ante*, em um dispositivo escrito, é muito difícil.[6]

Para facilitar o entendimento da importância do alinhamento de incentivos e aplicação desses dois mecanismos, vamos denominar:

- $\mathbf{I_1}$ – o incentivo que o franqueado tem em descumprir o contrato de franquia. É o ganho que o franqueado aufere desviando dos procedimentos exigidos pelo franqueador. Por exemplo, economia de custos operacionais em razão da entrega de produtos ou serviços com qualidade inferior.
- $\mathbf{I_2}$ – o incentivo que o franqueado possui em cumprir os padrões exigidos pelo franqueador, chamado pela literatura de renda *premium* (*premium stream*). É a soma de todos os benefícios futuros que o franqueado terá se atender os níveis de conformidade estipulados.

Sendo assim, o contrato de franquia só será cumprido se a renda *premium* for maior que o incentivo para o desvio, ou seja, se:

$$\mathbf{I_2 > I_1}$$

Para garantir, portanto, o cumprimento do contrato de franquia, é necessário desenvolver ações que aumentem $\mathbf{I_2}$ e diminuam $\mathbf{I_1}$. Nesse momento, a importância dos dois mecanismos que foram elencados anteriormente é ressaltada.

Para diminuir $\mathbf{I_1}$ é necessário criar os mecanismos de autocumprimento contratuais: criar cláusulas contratuais de punição a desconformidades, facilitar a execução judicial do contrato, possuir vantagens competitivas em insumos e outros.[6, 9]

Para aumentar $\mathbf{I_2}$ é necessário potencializar os ganhos residuais: fornecer garantias territoriais, criar vantagens financeiras vinculadas ao bom desempenho da loja, gerar ao franqueado uma expectativa de crescimento e outros.[6, 9]

Como I_1 nunca é zero, pois sempre haverá algum possível ganho decorrente de um desvio de conduta, I_2 sempre deve ser positivo, ou seja, sempre deve haver uma renda *premium* ao franqueado em virtude do bom cumprimento contrato.

Prosseguindo com o raciocínio, e considerando **Cf** o custo de agência que se tem em franquear e **Ce** o custo de agência que se tem por possuir lojas próprias, então a diferença entre os dois custos (**Ce-Cf**) é o benefício que se tem em adotar o sistema de franquias. Como vimos, a existência do sistema de franquia decorre do fato de que o custo de agência que temos em franquear é menor que o custo de agência que temos em possuir lojas próprias, portanto, para existir franquia temos que:

$$Ce > Cf$$

Sendo assim, o valor da renda *premium* necessária, I_2, para manter o franqueado em adimplência com os padrões exigidos tem alguns limites, além de que ela não poderá ser maior que o custo de permanecer com um franqueado fora do padrão exigido, ela não poderá aceder o benefício que se tem em adotar o sistema de franquia (**Ce - Cf**). Portanto, de acordo com a teoria da agência, a existência do sistema de franquia de respeitar a seguinte equação:[6, 9]

$$I_1 < I_2 < \Sigma\,(Ce - Cf)$$

Desse raciocínio é importante guardar que se os incentivos à não conformidade da rede de franquias, I_1, forem altos o bastante a ponto de que os incentivos necessários para a correção do desalinhamento, I_2, excedam o benefício de franquear (**Ce – Cf**), a rede de franquias se conformará com a não padronização ou caminhará para a verticalização.

Na prática, observa-se que muitas firmas adotam o sistema de franquia admitindo um nível de desconformidade, sua estrutura organizacional não consegue gerar incentivos suficientes para o bom cumprimento dos padrões exigidos. A escolha dessas firmas por franquear está mais relacionada com restrições financeiras e não por diferença de custos de agências.

Dois futuros são prováveis para firmas nessas condições: (1) Se o nível de desconformidade não impedir o crescimento da firma, chegará um momento em que as restrições financeiras acabarão. Nesse momento ou a firma investirá recursos para diminuir I_1 e aumentar I_2 ou partirá para a verticalização.[7] (2) Se o nível de desconformidade prejudicar o crescimento da rede, as restrições financeiras continuarão e os incentivos para os desvios aumentarão, fazendo que a marca perca seus atributos de diferenciação ao consumidor, tornando-se menos competitiva.

Desse modo, os níveis de incentivos, I_1 e I_2, dentro de uma relação de franquia são o fator crítico que indica a saúde do sistema. Se os incentivos não convergirem para o melhor resultado esperado, como em toda relação de agência, haverá desvio. Nesse caso, esses desvios contribuirão para o enfraquecimento da marca e prejuízo para a rede de franqueados como um todo.

Considerações finais

O contrato de franquia é um acordo comercial que faz a união de duas partes com objetivos complementares. É um acordo justo e saudável em que franqueado e franqueador obtêm benefícios com a relação. Embora possível, o objetivo deste capítulo não foi demonstrar como o contrato de franquia se tornou uma opção organizacional que possibilitou a expansão das firmas, gerando benefícios para ambas as partes. Em vez disso, o objetivo do presente foi demonstrar que, apesar dos benefícios das partes envolvidas para que a relação de franquia se mantenha saudável, é preciso que as partes estejam incentivadas ao fiel cumprimento contratual.

Como visto, a remuneração das partes no contrato de franquia incentiva o franqueador ao fiel cumprimento do contrato, porém gera um incentivo para o desvio de conduta do franqueado. Para que a saúde do sistema seja mantida, é necessário que o franqueado tenha incentivos para a tomada das decisões corretas ($\mathbf{I}_2$) que excedam os incentivos para o desvio decorrente da natureza do contrato de franquia ($\mathbf{I}_1$).

Vale frisar que a necessidade de incentivos para o fiel cumprimento do contrato de franquia pelo franqueado não se resume a uma proteção aos interesses do franqueador, mas também é uma proteção a todos os franqueados, pois uma atitude inoportuna de um franqueado traz prejuízos a todos os franqueados.

Os incentivos inerentes ao sistema de franquia é que determinarão o nível de eficiência das partes, e esses incentivos são determinados pelas características de cada negócio. Existem negócios que possuem maior incentivo ao desvio, como quando o franqueador participa do processo de produção (Neste, a maximização do preço do insumo será sobre os ganhos do franqueado ou do franqueador?), e existem negócios em que há altos incentivos ao cumprimento contratual, como quando o negócio gera alta renda residual ao franqueado (pois o risco de perda incentiva o cumprimento contratual).

É importante observar os níveis de incentivos inerentes às redes de franquia, pois eles podem estar desequilibrados. Nesses casos, a adoção do sistema de franquia não é justificada pela teoria da agência, mas apenas por restrições financeiras, o que implicará maior nível de desconformidade dentro do sistema.

Resumo

O sistema de franquia é um contrato entre duas partes, franqueado e franqueador, em que um transfere ao outro o direito e o conhecimento sobre o uso da marca em troca de uma remuneração, sendo, portanto, uma típica relação de agência. Como os interesses das partes são divergentes em toda relação de agência, é necessário criar incentivos que aliem esses interesses para o fiel cumprimento do contrato. Quando os incentivos para o cumprimento contratual, $\mathbf{I_2}$, necessários para exceder os incentivos para o desvio, $\mathbf{I_1}$, forem menores do que o benefício que se tem em franquear (**Ce – Cf**), espera-se uma rede com alto nível de padronização e conformidade, resultando em maior eficiência do sistema. Quando a equação citada não for satisfeita ($\mathbf{I_1 < I_2 < \Sigma\ (Ce - Cf)}$), não há justificativa para se adotar o sistema de franquia via teoria da agência, e sim apenas via teoria das restrições financeiras, e, nesses casos, espera-se uma rede com baixo nível de padronização e conformidade, resultando em menor eficiência do sistema.

Questões para discussão

1. Discorra sobre a teoria da agência e como a relação entre franqueado e franqueador pode ser caracterizada como relação entre agente e principal.
2. Alguns teóricos acreditam que existe um duplo risco moral (*Double sided moral hazard*) na relação de franquia. Discorra sobre a origem desse risco na relação de franquia.
3. Diante da divergência de interesse entre as partes, é necessário criar incentivos para o alinhamento. Que incentivos são esses?
4. Explique como a equação ($\mathbf{I_1 < I_2 < \Sigma\ (Ce - Cf)}$) se relaciona com a justificativa da adoção do sistema de franquia e a eficiência esperada da rede.

Referências

[1] Brickley, J. A. Incentives conflicts and contractual restraints: evidence from franchising. *Journal of Law and Economics*, n. XLII, p. 745-74, 1999.

[2] Brickley, J. A. et al. An agency perspective on franchising. *Financial Management*, v. 20, p. 27-35, 1991.

[3] Christie, A. A. et al. Decentralization of the firm: theory and evidence. *Journal of Corporate Finance*, v. 9, p. 3-36, 2003.

[4] Ibmec. *McDonald's*: conflitos com franqueados no Brasil. AE-0005. São Paulo: IBMEC, 2007.

[5] Jensen, M. C.; Meckling, W. H. Specific and General Knowledge, and organizational structure. *Contract Economics*, p. 251-74, 1992.

[6] Klein, B. The economics of franchising contracts. *Journal of Corporate Finance: Contracting, Governance and Organization*, v. 2, p. 9-37, 1995.

[7] Krueger, A. B. Ownership, agency, wages: an examination of franchising in the fast-food industry. *Quarterly Journal of Economics*, v. 106, p. 75-101, 1991.

[8] Lafontaine, F. Agency theory and franchising: some empirical results. *Rand Journal of Economics*, v. 23, n. 2, 1992.

[9] Lafontaine, F.; Raynaud, E. The role of residual claims and self-enforcement in franchising contract. *NBER Working Paper Series*, n. 8868, 2002.

[10] Milgrom, P.; Roberts, J. *Economics organizational and management*. New Jersey: Prentice Hall, 1992.

[11] Norton, S. W. An empirical look at franchising as an organizational form. *Journal of Business*, v. 61, 1988.

[12] Prendergast, C. The tenuous trade-off between risk and incentives. *The Journal of Political Economy*, v. 110, n. 5, p. 1071-102, 2002.

[13] Rubin, P. H. The theory of the firm and the structure of the franchising contract. *Journal of Law and Economics*, v. 21, 1978.

[14] Silva, V. L. S. *Ambiente institucional e organização de redes de franquias*: uma comparação entre Brasil e França. São Carlos, 2004. Dissertação (Mestrado) – Universidade Federal de São Carlos.

[15] Williamson, O. E. *Markets and hierarchies*: analysis and anti-trust implications. Nova York: Free Press. 1975.

Parte 2

Casos de operações internacionais de franquias

5 Desafios para a internacionalização das franquias brasileiras: um *survey* com franquias internacionalizadas

Felipe Mendes Borini
Thelma Valéria Rocha
Eduardo Eugênio Spers

Objetivos do capítulo

1. Traçar um perfil da internacionalização das franquias brasileiras.
2. Apresentar os principais fatores impulsionadores da internacionalização das franquias brasileiras.
3. Apresentar as principais barreiras da internacionalização das franquias brasileiras.
4. Apresentar os desafios da internacionalização das franquias brasileiras.

Introdução

Durante o período de 2001 a 2009, o segmento de franquias cresceu sempre acima do Produto Interno Brasileiro (PIB). Em 2009, por exemplo, enquanto o PIB teve um crescimento negativo de 0,2%, as franquias cresceram 14,7% (Figura 1).

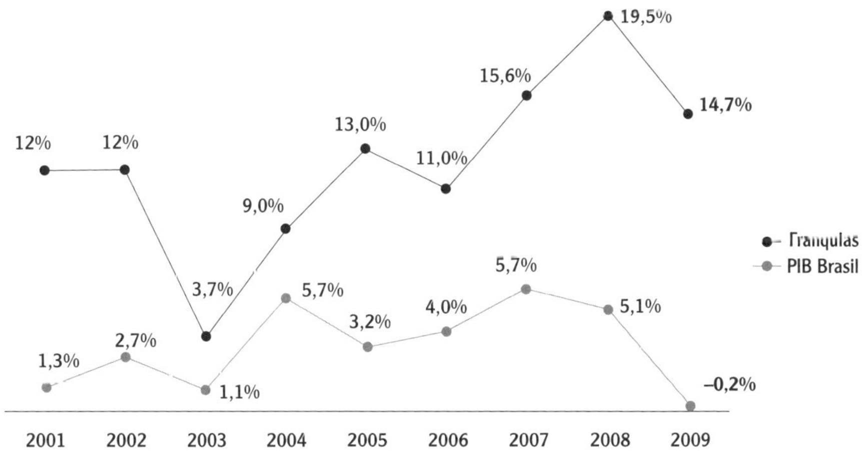

Fonte: Rocha et al.[6]

Figura 1 – Crescimento do setor de franquia em comparação com o PIB.

Em termos de faturamento, isso representa R$ 76 bilhões em 2010, ante os R$ 63 bilhões de 2008. Em relação ao número de redes de franquias, esse crescimento foi ainda maior. De 1.643 redes em 2009, passou para 1.850 em 2010, representando 12,9% de incremento. Em termos de unidades, foram para 86.365 (79.988), ou seja, 13% para o mesmo período. O franchising brasileiro também se destaca no aspecto de geração de empregos. Em 2009 foram gerados 719.892 empregos diretos e, em 2010, 780 mil, um crescimento de 8,3%.

Em relação ao contexto mundial, o Brasil se situa em sexto lugar em termos de número de unidades. Em termos de marcas, o Brasil é o quarto colocado, com 1.643, sendo a Coreia do Sul com 2.465 em primeiro, e os Estados Unidos com 2.200 em segundo. Já existem 68 redes brasileiras atuando em 49 países de todos os continentes, o que representa ainda 4,7% do total de marcas nacionais.

Entre os principais países de destino, destacam-se Portugal e Estados Unidos. O primeiro, por questões de proximidade com a língua, e o segundo, pelas oportunidades que oferece (Figura 2). Destacam-se os segmentos de Esporte, Saúde, Beleza e Lazer, que representam 24% desse total, seguido de Alimentação (19%), Vestuário, (16%), Acessórios Pessoais e Calçados (13%) e Educação e Treinamento (12%).

Nesse esforço de internacionalização, destaca-se o convênio da Associação Brasileira de Franquias (ABF) com a Agência Brasileira de Promoção de Exportações e Investimentos (Apex-Brasil), entidades que, desde 2004, promovem e participam de eventos no exterior, levando informações sobre o mercado brasileiro de franquias para mais de trinta países.

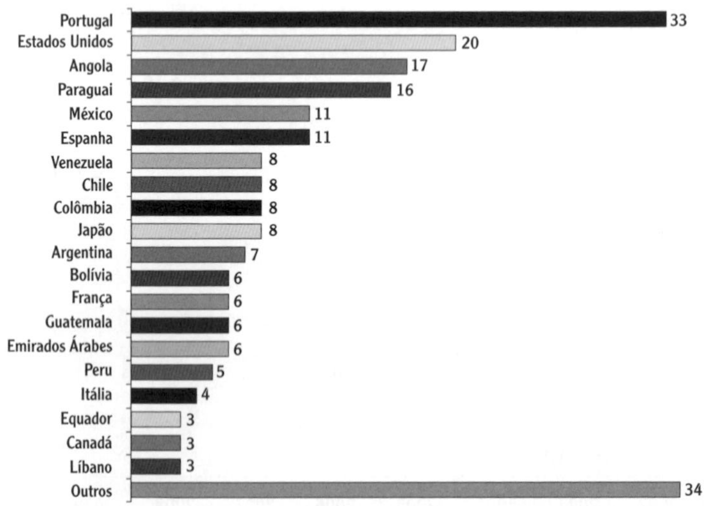

Fonte: Rocha et al.[6]

Figura 2 – Principais destinos da internacionalização das marcas de franquias brasileiras.

Mediante esses números, o objetivo principal deste estudo é retratar a realidade das franquias brasileiras vivenciada nos processos de internacionalização, e sugerir recomendações para aquelas que pretendem se internacionalizar. A partir de uma população de 61 franquias, vinte responderam ao questionário quantitativo e dez, ao roteiro qualitativo.

Além desta breve introdução, este capítulo está dividido em mais quatro itens. No segundo, são apresentados as características específicas do processo de internacionalização no segmento de franquias. No terceiro item é descrita a metodologia. No quarto item são apresentados e discutidos os resultados da pesquisa em formas de desafios para a internacionalização das franquias. E, por fim, as considerações finais.

Internacionalização de franquias

A raiz da internacionalização de franquias é o fenômeno da globalização, que fez surgir, no mercado internacional, amplas oportunidades para as empresas. Desde a década de 1980, a internacionalização de franquias dos Estados Unidos é bastante significativa. Já em 1990, havia mais de 70 mil unidades franqueadas em outros países. De acordo com estimativas da Internacional Franchise Association (IFA), entre os anos 1985 e 1995, 40% das franquias estabelecidas por franqueadores norte-americanos eram unidades internacionais. Concentrados primeiro no Canadá, no Japão, na Austrália e na União Europeia, os países de destino passaram a ser também, a partir dos anos 1990, países asiáticos e latino-americanos.[1]

Estudos empíricos mostram que a propagação internacional das franquias tem início nos mercados geográficos e culturais mais próximos do mercado doméstico.[5] Portanto, o destino favorito das redes norte-americanas seria o Canadá, assim como os países asiáticos seriam o principal destino das redes japonesas.[4]

No Brasil, existem 68 redes nacionais que operam em todos os cinco continentes com mais de setecentas unidades no exterior. Comparando com o ano 2000, quando eram quinze marcas de franquias, é verificado um crescimento de mais de 300% em apenas aproximadamente dez anos.

Os principais países de destino das franquias brasileiras que dão início ao processo de internacionalização são, em ordem, Portugal, México e Argentina, pois esses países apresentam alguma proximidade cultural ou geográfica com o Brasil. No caso de Portugal, há semelhança com o idioma e, no caso de México e Argentina, há maior proximidade geográfica. Na literatura,[2, 3] as barreiras para a internacionalização de franquias são:

- A diferença do gosto dos consumidores de diferentes países;
- A restrição para deslocamento de pessoal;
- A limitação na transferência de tecnologia;
- Políticas nacionais de restrição ao capital estrangeiro.

Em relação às franquias brasileiras, a principal dificuldade está ligada às diferenças nas *legislações dos diversos países*. Outros obstáculos destacados foram:

- Concorrência com as marcas internacionais;
- Pouco conhecimento das marcas nacionais brasileiras no mercado exterior;
- Alto custo com o registro das marcas e produtos;
- Exigências com a legalização e burocracia da exportação dos produtos que abastecem outros países;
- Dificuldade de administrar as atividades em um país estrangeiro, indicando que as empresas pesquisadas não se consideram aptas para atuar em outros mercados além do nacional.

Apesar dessas constatações dos problemas e dificuldades para a internacionalização das franquias, os estudos da área não se aprofundam nas dificuldades internas do esquema de gestão das franquias. Um problema proeminente, pois o formato de franchising exige uma padronização das operações. Logo, este capítulo procura adentrar com mais detalhes os desafios das franquias em seu processo de internacionalização.

Metodologia

Neste item são apresentados os resultados da pesquisa de campo. Foram empregados dois métodos ou formas de abordagem, uma quantitativa e outra qualitativa. Após consulta a diversas publicações sobre internacionalização e franquias, um conjunto de nove dimensões foram escolhidas junto com a ABF para compor o questionário quantitativo e o roteiro da entrevista qualitativa. Além dessas dimensões, foram coletadas informações sobre o processo de internacionalização e dados que caracterizam a franquia e o respondente.

A pesquisa de natureza quantitativa contou com o preenchimento *on-line* e foi direcionada aos empresários proprietários de franquias que já tinham se internacionalizado. A coleta de dados se deu no período entre 1º de maio e 31 de julho de 2010. A fim de maximizar o recebimento dos questionários preenchidos, foram encaminhados *e-mails*, realizadas ligações telefônicas e até enviada uma mala direta com o questionário impresso para facilitar o preenchimento. A partir de uma população de 61 empresas relacionadas no *mailing* da ABF, foram preenchidos e validados vinte questionários, correspondendo a uma amostra de 33% do total de franquias abordadas pelos diferentes métodos descritos antes.

A escala utilizada para avaliar as oito dimensões foi a Likert com 5 pontos. Visando padronizar, facilitar a compreensão e a visualização dos resultados, foram agrupadas as respostas 4 e 5, as quais representam a concordância com cada afirmação.

Na parte qualitativa do estudo, foram feitas entrevistas pessoais com dez empresários indicados pela ABF. Os principais resultados foram anotados e serviram para complementar o estudo quantitativo. Eles são descritos na análise por meio de "frases" tiradas do depoimento dos empresários entrevistados. Como as dimensões analisadas foram as mesmas, tanto na pesquisa quantitativa como na qualitativa, a discussão dos resultados foi realizada em conjunto e dividida por dimensão.

Em todo o processo de pesquisa foi assegurado o sigilo quanto à identidade da franquia e, respectivamente, dos entrevistados, de modo que os dados serão apresentados de forma agrupada e os respectivos respondentes, denominados apenas como "entrevistados" neste capítulo.

Resultados

Caracterização das franquias

Com relação ao perfil dos entrevistados, 25% eram sócios e diretores; 56%, gerentes; e 19%, assessores das franquias. Esses atuavam em média há seis anos nas empresas e quanto ao sexo eram: 62,5% homens, e 37,5% mulheres, com idade média de 35 anos.

Quanto à escolaridade, 56% com pós-graduação e 44% com superior completo. Como fontes de informações, os entrevistados indicaram que obtêm informações via internet: 39%, revistas: 25%, jornal: 21%, televisão: 11%, e celular: 4%, como mostra a Figura 3.

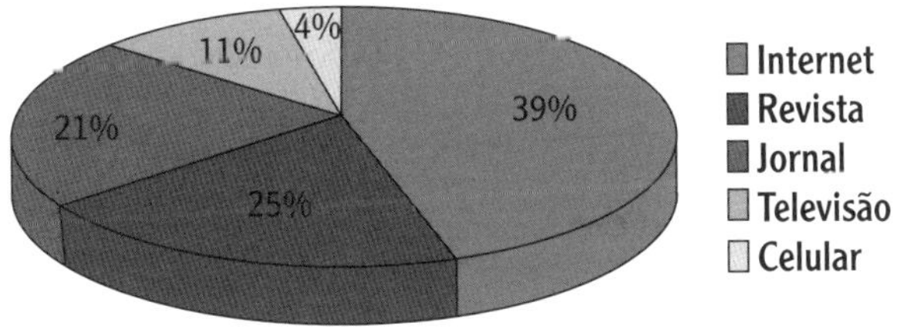

Figura 3 – Fontes de informações para os entrevistados.

Por sua vez, 64% das franquias entrevistadas eram de grande porte (acima de 500 funcionários); 15%, de médio porte (entre 50 a 499 empregados); e 21%, de pequeno porte (menor que 50 empregados).

Inicialmente, foi questionada qual a principal estrutura da franquia no exterior, como mostra a Figura 4.

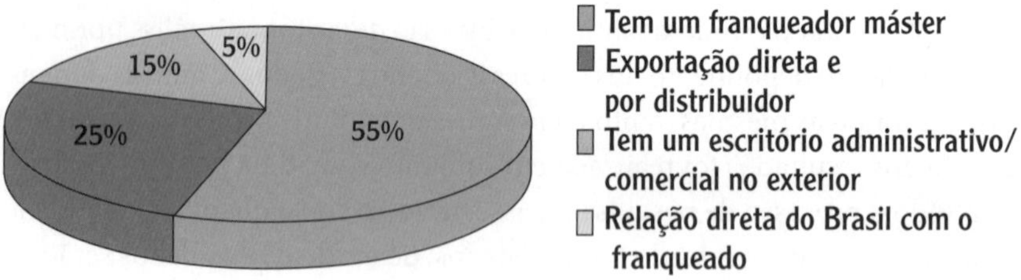

Figura 4 – Principal estrutura no exterior.

Na Figura 4, percebe-se que 55% das empresas possuem um franqueado máster; 25% trabalham com exportação; 15% têm um escritório administrativo no exterior; e 5% possuem relação direta do Brasil com o franqueado.

Esse ponto, relacionado à estrutura, também foi comentado na pesquisa qualitativa, sendo recomendado por um entrevistado: "deve-se localizar um *franqueado máster* que saiba como a franquia funciona, entenda o produto e a cultura local".

Ainda sobre franqueado máster, outra preocupação que se deve ter é "ser alguém que considere a parceria com a franquia brasileira prioritária, e não apenas marginal". Foram mencionados casos em que a franquia brasileira representava menos de 5% o franqueado máster no exterior, e este não priorizava o negócio, que acabou fechando. Por isso muitas vezes, o máster nem sempre é a melhor opção.

As franquias entrevistadas foram criadas, em média, há aproximadamente doze anos, com idade máxima de 41 anos e mínimo de um ano. Já no exterior, as operações tiveram início, em média, há aproximadamente cinco anos, com idade máxima de quatorze anos e mínima de um ano. Isso comprova que o processo de internacionalização de franquias brasileiras ainda é recente, se comparado a outros países.

Quando abordados sobre o primeiro país onde operaram no exterior, as respostas se concentraram em: América do Sul, 30% (Argentina, 15%, Chile, 10%, e Paraguai, 5%); América do Norte, 30% (México, 15%, Estados Unidos, 15%); Europa, 15% (Portugal); África, 10% (Angola); e 15% não informaram, como mostra a Figura 5.

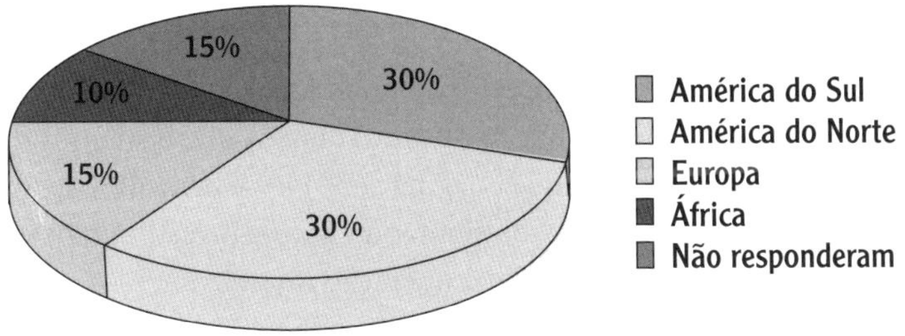

Figura 5 – Primeiro continente a se internacionalizar.

Na Figura 5, pode-se perceber que a variável idioma, reflexo de maior proximidade cultural, é um forte influenciador da primeira localidade que a franquia escolhe para se internacionalizar. Dos países para os quais as franquias brasileiras se internacionalizaram, primeiro, 45% falam espanhol; 25%, português; e apenas 15%, inglês.

Com relação ao tamanho da operação no exterior, 19% possuem operações de grande porte (com mais de 500 funcionários); 25%, médio porte (com 50 a 499 funcionários); e 56%, de pequeno porte (menos de 50 funcionários).

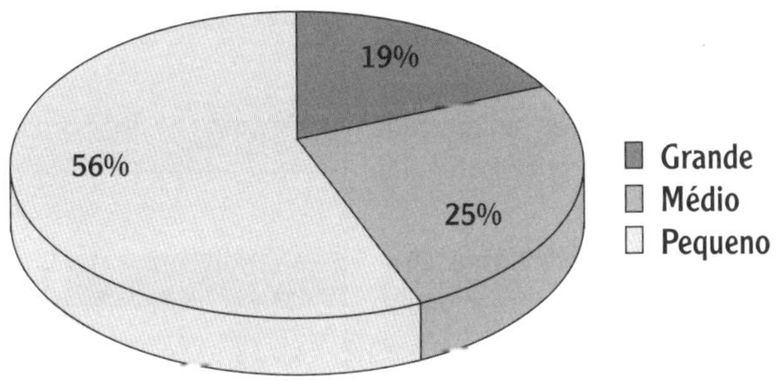

Figura 6 –Tamanho da operação no exterior.

Esse item se confirma ao analisar a porcentagem do faturamento das franquias que advêm de operações no exterior. Apenas duas disseram que obtêm em torno de 30% do seu faturamento no exterior. Outras duas têm faturamento próximo a 15%, e as demais da amostra disseram que esse porcentual não chega a 5% da operação. Isso aponta que o processo de internacionalização das franquias é recente e ainda pequeno para a maioria das empresas envolvidas.

Apesar de serem operações muitas vezes pequenas, a avaliação dos empresários com relação a essas operações é positiva. A frase: "a participação de mercado da minha franquia no exterior cresceu muito mais que o esperado" obteve 30% de concordância. Para 25% dos entrevistados, "a produtividade no exterior está sendo superior ao esperado". E ainda 20% consideram que os crescimentos em vendas com a franquia no exterior foi muito superior ao esperado.

Mas apenas 10% consideram que "o retorno sobre os investimentos da franquia no exterior foi muito superior ao que imaginavam". Nesse item, 65% se mantiveram neutros, e 25% discordaram da frase, apontando que os investimentos existem, e é necessário ter cautela ao se montar uma operação no exterior.

Por fim, em relação ao desempenho da franquia no exterior, que foram medidos por meio do Retorno sobre o Investimento, Crescimento nas Vendas, Produtividade e Participação de Mercado, em média as franquias indicam que o desempenho realizado está de acordo com o esperado.

Desafios para a internacionalização das franquias

O primeiro aspecto investigado é relacionado aos fatores que impulsionaram a internacionalização das franquias brasileiras. A importância desses fatores conforme o grau de concordância dos gestores das franquias está apresentado na Figura 7.

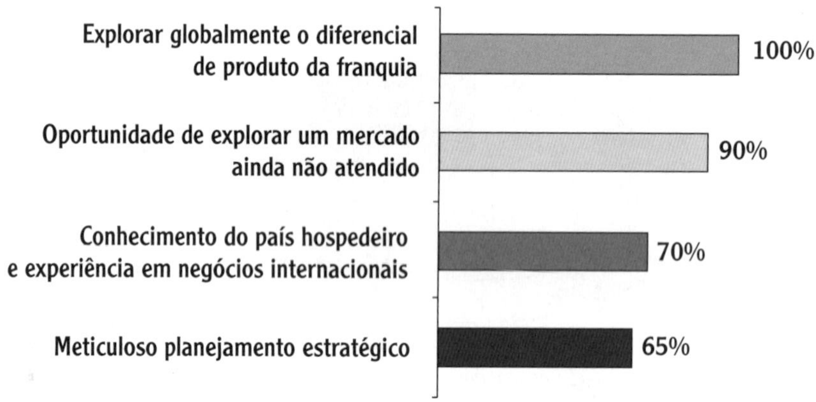

Figura 7 – Fatores impulsionadores.

Fica claro que a internacionalização das franquias brasileiras depende de um diferencial do produto/serviço oferecido pela franquia. Em seguida, aparece a oportunidade de explorar um novo mercado (90% de concordância). Além desses dois fatores, destaque para o fato de o franqueador conhecer o país estrangeiro e ter alguma experiência com negócios internacionais (70%) e ter realizado um meticuloso planejamento estratégico (65%).

Esses resultados indicam os quatro primeiros desafios para iniciar o processo de internacionalização de uma franquia.

1º Desafio: Diferenciação do produto/serviço

A internacionalização da franquia depende da criação de um diferencial do produto e serviço. Isso quer dizer inovação. Inovação em quê?

1. No processo de fabricação do produto ou prestação do serviço;
2. Diretamente no produto ou serviço;
3. No mercado que o produto ou serviço vai atender.

Quando falamos de inovar no mercado, objetivamente o essencial é saber se o negócio da franquia está criando um novo mercado no exterior, antes não explorado, pois os consumidores não tinham esse costume.

Em termos de inovação do produto, não se trata da simples diferenciação na qualidade, embalagem ou marca do produto. O essencial é que o produto ou serviço apresente uma nova funcionalidade antes desconhecida pelo consumidor.

Por último, a inovação no processo diz respeito à rotina organizacional realizada para a fabricação do produto e prestação do serviço. A empresa inova quando apresenta um processo novo, ou seja, raro no ramo de atuação dela. Entretanto, somente mantém essa inovação se o processo novo for difícil de ser imitado pelos concorrentes, isso quer dizer que o processo é complexo para ser copiado; logo, demanda tempo para os concorrentes alcançarem paridade competitiva com a franquia.

2º Desafio: Identificar mercados não explorados

A identificação da oportunidade de internacionalização depende da capacidade de identificar um nicho de mercado não explorado. Para isso são essenciais os trabalhos de reconhecimento e exploração de mercado. Pesquisas de mercado são essenciais para superar esse desafio. Cerca de 75% das franquias salientam a necessidade de realizar pesquisa de mercado para operar no exterior. Nesse quesito é importante ressaltar que a ABF contém um extenso banco de pesquisas de mercado à disposição dos associados.

Note que os resultados da pesquisa na Figura 8 mostram que os franqueadores não executam essa empreitada sozinhos, mas buscam executá-la em parceria com os franqueados. Em 80% dos casos existe a concordância para o fato de que os franqueados no exterior atuam como empreendedores locais fomentando o conhecimento do mercado local, e 75% dos franqueados no exterior atuam como empreendedores locais na busca de oportunidades de negócios.

O desafio consiste, portanto, não só na capacidade do franqueador ser um *prospect* de mercados, mas no perfil do franqueado no exterior, que, por vezes, diferentemente do franqueado do mercado nacional, o parceiro no exterior tem de ter um perfil empreendedor fortemente orientado para o mercado de atuação.

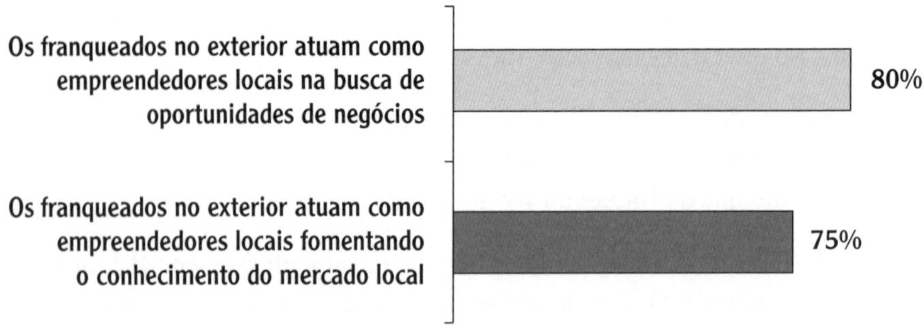

Figura 8 – Franquia e empreendedorismo.

3º Desafio: A experiência do franqueador e escolha do franqueado

Essencial para o processo de internacionalização é que o franqueador tenha alguma experiência internacional em negociação intercultural, se possível no país em que a franquia deseja atuar. Caso o franqueador não tenha essa experiência e vivência, seria essencial contratar um profissional com experiência em gestão exterior.

Nesse aspecto, entra a escolha do parceiro no exterior. Um dos entrevistados destacou que: "a franquia deve fazer no exterior, o que sabe fazer bem, ou seja, franquear". Essa empresa abriu lojas próprias nos Estados Unidos e não foi bem-sucedida; por isso, recomenda que se busquem franqueados máster.

Nesse sentido, podem-se recomendar dois caminhos para se operar no exterior:

1. Que se localize no exterior um franqueado máster, pois com a figura do franqueado máster, a matriz no Brasil tem como dar suporte, sem fazer grandes esforços e investimentos;
2. Que se desenvolva um minifranqueador, ou uma área lá fora para capturar novas franquias.

Com relação a esse tema, um dos franqueadores ressaltou que as maiores dificuldades que enfrentou no exterior foi no *processo de escolha* do franqueado máster. Essa franquia trocou quatro vezes de parceiro antes de acertar, considerou esse processo muito difícil, e que requer investimento de tempo e financeiro.

Nesse processo, um dos entrevistados recomenda que os parceiros no exterior se preocupem com: "Cuidar da marca da franquia; tenham ligação com a cultura e valores da empresa e entendam do mercado em que se pretende atuar". Desse item, podem-se perceber os motivos que levam tantas franquias a começar o processo de internacionalização convidando parentes e amigos, nem sempre os mais capacitados tecnicamente, mas os de maior *confiança* para o franqueador.

4º Desafio: Desenvolver um planejamento estratégico para a internacionalização

Por fim, apesar de arriscada e de ser configurada como uma aventura, a internacionalização envolve o comprometimento de grandes recursos e esforços. Para tanto, é essencial que o franqueador tenha muito bem planejadas as ações nos diferentes momentos de internacionalização. Se for a primeira vez, talvez o apoio de consultorias especializadas e da própria ABF seja essencial.

Nesse aspecto, é interessante ressaltar os resultados da pesquisa. Verifica-se que 85% das franquias adotam práticas calcadas num planejamento estratégico rigoroso: elas procuram usar e explorar os seus recursos mundialmente por meio de *best practices* mundiais e realizam sua gestão sem espaço para o "achismo", mas fortemente baseadas em dados de mercado e financeiros. Além disso, cerca de 60% delas defende uma gestão estritamente profissional.

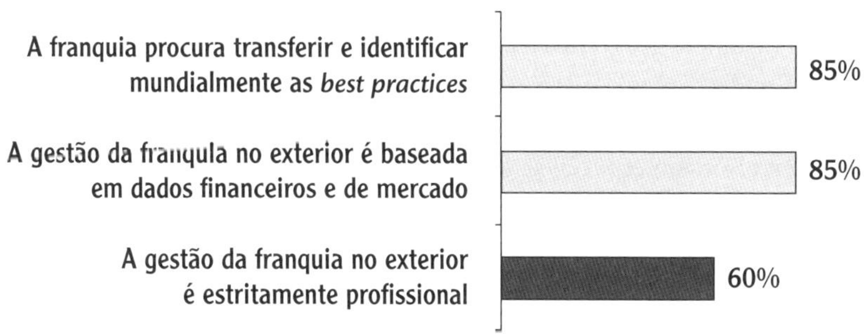

Figura 9 – Gestão das franquias.

Identificado os fatores que impulsionam a internacionalização das franquias, é interessante entender quais são os principais entraves nesse processo. A Figura 10 apresenta as principais barreiras para a internacionalização das franquias.

A principal dificuldade de acordo com a concordância de 65% das franquias é a questão de garantir que o padrão de negócio seja reaplicado no exterior. Em seguida, conforme a concordância de 55% das franquias, é a questão de achar e treinar pessoas para trabalhar conforme o modelo de negócio, e a questão de atender as exigências dos consumidores. Esses resultados levantam mais três desafios para superar as barreiras.

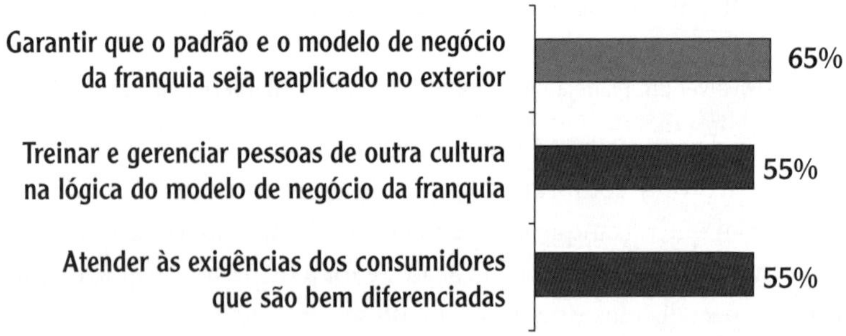

Figura 10 – Barreiras para a internacionalização.

5º Desafio: Como implantar e sustentar o modelo de negócio no exterior

O dilema de garantir o modelo de negócio entre os franqueados é constante no formato de negócios das franquias. O grande problema no exterior é a distância cultural e institucional que, por vezes, exerce pressão para a mudança de formato do negócio no exterior. Além disso, um segundo aspecto que exerce pressão para essa mudança é a distância geográfica e psíquica do franqueador em relação à franquia no exterior. Em decorrência disso, o controle das atividades do franqueado fica reduzido e acaba por existir uma forte dependência do franqueador em relação à contraparte no exterior, em especial se for um máster franqueado.

Mediante essas forças que impelem a mudança, em conjunto com a carência de possibilidade de averiguar *in loco* as premências do negócio no exterior e a falta de sensibilidade cultural e institucional para entender quando mudar ou não o padrão de negócio, o franqueador perde muito tempo e esforço na tentativa de exercer o padrão e o controle.

O resultado de nossa pesquisa mostrou que estavam mais satisfeitos aqueles franqueadores que, na seleção dos franqueados, procuram empreendedores e concedem a eles maior flexibilidade de mudanças de processos e mercados, desde que não desconfigurem o formato de negócio. A medida para essa flexibilidade e liberdade aos franqueados é tênue, e a melhor maneira de encontrá-la seria por meio de mecanismos de controle baseados na socialização, ou seja, na constante interação e trabalho conjunto entre as partes nos momentos em que se fazem necessárias as mudanças no formato de negócio.

A Figura 11 mostra esse aspecto. Verifique que, em busca de solucionar essa situação, um terço dos franqueados busca por meio de socialização contornar as pressões por inovação. Embora na opinião de 70% dos entrevistados exista um padrão e um modelo de negócio que devam ser buscados no exterior, nota-se que um número muito pequeno de franqueados concorda em manter as inovações somente na mão do franqueador (10%), e apenas 25% concordam em manter um formato rígido de modelo de negócio no exterior.

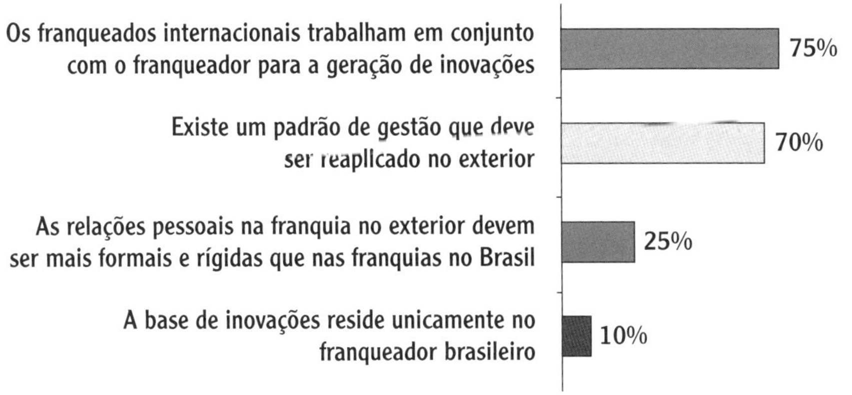

Figura 11 – Lidando com as pressões por mudanças no exterior.

6º Desafio: Desenvolver uma visão intercultural

O sexto desafio é formar a mão de obra no exterior. Esse aspecto trata mais de o franqueador entender que o perfil do trabalhador no exterior difere daquele do trabalhador nacional, e não adianta persistir em ter uma mão de obra uniforme. Este é um grande entrave para as franquias nacionais. O resultado mostra que 55% dos franqueadores brasileiros buscam o mesmo perfil do trabalhador brasileiro no exterior.

Essa ânsia por reaplicar o modelo de negócio nacional precisa ser superada. A pesquisa mostrou que os traços da cultura nacional, tais como personalismo, jeitinho brasileiro e fatalismo, não se enquadram no modelo de gestão das franquias no exterior. O que pôde ser detectado foi apenas alguma sobreposição do estilo brasileiro de administrar calcado por forte centralização de poder.

As franquias devem, portanto, procurar um padrão de gestão intercultural que supere o que chamamos de paroquialismo, ou seja, a atitude da empresa que procura reaplicar os traços da cultura e do modo de gestão do país de origem no país hospedeiro. Não porque acha que a cultura do país de origem é melhor e superior que a do país hospedeiro, mas pelo fato de conceber que a empresa só pode dar certo se operar conforme o *modus operandi* que é característico desde seu início.

7º Desafio: Atender às exigências dos consumidores

Esse desafio está diretamente relacionado com as atividades de marketing da franquia. No que tange às atividades de marketing, as franquias sentem uma forte necessidade de adaptação às realidades locais para atender às necessidades dos consumidores.

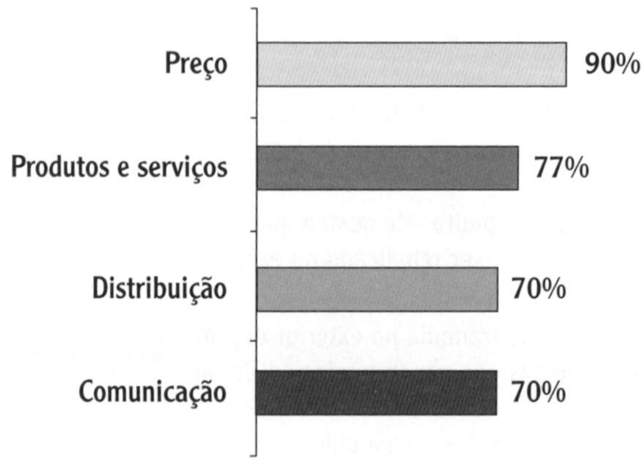

Figura 12 – Adaptações no marketing mix.

Com relação à adaptação do marketing mix: 77% disseram que precisaram adaptar seus produtos para iniciar a operação e para se manter no exterior; 70% disseram adaptar a comunicação; 70% disseram adaptar a distribuição; e 90% disseram adaptar o preço do produto.

Em especial, quanto ao P de produto, verifica-se na Figura 13 que a maior adaptação acontece no idioma da embalagem do produto (85%). Em relação a idioma, um entrevistado disse que: "Nas missões ABF em que a acompanhou, já viu catálogos com erros de espanhol; ou propostas com texto em espanhol e valores em reais". Há relatos de um caso de uma franquia que chamou a esfiha de taco no México e depois fracassou.

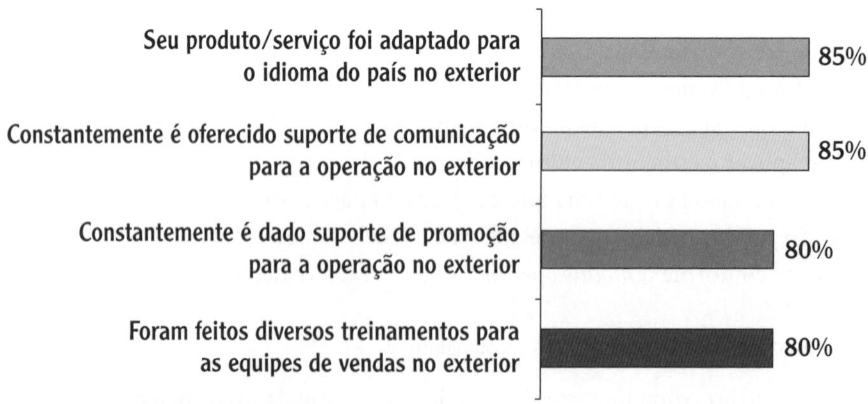

Figura 13 – Adaptações de marketing.

Por sua vez, quanto ao P de promoção, verifica-se um esforço grande na adaptação no suporte para a comunicação no exterior. Com relação ao suporte para a operação no exterior, 80% disseram ter realizado treinamentos para equipes de vendas; 85% disseram oferecer constantemente suporte de comunicação para a operação no exterior; e 80% disseram que oferecem suporte promocional para a operação no exterior.

Assim, com relação a adaptações que precisam ser feitas em termos de produtos e serviços para atender às exigências dos consumidores, recomenda-se muito cuidado com:

1. Adaptação do idioma – Esse item foi ressaltado por 90% dos entrevistados e deve-se ter muito cuidado com a nomenclatura em cada região.
2. Adaptação à cultura local – Recomenda-se entender em primeiro lugar a cultura antes de ir para outro país. Devem ser considerados os hábitos e as atitudes do povo local e ter cuidados em relação às regiões onde se vai operar.
   Por exemplo, no Brasil, come-se pizza à noite. Em outros países, no almoço. No México, a refeição feita até as 9 horas chama-se "desjejum". Das 10 às 12 horas, almoço. E das 12 às 15 horas, comida. Na Bolívia, sempre servem sopa de entrada. Na China, entrega-se cartão de visita segurando-o nas pontas dos dedos, com o nome para a frente de quem está recebendo. Uma das entrevistadas recomendou o livro *Negócio fechado*, da autora Suzana Doblinsk, o qual oferece pequenas dicas relacionadas a questões culturais de cada país onde se pretende operar.
3. Compreensão das necessidades locais e atuação regional – Na área de Marketing Global, uma tendência é trabalhar com estruturas regionais, focadas em atender às demandas regionais.

Um dos entrevistados disse que, para adaptar seus produtos, convida anualmente todos os franqueados, nacionais e internacionais, para participar de uma Convenção dos franqueados, na qual são feitos *workshops* considerando possíveis inovações regionais.

Considerações finais

As franquias brasileiras têm vivenciado nos últimos cinco anos uma busca por internacionalização. As operações no exterior ainda são pequenas, mas representam um bom desafio para os gestores em relação a lucratividade e crescimento.

Os resultados indicam a existência de sete principais desafios a serem enfrentados por aqueles que querem se internacionalizar: (1º) a diferenciação do produto ou serviço; (2º) a identificação de mercados não explorados; (3º) a experiência do franqueador e a escolha do franqueado; (4º) o desenvolvimento de um planejamento estratégico específico para a internacionalização; (5º) a implantação e sustentação de um modelo de negócio no exterior; (6º) o desenvolvimento de uma visão intercultural; e, por fim, (7º) o atendimento às exigências dos consumidores do país escolhido.

Esperamos que esta pesquisa seja útil para a tomada de decisão das franquias em seu processo de internacionalização.

Resumo

Mediante os números apresentados, o objetivo principal deste estudo é retratar a realidade das franquias brasileiras vivenciada nos processos de internacionalização e sugerir recomendações para aquelas que pretendem se internacionalizar. A partir de uma população de 61 franquias, vinte responderam ao questionário quantitativo e dez, ao roteiro qualitativo. De modo geral, as franquias brasileiras internacionalizadas estão iniciando seu processo de internacionalização e aprendendo com a operação no exterior. Em média, elas têm seis anos de operação internacional e a internacionalização ainda é uma estratégia secundária dentro da estratégia corporativa da franquia. Nesse processo de internacionalização são identificados sete desafios que os franqueadores e franqueados têm de superar para iniciar e continuar a estratégia de internacionalização. Os desafios são: diferenciação do produto/serviço; identificar mercados não explorados; a experiência do franqueador e a escolha do franqueado; desenvolver um planejamento estratégico para a internacionalização; implantar e sustentar o modelo de negócio no exterior; desenvolver uma visão intercultural; atender as exigências dos consumidores.

Questões para discussão

1. O modelo de negócio de franchising requer uma forte padronização das franquias com o objetivo de manter a mesma imagem de marca e excelência operacional em todos estabelecimentos. Essa padronização é importante no processo de internacionalização?
2. Compare o perfil do franqueado tradicional para o mercado brasileiro e o perfil do franqueado internacional. Quais as principais diferenças?
3. Dos sete desafios, apresente dois que, na sua opinião, deveriam receber maior ênfase no processo de internacionalização. Explique.
4. Olhando o lado do franqueador, quais as principais exigências para aquele franqueador que deseja internacionalizar sua rede?

Referências

[1] DAHAB, S. et al. *Entendendo franchising*: uma alternativa eficaz para o pequeno e médio empreendedor. Salvador: Casa da Qualidade, 1996.

[2] MARQUES, D. S. P. *Internacionalização de franquias*: um mapeamento sobre a presença de redes brasileiras no exterior. Ribeirão Preto, 2006. Dissertação (Mestrado) – Universidade de São Paulo.

[3] MARQUES, D. S. P. et al. Os motivos envolvidos na internacionalização de franquias brasileiras. *Faccf Pesquisa*, v. 8, n. 2, 2005.

[4] QUINN, B. The internationalization process of a franchise system: an ethnographic study. Asia Pacific. *Journal of Marketing ang Logistics*, v. 10, n. 2, 1998.

[5] QUINN, B.; ALEXANDER, N. International retail franchising: a conceptual framework. *International Journal of Retail & Distribution Management*, v. 30, n. 5, 2002.

[6] ROCHA, T. et al. *Processos e barreiras para a internacionalização de franquias brasileiras*. Relatório para a ABF. São Paulo: ABF, 2010.

6 Aspectos determinantes para a internacionalização no franchising: um estudo com franquias brasileiras

Jaércio Alex Silva Barbosa
Fabio Luiz Mariotto

Objetivos do capítulo

1. Apresentar as diferenças no processo de internacionalização de franquias, comparativamente com as empresas em geral.
2. Demonstrar que variáveis podem melhor explicar o processo de internacionalização de franquias brasileiras.
3. Discutir como o processo de internacionalização de franquias pode ajudar a explicar ou a contestar as teorias da Agência e da Escassez de Recursos.
4. Caracterizar as franquias brasileiras que se internacionalizaram.

Introdução

Este capítulo objetiva entender o processo de internacionalização de franquias brasileiras, mediante o estudo do grau de associação entre uma série de variáveis organizacionais e a internacionalização de franquias. Para tanto, foram formuladas onze hipóteses envolvendo as variáveis mencionadas. Tais hipóteses foram testadas a partir de dados provenientes de 290 franquias que participaram da publicação "500 Franquias para Você Investir", da revista *Pequenas Empresas & Grandes Negócios*,[9] edição 2009/2010. O estudo adotou como base teórica principal as teorias da Agência e da Escassez de Recursos.

A estrutura deste capítulo passa por uma revisão bibliográfica das teorias que explicam as especificidades do sistema de franquias em geral e no contexto da internacionalização, sendo dada especial ênfase as teorias da Agência e da Escassez de Recurso. Posteriormente são apresentados os aspectos metodológicos do estudo – hipóteses levantadas e os procedimentos estatísticos utilizados que permitem as conclusões apresentadas na etapa seguinte. Por fim, nas considerações finais são debatidas as principais questões críticas envolvidas neste estudo.

Referencial teórico

As franquias e as teorias da Agência e da Escassez de Recursos

A maior parte das pesquisas internacionais que tentam explicar as especificidades das franquias está fundada nas teorias da Agência e da Escassez de Recursos.[4]

A Teoria da Escassez de Recursos teve seu nome cunhado por Carney e Gedajlovic,[2] foi concebida conceitualmente por Oxenfeldt e Kelly[8] e tenta explicar a existência do sistema de franchising, mediante a resposta à pergunta: Por que uma empresa abriria mão de uma considerável parcela de sua rentabilidade para um terceiro? A Teoria da Escassez de Recursos procura responder a essa pergunta relacionando a diminuição de rentabilidade com os ganhos advindos do acesso a mecanismos que facilitam a gestão das restrições ao crescimento como: financiamento, conhecimento de mercado e capacidade gerencial. Dessa forma, no modelo proposto pela Teoria da Escassez de Recursos, as empresas buscam o sistema de franchising quando há necessidade de obter economias de escala e existe uma pressão para expandir a uma taxa além do que é possível utilizando apenas os recursos gerados internamente. Uma vez que tais economias sejam alcançadas, a rápida expansão não é mais necessária e o franqueador se deslocaria para maximizar retornos. Como a propriedade da empresa é presumivelmente mais rentável, o franqueador vai recomprar seus pontos mais rentáveis da franquia, ou seja, em uma cadeia madura cessaria o sistema de franchising e, em última instância, a cadeia se tornaria essencialmente empresa própria.[4]

A Teoria da Agência, originalmente proposta por Jensen e Meckling,[7] procura examinar os potenciais conflitos de interesse entre acionistas e gestores, tendo em vista a separação entre propriedade e gestão observada nas modernas corporações, dada a existência de conflitos de interesses motivados pela maximização de diferentes necessidades. A Teoria da Agência percebe o franchising como um mecanismo para melhorar o alinhamento entre os incentivos da empresa e dos diferentes pontos de venda.

Note-se que as teorias da Agência e da Escassez de Recursos não são contraditórias; uma empresa deve atrair recursos e alinhar os incentivos. Os pressupostos e principais previsões das teorias estão resumidos na Tabela 1.

Tabela 1 – Principais pressupostos e previsões sobre franchising pelas teorias da Agência e da Escassez de Recursos

	Principais pressupostos	Principais previsões
Teoria da Escassez de Recursos	Grandes cadeias possuem uma substancial escala de vantagens. Empresas em que os donos possuem a propriedade são mais rentáveis que franquias. Trabalho (isto é, habilidade gerencial e conhecimento de mercados locais) e capital são mais fáceis de ser obtidos de franqueadores do que de outras fontes.	Pequenas/novas firmas têm mais probabilidade de crescer por meio de franquias. Franquias são relacionadas com crescimento e sobrevivência, mas não necessariamente com rentabilidade. Firmas maduras crescerão por meio de firmas próprias e pela recompra de franquias existentes.
Teoria da Agência	Os agentes econômicos são racionais e interesseiros. Os agentes econômicos têm objetivos diferentes, mas de certa maneira homogêneos. Franquias substituem poderosos incentivos de serem donos por custos de monitorização direta. Gerentes de companhias cujo dono é proprietário vão fugir de responsabilidades. Franquias vão aproveitar a construção da marca através dos esforços de outros.	Empresas vão franquear aqueles estabelecimentos que são caros para controlar e onde o potencial de "parasitismo" é baixo. Contratos de franquia proporcionará aos franqueados uma quase-renda para mantê-los no contrato e otimizar a motivação. As empresas que franqueiam onde é mais eficiente fazê-lo terão um melhor desempenho.

Fonte: Adaptado de Combs et al.[4]

O processo de internacionalização de franquias

A internacionalização de franquias é um fenômeno mundial. Nos Estados Unidos é significativa desde a década de 1980. Segundo estimativas da International Franchise Association,[6] entre 2004 e 2005, 40% das franquias estabelecidas por franqueadores dos Estados Unidos eram unidades internacionais. Na Europa, a França é o país com maior número de unidades franqueadas no exterior, seguida pela Inglaterra. Na Grã-Bretanha, as franquias foram responsáveis por, aproximadamente, um terço de todas as internacionalizações de empresas ocorridas no começo da década de 1990.[1] No Brasil, várias redes brasileiras, de diversos ramos de negócios, operam unidades franqueadas em países estrangeiros. Nomes conhecidos, como O Boticário e Água de Cheiro (perfumes e cosméticos); Habib's, China in Box e Vivenda do Camarão (*fast-food*); Rosa Chá e Hering (moda e vestuário); Fisk e Yázigi (educação), convivem com marcas menos conhecidas, como Truss Cosmetics (saúde e bem-estar); Combate Controle de Pragas (serviços gerais); e Experimento Intercâmbio Cultural (línguas e idiomas). Entretanto, exemplos de redes nacionais que procuram novos mercados no exterior ainda são poucos, se comparados às franquias estrangeiras que entram ou já entraram no mercado brasileiro.[10]

Os custos e os riscos para desenvolver e administrar operações internacionais são muitos, e a franquia representa uma maneira de minimizar esses problemas, se comparadas a outras formas de internacionalização. Os atrativos do sistema de franquias são similares àqueles aplicados ao mercado doméstico, com compartilhamento dos riscos entre o franqueado e o franqueador. Porém, vários autores argumentam que o ônus maior deve ficar por conta do franqueador que, a partir de um esquema piloto, deve testar o conceito da franquia no novo país, antes de entrar no mercado em grande escala. A questão do risco parece ser um dos temas-chave para a opção por franquias, pois o sistema permite o controle da operação por parte do franqueador, com uma diminuição considerável dos riscos econômicos. Contudo, para a equação financeira fechar para ambas as partes, o franqueador abre mão de uma margem significativa dos potenciais ganhos com a atividade internacional. Ainda em relação à opção por franquia como forma de gerenciar os riscos da internacionalização, o franchising é uma maneira muito vantajosa de marcar presença em mercados, onde as expectativas de receitas não justificariam maiores esforços em investimentos próprios.[5]

Variáveis associadas à internacionalização

A determinação de características ou variáveis que permitam prever ou explicar o processo de internacionalização de franquias é objeto de estudos em todo o mundo, e é uma discussão antiga na literatura. Utilizando variáveis semelhantes às empregadas para explicar a expansão doméstica, os trabalhos relacionados com o processo de internacionalização de franquias também são fundamentados especialmente nas teorias da Escassez de Recursos e Agência. Os autores que defendem a Teoria da Escassez de Recursos utilizam variáveis como tamanho da rede, taxas de crescimento e idade,[5] que estão relacionadas com a necessidade e acúmulo de recursos voltados para o crescimento, para explicar o fenômeno da internacionalização. De forma complementar, os autores que utilizam a Teoria da Agência procuram explicar o fenômeno utilizando elementos relacionados à necessidade de mecanismos de controle envolvidos no sistema de franquias; esses autores utilizam, nos modelos explicativos, variáveis mais focadas em aspectos financeiros e de crescimento, associados a outras que caracterizam a empresa, como idade e setor de atividade.

Metodologia

Definindo a base de dados que será estudada

O estudo causal foi escolhido para o desenvolvimento do trabalho em razão da necessidade de encontrar relações entre as variáveis explicativas do processo de internacionalização e de testar hipóteses derivadas de estudos exploratórios e descritivos anteriores.

A base de dados para a análise das hipóteses foi obtida da revista *Pequenas Empresas & Grandes Negócios*,[9] edição 2009-2010. A publicação foi escolhida pela atualidade dos dados, riqueza comparativa das informações, capilaridade da publicação em âmbito nacional e metodologia utilizada na coleta de dados pela revista.

Apesar das inúmeras variáveis disponíveis no guia, nao havia dados relacionados com internacionalização de franquias. Dessa forma, para identificar o nível de internacionalização, foram consultados os sites institucionais das franquias da amostra, buscando quatro informações:

1. Se a empresa possui operações fora do Brasil.
2. Há quanto tempo.
3. O número de unidades.
4. Os locais onde se encontram essas unidades.

É importante destacar que, das 500 empresas constantes na publicação, foram trabalhadas somente as informações das 290 franquias consideradas como as melhores do Brasil pela publicação. Esse fato se deve à conveniência no processo de pesquisa e à constatação preliminar da existência de uma participação relevante de franquias internacionalizadas dentro da amostra estabelecida.

As informações obtidas dos sites das empresas foram cruzadas com as informações obtidas das seguintes fontes:

1. Sites das Associações de Franquias nacionais e internacionais:
   a. International Franchise Association (IFA);
   b. Federação Latino-Americana de Franchising (FLAF);
   c. Associação Brasileira de Franchising (ABF).

2. Publicações geradas pelo Ministério do Desenvolvimento, Indústria e Comércio Exterior (MDIC), do Brasil.
3. Publicações geradas pela Agência de Promoção às Exportações (Apex).
4. Publicações especializadas.
5. Notícias em jornais e revistas não acadêmicas.

Após este trabalho, foi obtida uma base de 62 empresas que possuíam unidades fora do país. O próximo passo foi realizar contatos telefônicos com a ABF, para validar o número encontrado, e com cada uma das 62 empresas para confirmar os dados levantados. Das 62 empresas, 59 confirmaram que possuíam unidades fora do país.

Em seguida, foi realizada a caracterização da amostra obtida, objetivando gerar uma base de dados consistente que permitisse o trabalho estatístico posterior. Para isso, o ranking das franquias internacionalizadas foi cruzado com a base de dados da revista *Pequenas Empresas & Grandes Negócios*.[9]

Estruturando as hipóteses

Onze hipóteses foram formuladas procurando o estabelecimento de relações entre a variável dependente (empresa internacionalizada ou não) e as variáveis independentes (aspectos organizacionais relacionados à internacionalização). As hipóteses levantadas foram:

Hipótese 1: Existe correlação entre setor de atividade econômica e internacionalização.

Hipótese 2: Existe correlação positiva entre idade de abertura da primeira loja franqueada e a internacionalização.

Hipótese 3: Existe correlação positiva entre a idade da empresa e a internacionalização.

Hipótese 4: Existe correlação positiva entre o número de lojas franqueadas e a internacionalização.

Hipótese 5: Existe correlação positiva entre o número de lojas próprias e a internacionalização.

Hipótese 6: Existe correlação positiva entre o faturamento da rede e a internacionalização.

Hipótese 7: Existe correlação negativa entre a taxa de franquia e a internacionalização.

Hipótese 8: Existe correlação negativa entre capital inicial necessário para constituir o negócio e a internacionalização.

Hipótese 9: Existe correlação negativa entre o prazo médio de retorno e a internacionalização.

Hipótese 10: Existe correlação positiva entre o crescimento do faturamento da rede e a internacionalização.

Hipótese 11: Existe correlação positiva entre o crescimento em números de franquias e a internacionalização.

Procedimentos estatísticos

Os procedimentos estatísticos realizados no estudo podem ser classificados como descritivos e explanatórios (causal), sendo utilizada por conveniência uma amostragem não probabilística. Foi escolhida a regressão logística por ser a técnica que melhor atendeu ao objetivo de encontrar relações entre as variáveis pela suposição da não normalidade dos dados apresentados.

Apresentação dos resultados

Característica das empresas que se internacionalizaram

As franquias que se internacionalizaram foram caracterizadas baseadas nos seguintes grupos de variáveis: variáveis gerais, relacionadas ao tamanho da empresa, financeiras e relacionadas ao crescimento do negócio.

Variáveis gerais

Observando a Tabela 2, nota-se maior concentração de franquias *não* internacionalizadas e internacionalizadas no setor de alimentação. Uma diferença de concentração interessante também pode ser observada nos ramos de saúde e bem-estar, onde existe um porcentual de quase o dobro de franquias internacionalizadas; e nos ramos de vestuário, calçados e acessórios, que a diferença entre empresas internacionalizadas e não internacionalizadas está próxima de 50%.

Observando a Tabela 3, pode-se perceber que as franquias internacionalizadas apresentam, em média, uma idade maior que as não internacionalizadas.

Tabela 2 – Ramo de atividade

	Internacionalizada (%)	
Ramo de atividade	**Não**	**Sim**
Alimentação	20,00	18,18
Cafeteria confeitaria	8,08	9,09
Casa, decorações e presentes	5,00	0,00
Cosméticos, perfumaria e farmácia	8,85	9,09
Ensino de idiomas	8,08	9,09
Lazer	3,46	3,03
Saúde e bem-estar	7,69	15,15
Serviços financeiros e consultoria	3,85	0,00
Serviços gerais	11,54	12,12
Treinamento e cursos	6,92	3,03
Veículos	3,46	3,03
Vestuário, calçados e acessórios	13,08	18,18
Outros	13,06	0
Total geral	**100**	**100**

Tabela 3 – Tempo no sistema de franquias e idade da empresa

Internacionalizada	Média de idade da empresa (anos)	Média de tempo no sistema de franquias (anos)
Não	15,5	14,7
Sim	25,7	15,8
Média geral	**16,6**	**14,8**

Os países de língua portuguesa ocupam os primeiros lugares no ranking dos principais países como destino da internacionalização, como pode ser observado na Tabela 4.

Tabela 4 – Principais destinos

Destino principal da internacionalização	% de franquias que possuem pelo menos uma unidade nesses países
Portugal	23,3
Angola	20,9
EUA	16,3
Argentina	11,6
México	7,0

Contraintuitivamente, o nível de satisfação do franqueado com o franqueador é substancialmente menor nas empresas internacionalizadas, se comparadas às não internacionalizadas, como pode ser observado na Tabela 5.

Tabela 5 – Qualidade da rede

Internacionalizada	Média de satisfação do franqueado	% de franquias com selo de excelência da ABF
Não	10	24,2
Sim	6	57,6

Variáveis relacionadas ao tamanho da empresa

Em média, as franquias que se internacionalizaram são maiores do que as que não se internacionalizaram em todos os indicadores de tamanho das empresas, como número de unidades próprias e franqueadas e faturamento, como pode ser observado na Tabela 6.

Tabela 6 – Média do número de unidades franqueadas/próprias e faturamento

Internacionalizada	Média de número de unidades franqueadas	Média de número de unidades próprias	Média de faturamento da rede em milhões
Não	58,2	6,8	37,3
Sim	234,3	16,3	207,8

Variáveis financeiras

As variáveis financeiras não apresentaram uma diferença considerável entre os variados tipos de empresas, como pode ser observado na Tabela 7.

Tabela 7 – Média de capital inicial, média da taxa de franquia, prazo médio de retorno

Internacionalizada	Média de capital inicial (R$)	Média de taxa de franquia (R$)	Prazo médio de retorno (meses)
Não	187.295	35.669	25
Sim	176.313	39.478	26

Variáveis relacionadas ao crescimento do negócio

Contraintuitivamente, a média de aumento do faturamento é maior entre as franquias que não se internacionalizaram, como pode ser observado na Tabela 8.

Tabela 8 – Aumento do faturamento em %, aumento do número de unidades em % internacionalizadas

Internacionalizada	Média de aumento do faturamento anual (%)	Média de aumento do número de unidades (%)
Não	57	71
Sim	27	31

Resultados da regressão logística

As análises foram feitas comparando as variáveis caracterizadoras das 33 franquias internacionalizadas, com uma amostra aleatória de outras 33 franquias não internacionalizadas, retiradas da base das 260 franquias. A amostra das franquias não internacionalizadas obedeceu a um critério: deveriam pertencer ao mesmo ramo de atividade das empresas internacionalizadas. Esse tratamento foi utilizado como tentativa de homogeneizar o comparativo das duas bases, a partir de um critério comum.

Nas análises iniciais, fez-se necessária a retirada de três variáveis que, por terem muitos valores faltantes, não permitiam que a modelagem chegasse a resultados estatisticamente relevantes. As variáveis retiradas foram: faturamento da rede, aumento do faturamento anual e aumento do número de unidades. Como essas variáveis poderiam ser relevantes para a explicação do fenômeno, foram feitas análises adicionais, utilizando o total da base de 260 franquias, o que possibilitou, pelo maior número de observações, a inclusão das variáveis faltantes, com alguma perda da homogeneidade da comparação. Além da inclusão das variáveis faltantes, a análise adicional serviu, com alguma margem de erro, para realizar um *cross checking* dos resultados.

Análise de regressão logística – 33 franquias não internacionalizadas × 33 franquias internacionalizadas

Como foi dito anteriormente, para a realização da regressão logística foram retiradas as variáveis faturamento da rede em 2008, aumento do faturamento anual e aumento do número de unidades, porque essas variáveis possuíam um alto número de valores faltantes.

No modelo ajustado inicialmente, utilizou-se como resposta a variável binária internacionalizada, e como variáveis explicativas, o ramo de atividade (fator), o número de unidades próprias, o número de unidades franqueadas, capital inicial, taxa de franquia, prazo médio de retorno, idade da empresa e tempo no sistema de franquias. Utilizou-se o método *stepwise backward* para eliminar as variáveis não significantes do modelo. Assim, obteve-se, no modelo final, somente as variáveis (correspondentes a 5%), sendo elas: o número de unidades franqueadas e a idade da empresa, como mostra a Tabela 9.

Na Tabela 9, observam-se também as estimativas, os erros-padrão e as significâncias de cada variável. Além dos intervalos de confiança, com coeficiente de confiança $\gamma = 95\%$, para exponencial das variáveis.

Tabela 9 – Estimativas do modelo de regressão logística

Variável (B)	Estimativa	Erro-padrão	Estatística de Wald	Significância	95% IC para exp (B)	
					Interior	Superior
Idade da empresa (β)	0,141	0,052	7,346	0,007	1,040	1,276
Número de unidades franqueadas (θ)	0,020	0,008	6,592	0,010	1,005	1,035
Constante (α)	–3,262	0,919	12,605	0,000		

O modelo ajustado foi:

$$\ln\left(\frac{\pi_i}{1-\pi_i}\right) = \alpha + \beta x_{1i} + \theta x_{2i};\ \text{com } i = 1,...,66.$$

Podendo ser interpretado da seguinte forma:

- x_{1i} é a idade da i-ésima empresa;
- x_{2i} é o número de unidades franqueadas da i-ésima empresa;
- π_i é o valor esperado da probabilidade da i-ésima empresa ser internacionalizada;
- α é o intercepto (não interpretável);
- exp(β) que varia entre [1,040; 1,276] é o número esperado de vezes que a chance de a empresa ser internacionalizada cresce, para cada ano da diferença da idade da empresa, entre duas empresas com o mesmo número de unidades franqueadas;

- exp (θ) que varia entre [1,005; 1,035] é o número esperado de vezes, que a chance de a empresa ser internacionalizada cresce, para cada unidade da diferença do número de unidades próprias, entre duas empresas com a mesma idade.

A variabilidade explicada do modelo (R^2) de Cox e Snell foi 0,414, já a de Nagelkerke, sendo este um ajuste da estatística anterior, foi 0,553. A Tabela 10 mostra o número de observações da variável internacionalizada observada *versus* a predita. Ou seja, se aplicado ao modelo ajustado nessa amostra, a média de acerto seria de 86,4% das observações, e para as observações não internacionalizadas essa média subiria para 93,9% e para as internacionalizadas 78,4%.

Tabela 10 – Internacionalizada observada *versus* predita

Observada		Predita		
		Internacionalizada		Porcentagem correta
		0	1	
Internacionalizada	0	31	2	93,9
	1	7	26	78,8
Porcentagem total			86,4	

Análise da base das 260 franquias não internacionalizadas × 33

O objetivo desta análise é incluir as variáveis (retiradas da análise anterior pelo número de observações faltantes): faturamento, aumento do faturamento anual e aumento do número de unidades na análise e, de certa forma, realizar um *cross checking* dos resultados conforme apresentado na Tabela 11.

Tabela 11 – Estimativas do modelo de regressão logística 2

Variável (B)	Estimativa	Erro-padrão	Estatística de Wald	Significância	95% IC para Exp (B)	
					Inferior	Superior
Faturamento	0,00296	0,00132	16,3656	0,0252	1,043	1,386
Constante (α)	–4,6095	1,1394	16,3656	0,000		

Dessa forma, tomando as análises com as duas bases, as variáveis que mais discriminaram o fenômeno da internacionalização foram: idade da empresa, número de unidades franqueadas e faturamento. O que valida as hipóteses 3, 4 e 6, que correlacionavam positivamente o fenômeno da internacionalização, com as variáveis que mostraram alto poder explicativo nas análises estatísticas. Dessa forma, as hipóteses 1, 2, 5, 7, 8, 9, 10 e 11 não foram validadas. As conclusões anteriores estão refletidas na Tabela 12.

Tabela 12 – Resumo dos resultados

Hipóteses	**Variáveis**	**Resultados da regressão logística**
H1: Existe correlação entre setor de atividade econômica e internacionalização	Setor de atividade	Não significante a 5%
H2: Existe correlação positiva entre idade de abertura da primeira loja franqueada e a internacionalização	Idade da abertura da primeira loja	Não significante a 5%
H3: Existe correlação positiva entre a idade da empresa e a internacionalização	Idade da empresa	**Hipótese validade (significante a 5%)**
H4: Existe correlação positiva entre o número de lojas franqueadas e a internacionalização	Número de lojas franqueadas	**Hipótese validade (significante a 5%)**
H5: Existe correlação positiva entre o número de lojas próprias e a internacionalização	Número de lojas próprias	Não significante a 5%
H6: Existe correlação positiva entre o faturamento da rede e a internacionalização	Faturamento da rede	**Hipótese validade (significante a 5%)**
H7: Existe correlação negativa entre a taxa de franquia e a internacionalização	Taxa de franquia	Não significante a 5%
H8: Existe correlação negativa entre capital inicial necessário para constituir o negócio e a internacionalização	Capital inicial	Não significante a 5%
H9: Existe correlação negativa entre o prazo médio de retorno e a internacionalização	Prazo médio de retorno	Não significante a 5%
H10: Existe correlação positiva entre o crescimento do faturamento da rede e a internacionalização	Crescimento do faturamento (2008-2009)	Não significante a 5%
H11: Existe correlação positiva entre o crescimento em números de franquias e a internacionalização	Crescimento em números de franquias (2008-2009)	Não significante a 5%

Considerações finais

A caracterização comparativa dos grupos de franquias internacionalizadas e não internacionalizadas revelou elementos interessantes de diferenciação. Foi observada uma concentração comparativamente maior de franquias internacionalizadas nos ramos de saúde e bem-estar; vestuário, calçados e acessórios. As franquias que se internacionalizaram também apresentaram, em média, uma idade maior. Porém, é no tamanho da empresa que a diferença é mais expressiva – as franquias que se internacionalizaram possuem consideravelmente mais unidades próprias, mais unidades franqueadas e mais faturamento que as que não se internacionalizaram. Essas variáveis caracterizadoras ajudaram a dar uma visão panorâmica às diferenças dos dois grupos.

Foi, contudo, somente por intermédio dos procedimentos estatísticos que se pôde observar o poder explicativo das variáveis relacionadas ao fenômeno da internacionalização e a aderência das hipóteses com as teorias da Agência e da Escassez de Recursos. Dessa forma, as variáveis que discriminaram o fenômeno da internacionalização foram: idade, número de unidades franqueadas e faturamento – validando as hipóteses 3, 4 e 6.

A idade da empresa não foi fator explicativo relevante em alguns estudos internacionais. Contudo, a maioria dos estudos mostra que a antiguidade no sistema de franquias, e não a idade da empresa em si, tinha correlação com a internacionalização, em virtude da acumulação de recursos e capacidade aprendida de monitoramento de lojas franqueadas – dois fatores fundamentais para a internacionalização.

No presente estudo, a validação da correlação entre a idade da empresa e a internacionalização e a não correlação entre idade no sistema de franquias e a internacionalização puderam revelar relações peculiares do mercado brasileiro. Ao analisar a diferença entre a idade da empresa e o tempo em que ela levou para entrar no sistema de franquias, das franquias brasileiras mais antigas, justamente as que mais se internacionalizaram, observa-se um tempo três vezes maior, se comparado com as franquias mais novas. Esse fato pode ser explicado pela pouca disseminação do franchising no Brasil, como alternativa de crescimento, há 25 anos – média da idade das empresas que se internacionalizaram. Dessa forma, observa-se que as franquias antigas, que são as que demonstraram um perfil maior de internacionalização, demoraram muito para entrar no franchising, e as franquias mais novas adotam essa opção de crescimento precocemente. Esse descasamento pode explicar a diminuição do poder explicativo da variável idade no sistema de franquias e, em contraposição, a valorização da variável idade da empresa no modelo. Essa hipótese é reforçada quando se observa, comparativamente, a diferença entre abertura da empresa e entrada no sistema de franquias internacionais e brasileiras. Apesar de não ser o objetivo deste trabalho, é importante destacar que um curto período entre a abertura da empresa e a entrada no sistema de franquias, como observado no mercado brasileiro, pode aumentar o risco de fracasso tanto do franqueado quanto do franqueador.

A revisão da literatura mostrou que não existe um consenso na literatura em relação ao impacto que as variáveis relacionadas ao tamanho da empresa – número de unidades franqueadas e próprias – possuem na propensão à internacionalização. É intuitivo pensar, como afirmam vários autores, que uma grande rede teria acumulado mais recursos, desenvolvido maior capacidade de monitoramento sobre os franqueados e, indubitavelmente, tenha adquirido um maior reconhecimento de marca; e que esses elementos seriam fatores potencializadores para a busca de mercados internacionais. Novamente, nesse caso, o presente trabalho identificou um comportamento singular do mercado brasileiro, e que talvez explique a razão de se ter observado uma correlação importante entre número de lojas franqueadas (hipótese 3) e a internacionalização, e não ser observada a mesma correlação com a variável número de lojas próprias (hipótese 4). Talvez, um grande número de lojas próprias em relação a franqueadas mostrasse que a empresa passou pelos dois momentos, preconizado por vários autores e defendido por Combs et al.[4] para expansão dentro das fronteiras do país de origem. O primeiro ciclo seria o de crescimento, onde seria utilizado o sistema de franquias como forma mais rápida e com menor risco para empresas menores obterem crescimento em curto espaço de tempo. O segundo ciclo seria o de rentabilização, onde as empresas comprariam as franquias mais rentáveis e fariam a opção por crescer por meio de lojas próprias – mais rentáveis em relação às franquias. A internacionalização, dessa forma, poderia ser considerada um novo ciclo de crescimento – um terceiro ciclo –, onde seria necessária uma nova utilização do sistema de franquias para obter novamente maior velocidade de expansão com menores riscos.

A teoria de um terceiro ciclo, apesar de ser intuitiva, não foi validada pelo presente trabalho. Talvez a não validação dessa teoria se justifique pelo comportamento não padronizado que as redes de franquias possuem no país. Não é observado, no Brasil, de forma significativa, o segundo ciclo de rentabilização; mesmo as grandes franquias continuam utilizando-se do franchising para o crescimento, mantendo uma pequena quantidade de lojas próprias, valorizando, dessa forma, a diminuição do risco em detrimento do aumento de rentabilidade, característica do segundo ciclo.

Como já demonstrado em vários trabalhos internacionais, o faturamento (hipótese 6) possui correlação com a internacionalização. O acúmulo de recursos permite, segundo as teorias da Agência e da Escassez de Recursos, desenvolver novos e mais efetivos mecanismos de controle, o acesso a novos e mais baratos mecanismos de financiamento e dá um indicativo importante da razoável exploração dos mercados internos e necessidade de busca de novos mercados.

Uma observação importante, que não é completamente explicada pelas teorias existentes, é a opção pela franquia como forma de entrada nos mercados externos. Partindo dos pressupostos, já discutidos ao longo do trabalho, que as franquias são menos rentáveis do que as lojas próprias e que as empresas que se internacionalizam possuem maior acúmulo de recursos, seria razoável supor que a internacionalização se daria por intermédio de lojas próprias e não utilizando o sistema de franquias, menos rentável. Talvez, o motivo para essa opção seja novamente o *trade-off* entre a necessidade de diminuição de riscos e de ter mais conhecimento do mercado local *versus* o vetor rentabilidade da operação, pesando mais as duas primeiras variáveis, especialmente para empresas brasileiras.

As hipóteses não validadas também geraram aprendizados importantes. A negação das hipóteses 10 e 11, relacionadas com o crescimento ano contra ano do faturamento e do número de unidades, mostra que um crescimento interno acentuado não é o fator que ajuda a explicar a internacionalização. Esse fato talvez possa ser explicado pela existência de oportunidades no mercado interno que diminui as vantagens relativas de se internacionalizar. Argumentos semelhantes podem ser utilizados para explicar as hipóteses relacionadas com as variáveis financeiras.

Uma hipótese também não comprovada no estudo é a que relaciona o processo de internacionalização com o ramo de atividade. Apesar de ser observada uma concentração diferenciada de franquias internacionalizadas em determinados ramos, quando se olha o agregado da variável não se observa a correlação.

Resumo

Este trabalho objetiva entender o processo de internacionalização de franquias brasileiras, fenômeno de importância teórica e prática, por meio do estudo do grau de associação entre uma série de variáveis organizacionais e a internacionalização de franquias. Tais hipóteses foram testadas a partir de dados provenientes de 290 franquias que participaram da publicação *Pequenas Empresas & Grandes Negócios.*[9] O estudo adotou como base teórica principal as teorias da Agência e da Escassez de Recursos. Os resultados obtidos apontam para a não existência de correlação das variáveis crescimento do faturamento e do número de unidades ano contra ano e a internacionalização de franquias, indicando que um crescimento interno acentuado diminui as vantagens relativas de se internacionalizar. Argumentos semelhantes podem ser utilizados para explicar a não correlação entre as variáveis financeiras e o processo de internacionalização. A variável faturamento apresentou uma correlação significativa com a internacionalização, o que demonstra que o acúmulo de recursos permite desenvolver novos e mais efetivos mecanismos de controle, permite o acesso a novos e mais baratos mecanismos de financiamento e dá um indicativo importante da razoável exploração dos mercados internos e necessidade de busca de novos mercados. Contudo, foram as variáveis idade da empresa e número de unidades franqueadas as características com maior poder explicativo no estudo; o que revela comportamentos peculiares do mercado brasileiro como uma baixa diferença entre o tempo de fundação da empresa e da entrada no sistema de franquias e a opção por crescer por meio de franquias em vez de unidades próprias, mais rentáveis, mesmo quando a franquia atinge a maturidade.

Questões para discussão

1. Você acredita que unidades próprias são mais rentáveis que unidades franqueadas? Discuta o tema utilizando as teorias da Agência e da Escassez de Recursos.
2. Discuta sobre os prós e contras de se adotar o sistema de franquias como forma de expansão internacional. Leve em conta o ponto de vista do franqueado e do franqueador.
3. Analise a preferência por Portugal e Angola como principal destino para a internacionalização de franquias.
4. Discuta os ciclos no desenvolvimento de franquias apresentados no capítulo.

Referências

[1] BURT, S. Retail internationalisation: evolution of theory and practice. In: MCGOLDRICK, P. J.; DAVIES, G. (Orgs.). *International retailing*: evolution of theory and practice. Londres: Pitman Publishing, 1995, p. 51-73.
[2] CARNEY, M.; GEDAJLOVIC, E. Vertical integration in franchise systems: Agency theory and resource explanations. *Strategic Management Journal*, v. 12, p. 607-29, 1991.
[3] COMBS, J. G.; CASTROGIOVANNI, G. J. Franchisor strategy: a proposed model and empirical rest of franchise versus company ownership. *Journal of Small Business Management*, v. 32, n. 2, p. 37-48, 1994.

[4] Combs, J. G., Michael, S. C., Castrogiovanni, G. J. Franchising: A review and avenues to greater theoretical diversity. *Journal of Management*, v. 30, n. 6, p. 907-31, 2004.
[5] Elango, B.; Fried, V. H. Franchising research: a literature review and synthesis. *Journal of Small Business Management*, v. 35, n. 3, p. 68-81, 1997.
[6] International Franchise Association. Disponível em: www.franchise. org. Acesso em: dez. 2009.
[7] Jensen, M. C.; Meckling, W. H. Theory of the firm: managerial behavior, agency costs and ownership structure. *Journal of Financial Economics*, v. 3, n. 4, p. 305-60, out. 1976.
[8] Oxenfeldt, A. R.; Kelly, A. O. Will successful franchise systems ultimately become wholly-owned chains? *Journal of Retailing*, v. 44, p. 69-83, 1968-1969.
[9] Pequenas Empresas & Grandes Negócios. *500 franquias para você investir*. São Paulo: Globo, 2009-2010.
[10] Silva, D. M. A internacionalização das redes de franquias brasileiras e a necessidade de adaptação do composto de marketing aos novos mercados. In: *Anais XXVIII ENANPAD*. Curitiba, 25-29 set. 2004.

7 Fusão e internacionalização de franquias no segmento de alimentação: o caso "TrendFoods e China in Box"

Pedro Lucas de Resende Melo
Tales Andreassi
Moacir de Miranda Oliveira Jr.

Objetivos do capítulo

1. Demonstrar o processo de fusão envolvendo redes de franquias de alimentação (China in Box e Gendai).
2. Traçar os benefícios da consolidação do grupo TrendFoods.
3. Apresentar as características da operação internacional da China in Box.
4. Caracterizar os fatores determinantes para o não prosseguimento das operações internacionais da China in Box.

Introdução

Este capítulo objetiva caracterizar no franchising o processo de fusão entre redes de franquias, aqui representada por China in Box e Gendai, constituindo em 2007 o grupo TrendFoods. Agregadamente ao processo de fusão, tem-se como objetivo demonstrar a aliança estratégica constituída por meio de um máster franqueado para viabilização do processo de internacionalização empreendido pela rede China in Box no México, que perdurou até agosto de 2008, quando houve um redirecionamento estratégico do negócio.

A estruturação deste capítulo passa inicialmente por uma revisão teórica, envolvendo alianças estratégias e processos de fusão e aquisição. Posteriormente, discorre-se sobre os aspectos metodológicos que envolveram as informações trabalhadas na etapa seguinte, com a exposição do caso TrendFoods e China in Box. Por fim, nas considerações finais, são debatidas as principais questões críticas envolvidas neste estudo.

Referencial teórico

As alianças estratégicas

A maior parte da literatura de estratégia tem como ponto principal a competição entre firmas. O foco, na maioria dos casos, é a vantagem competitiva e a competitividade estratégica, por meio de uma posição forte e individual, maximizando competências essenciais e minimização das fragilidades. Mas não é mais possível entender o comportamento estratégico da firma sem levar em consideração o ganho de vantagem competitiva por meio de cooperação com outras firmas. Isso acontece quando as empresas encontram maneiras de combinar seus recursos e capacidades.[13]

Apesar da rápida disseminação, as estratégias de cooperação constituem exemplos de relacionamentos que dificilmente podem ser imitados por parte dos concorrentes, pois diferentes alianças servem a diferentes objetivos, e o fato de serem socialmente complexas baseadas em fortes relações de confiança torna ainda mais difícil a imitação e, por isso, pode efetivamente constituir fonte de vantagem competitiva sustentável.[4]

Neste trabalho, pretendemos considerar como alianças estratégicas: "estratégias cooperativas de nível de unidades de negócios" e "estratégias cooperativas de nível corporativo".[13]

As "estratégias cooperativas de nível de unidades de negócios" são projetadas para tirar proveito de oportunidades de mercado combinando os ativos da firma sócia de uma forma complementar para criar novo valor, reduzir a competição ou ainda reduzir a incerteza e o risco de novos negócios. Essas estratégias podem ser subdivididas em quatro tipos: (i) alianças complementares; (ii) alianças para redução da competição; (iii) alianças de resposta à competição; e (iv) alianças para redução da incerteza.

Já as "estratégias cooperativas de nível corporativo" são projetadas para facilitar a diversificação de produto e/ou mercado. Elas permitem que a firma se expanda para novas áreas de produtos ou mercado sem ter o ônus de uma fusão ou uma aquisição. Podem ser: (i) alianças para diversificação; (ii) alianças sinérgicas; e (iii) franchising.

Se considerarmos as definições de cooperação,[13] entendemos o franchising como uma estratégia cooperativa de nível corporativo. Uma das razões pelas quais muitas firmas optam por alianças estratégicas de nível cooperativo é que essas oferecem parte dos benefícios sinérgicos de uma fusão ou aquisição. O Quadro 1 sintetiza as principais estratégias e os tipos de alianças possíveis:

Quadro 1 – Alianças estratégicas

Estratégia de unidades de negócios	Estratégia de nível corporativo
Alianças complementares.	Alianças para diversificação.
Alianças para redução da competição.	Alianças sinérgicas.
Alianças de resposta à competição.	Franchising.
Alianças para redução da incerteza.	

Fonte: Adaptado de Hitt et al.[13]

Processos de fusão e aquisição de empresas

Foi somente a partir da década de 1990, época em que houve muitos processos de fusões e aquisições pelo mundo, que começaram os questionamentos sobre o papel da inovação diante desse novo movimento organizacional, haja vista a intensa transação de conhecimentos tecnológicos que são capazes de auxiliar no incremento do potencial inovador das firmas. É importante mencionar que até então os debates envolviam a transferência de *know-how* e capacidades de desenvolvimento tecnológico entre as companhias recém-unidas.[2, 6, 11, 17]

Por meio das fusões e aquisições, as organizações podem ter acesso a novos recursos, que antes eram restritos ou até mesmo difíceis de ser desenvolvidos internamente. As particularidades das firmas criam ações sinérgicas, capacitando o acesso a novos recursos que também poderiam ser adquiridos mediante alianças estratégicas.[12, 18]

Podem-se ainda analisar as aquisições sob outro aspecto: elas servem como uma atraente alternativa aos investimentos em P&D, exatamente por oferecer às empresas acesso imediato a novos mercados, evitando que sejam realizadas inovações internas, pois estas serão adquiridas por intermédio da firma que se integrou ao grupo recém-constituído. Com isso, o risco de desenvolvimento interno não existe, visto que se agregam mercados já desenvolvidos. Evidentemente que o futuro pedirá uma postura de desenvolvimento, mas, no curto prazo, figura-se a comunhão de recursos.[1, 16]

Há autores que defendem que o crescimento e o desenvolvimento das firmas podem ser conquistados tanto por meio de aquisições como por inovações. E por haver restrições de recursos, o que acontece plenamente no sistema de franchising, enfatiza-se um dos dois direcionamentos.[3]

Em trabalhos recentes sobre essa questão, há pesquisadores que examinam a relação entre a geração de inovações e processos de aquisição de empresas. Para esses autores, o potencial de inovações nas empresas aumenta após essas uniões, gerando com isso maior habilidade no lançamento de novos produtos e serviços no mercado.[2]

Pode-se resgatar a experiência da indústria farmacêutica, que passou por intensivos processos de fusões e aquisições na última década. Para esse grupo de indústria, tais processos podem significar uma redução nos custos de P&D dos medicamentos, aqueles que são extremamente caros, por requererem recursos especializados, sobretudo da mão de obra empenhada nessas pesquisas, e com tempos de desenvolvimento que chegam, em muitos casos, a 15 anos. Além disso, a indústria farmacêutica tem sofrido em muitos países a concorrência com produtos genéricos, com patentes quebradas, o que causa uma pressão ainda maior no desenvolvimento de novos medicamentos, que possam ser comercializados com a proteção de patentes.[15]

Metodologia

A pesquisa qualitativa[10] foi escolhida por possibilitar melhor obtenção de informações que pudessem elucidar o objeto de estudo e serem transformadas em variáveis de pesquisa ou gerassem hipóteses para serem testadas em trabalhos posteriores.

O estudo de caso é adequado quando questões relacionadas a *como* ou *por que* são aplicadas a um conjunto de eventos contemporâneos sobre os quais o investigador possui pouco ou nenhum controle, que é o caso das características do estudo em questão.[19] Estudos de caso podem ainda ser usados para proporcionar uma descrição de eventos, testar ou gerar teoria.[7] O estudo de caso nesta pesquisa pode ser classificado como exploratório, pois existe ainda pouca compreensão sobre o fenômeno estudado, e explanatório, pois a pesquisa lida com relações operacionais que precisam ser traçadas ao longo do tempo, mais do que com frequências ou incidências.[19]

Na coleta de informações para a formulação do estudo de caso, houve levantamento de dados primários diretamente com um dos franqueadores, que ocupa o cargo de diretor de Operações e Produto. Essa entrevista foi realizada pessoalmente em abril de 2009 na sede do grupo TrendFoods, sediado em São Paulo (SP), tendo duração aproximada de 1h30. O questionário utilizado nessa entrevista foi estruturado valendo-se em sua maior parte de questões discursivas, contendo questionamentos sobre o processo de fusão e constituição do grupo TrendFoods e da internacionalização da rede China in Box.

O caso TrendFoods e China in Box

A atuação do grupo TrendFoods

O grupo TrendFoods é composto pelas redes de franquias China in Box e Gendai, no segmento de alimentação, e a sua atuação ocorre sobretudo por meio de franquias de *fast-food*, *delivery* e restaurantes. A seguir, cada uma dessas redes de franquias será descrita em mais detalhes.

Dentre as marcas que compõem o grupo, *China in Box* talvez seja a mais reconhecida pela população brasileira, dado o seu caráter inovador na maneira de entrega de comida chinesa; seu modelo atual abrange restaurantes com os tradicionais serviços *delivery*. Essa rede, que foi fundada em 1992 com uma loja aberta no bairro de Moema em São Paulo, possui atualmente 150 lojas em 22 estados e em setenta cidades no Brasil, possuía até agosto de 2008 cinco franquias no México. O investimento necessário para a abertura de uma franquia China in Box é estimado em cerca de R$ 450.000,00.[7]

Outra marca de grande destaque no franchising brasileiro e que faz parte do grupo TrendFoods é a *Gendai*, e sua primeira loja foi inaugurada no mesmo ano que a China in Box, no Shopping Morumbi, na cidade de São Paulo. A proposta ao se estabelecer a Gendai era de ser uma loja de produtos japoneses fora do tradicional circuito comercial japonês sediado no bairro da Liberdade, em São Paulo. Posteriormente, a ideia em oferecer *fast-food* de culinária japonesa veio em 1994. Ao passar dos anos, em 1996 é adotado o franchising como estratégia para expansão dos negócios. Atualmente, a rede atua com três formatos de lojas: *fast-food* em praças de alimentação, restaurantes e quiosques, todos agregados ao serviço *delivery*. A rede possui no momento 47 franquias nos estados de São Paulo, Minas Gerais, Rio de Janeiro, Rio Grande do Sul, Mato Grosso do Sul, Pernambuco e Ceará, incluindo o Distrito Federal. Os investimentos para a abertura dessas lojas iniciam em torno de R$ 450.000,00.[9]

O Quadro 2 sintetiza as informações sobre as redes de franquias que compõem o grupo TrendFoods:

Quadro 2 – Grupo TrendFoods

Rede	Culinária	Nº de franquias
China in Box	Chinesa	150
Gendai	Japonesa	47

Fonte: Site das empresas

O processo de fusão entre redes de franquias: China in Box e Gendai

As alianças entre as redes de franquias China in Box e Gendai iniciaram há mais de 15 anos, quando, em 1993, determinadas ações passaram a ser realizadas conjuntamente. Nesse período, a intenção principal era a constituição de alianças para o aumento do poder de barganha com os fornecedores comuns, proporcionando especialmente preços de compras menores. Por sua vez, a gestão dessas redes não era compartilhada, ou seja, elas não envolviam decisões em comum quanto à gestão propriamente das redes e uma troca de conhecimentos mais intensa.

Com o passar dos anos, houve maior aproximação entre as redes de franquias. Em 2006, a discussão que marca a pauta da agenda desses franqueadores era sobre uma possível fusão entre as redes visando não somente o maior poder de barganha com os fornecedores, mas também uma busca de sinergias entre as redes por meio de: (i) fortalecimento das marcas de cada rede; (ii) agregação de valores particulares de cada rede; (iii) transferência de conhecimentos constituídos em cada rede; (iv) acesso a novos recursos e competências em cada uma das redes; e (v) aumento do *market share*. Com isso, em 2007 foi de fato concretizado esse movimento estratégico constituindo o grupo TrendFoods. Passados dois anos desde a fusão das redes, os principais objetivos esperados foram alcançados, gerando, sobretudo, um *know-how* e competências que propiciam uma profissionalização ainda maior na gestão das redes com seus respectivos franqueados.

Cabe um destaque especial ao processo de inovações provindo com a fusão dessas redes de franquias; não obstante, ressalta-se que o próprio movimento estratégico adotado de aliança entre essas redes é uma inovação organizacional, dada a nova configuração que se empreende nessa gestão. No caso em questão, as inovações mercadológicas passaram a ocorrer com maior intensidade, dadas as trocas de conhecimento mais intensas entre os franqueadores dessas redes, que adotam em suas redes práticas comuns em determinadas situações. Dentre essas inovações mercadológicas, as que ganham maior destaque baseiam-se no desenvolvimento de produtos, capacitando o grupo TrendFoods a criar produtos partidos de conceitos em comum. Essa sinergia ocorre, sobretudo, por tratar-se de franquias de comida oriental.

Após a fusão das redes de franquias foi constituído um conselho administrativo, que compõem o corpo diretor da TrendFoods, esse conselho trata da gestão de cada rede separadamente. Não obstante, há o conselho de franqueados de cada uma das redes, com suas convenções e diretrizes próprias e que geram sugestões ao conselho de franqueadores.

O Quadro 3 traz de forma resumida as principais questões envolvendo o processo de fusão que culminou na criação do grupo TrendFoods:

Quadro 3 – Questões envolvidas na fusão TrendFoods

Principais benefícios	Inovações	Processo decisório
Fortalecimento das marcas.	Organizacionais.	Independente entre as redes.
Agregação de valores.	Mercadológicas.	Compartilhado entre os franqueadores.
Transferência de conhecimento.	Produtos.	Conselho de franqueados.
Acesso a novos recursos e competências.		
Aumento do *market share.*		

A atuação internacional da rede China in Box

O processo de internacionalização da rede China in Box foi iniciado em 2002 mediante uma parceria com um máster franqueado local, durante os seis anos de atuação neste país foram abertas cinco franquias. A razão de se realizar essa aliança com um parceiro local se deve ao maior conhecimento do mercado provindo por esse franqueado, responsável pela abertura de novas franquias em solo mexicano. Entretanto, as operações foram encerradas em agosto de 2008, como veremos adiante em mais detalhes as razões tanto para a entrada no mercado mexicano como para o fim dessa atuação.

A escolha do destino foi influenciada sobretudo pelas similaridades existentes entre o mercado de consumo mexicano e o brasileiro; nisso incluem-se tanto a estratificação de classes sociais como as identificações culturais entre esses povos. Outro fator que foi decisivo para a escolha do México foi a identificação de oportunidades de negócios pela equipe de expansão e a escolha de um parceiro local com boas referências para se iniciar essa aliança estratégica.

Dentre os desafios observados na atuação no México, cabe destacar a dificuldade em se encontrar insumos similares para as operações locais, dado que muitos produtos precisavam ser importados dos Estados Unidos, a exemplo de produtos simples como o molho shoyu e a embalagem de armazenamento das refeições. Haja vista que os custos logísticos entre o Brasil e o México são elevados, a necessidade de desenvolvimento de uma rede de fornecedores locais era prioritária para a manutenção do fornecimento dessas franquias.

Outro obstáculo enfrentado passa pelos diferentes hábitos de consumo do mercado local, como o fato de o mexicano frequentemente consumir o café da manhã fora de casa e ter o hábito preparar seu jantar em casa, muitas vezes um lanche. Por sua vez, no Brasil, grande parte dos pedidos é realizada à noite, dado o hábito que muitos consumidores têm de não preparar o jantar em casa. Essa diferença de hábito de consumo foi um fator não esperado pelos franqueadores, especialmente pelo fato de o China in Box não possuir uma linha de produtos desenvolvidos para o café da manhã. Além de que o mercado mexicano requer produtos mais apimentados, o que exigiu alterações nos produtos já existentes.

No México, o consumo no *delivery* de comidas é bem desenvolvido para as pizzas; no caso de comida chinesa, não é algo ainda assimilado pelos consumidores, o que demandaria, segundo o franqueador, ações de longo prazo para se conseguir resultados mais expressivos. Ademais, o horário comercial mexicano foi um dificultador para as operações do China in Box, visto que as operações se encerram às 21 horas; já no Brasil, especialmente em grandes cidades, esse horário, pode ser mais estendido, o que permite um tempo maior de operações diárias das franquias.

Cabe salientar, entretanto, as contribuições que essas unidades no exterior trouxeram para a rede China in Box e, como já havia sido mencionado, o retorno financeiro não foi a contribuição que gerou um destaque nesse movimento internacional. Por sua vez, houve ganhos para a marca, especialmente entre os franqueados que conquistaram o *status* de participar de uma rede de franquias com presença internacional. Entretanto, como é muito bem salientado pelo franqueador, manter esse *status* é muito custoso para a rede, dada a complexidade que envolve um processo de internacionalização de empresas, passando a ser estratégico no momento desenvolver outros diferenciais que podem aumentar a competitividade da rede de franquias.

As razões para o encerramento das operações no México são múltiplas, a começar pelas dificuldades que o próprio máster franqueado vinha tendo no gerenciamento e expansão da rede no mercado mexicano, o que acabou resultando em uma taxa de crescimento aquém da esperada e, com isso, limitando ganhos de escala que poderiam ser alcançados ao se ter uma quantidade maior de franquias no México. Particularmente, a cada uma dessas cinco franquias, elas apresentavam ao longo dos anos de operação um desempenho mediano, nada surpreendente, sem gerar resultados consideráveis à rede China in Box, até mesmo por serem somente cinco unidades. Outro problema foi a necessidade de adaptação mais intensiva dos produtos para se atender às preferências do mercado local, o que é destacável, sobretudo por se tratar de uma franquia de alimentação em um país com hábitos de culinária mais apimentada. Ao se tratar de pratos da culinária chinesa, esse desafio em adaptar os produtos é, de certa maneira, ainda mais dificultado.

Ademais, no último ano de operação, as franquias abertas no México vinham apresentando um desempenho financeiro abaixo do esperado, algo que foi acentuado em razão de o macroambiente já apresentar sinais de enfraquecimento econômico. Dados todos esses fatores e o processo de fusão ocorrido ainda recentemente, a estratégia adotada passou a se concentrar nos processos internos para a consolidação do grupo TrendFoods, buscando seu fortalecimento no Brasil.

Referente a uma possível retomada do processo de internacionalização da rede, não é descartada a intenção em ter operações em outros países; entretanto, não se constitui um plano de curto prazo, dadas as intenções atuais de estabelecer políticas voltadas ao mercado brasileiro para as cinco redes que fazem parte do grupo criado há pouco mais de dois anos. Não obstante, é importante mencionar que a atuação no México trouxe aprendizados aos franqueadores e que, no momento em que for retomado o processo de internacionalização, esse processo não será iniciado em uma etapa elementar, dado o conhecimento que foi proporcionado nesses seis anos em um mercado exterior. O Quadro 4 sintetiza as questões que envolveram a atuação da rede de franquias China in Box no México.

Quadro 4 – A atuação da China in Box no México

Método de entrada	**Escolha destino**	**Desafios**	**Contribuições**	**Fim das operações**
Máster franqueado.	Proximidades culturais.	Encontrar insumos similares.	*Know-how* internacional.	Dificuldades de expansão pelo máster franqueado.
Cinco franquias.	Proximidades classes sociais.	Desenvolvimento de fornecedores locais.	Reforço da marca, franquia internacional.	Desempenho mediano das franquias.
		Diferentes hábitos de consumo.		Alto custo de operação.
		Tradição *delivery* para pizzas.		Necessidade de adaptação intensiva dos produtos.
		Horário de funcionamento comercial.		

Considerações finais

Nesse caso, foi possível observar dois movimentos estratégicos de significativa importância. O primeiro deles foi o processo de fusão entre redes de franquias na busca do aumento de sinergias e, com isso, o aumento do poder competitivo do grupo de franquias. O outro movimento que merece destaque foi o encerramento das operações no exterior, a fim de consolidar a atuação do grupo recém-criado no Brasil. Entretanto, a análise desse caso merece algumas considerações que discutiremos a seguir.

Inicialmente referente ao processo de *fusão entre redes* de franquias, o movimento estratégico que foi iniciado em 2007 não ocorreu somente entre as marcas China in Box e Gendai, mas também por outras redes no mercado brasileiro de franchising. Nisso, citamos a união entre as redes CNA e Uno & Due, das franquias Café Donuts com a livraria Nobel e das redes Wizard com Skill.[8]

Podemos levantar uma discussão quanto aos benefícios que são gerados ao se unir a gestão de redes de franquias. No caso TrendFoods, observamos que os ganhos vão desde o fortalecimento das marcas, da agregação de valores particulares a cada rede, transferência de conhecimento entre as redes, aumento do *market share* e, especialmente, o acesso a novos recursos e competências que seriam difíceis de desenvolver agindo isoladamente.

Nessa fusão cabe destacar que a união se deu entre marcas do mesmo seguimento de mercado, referimo-nos ao ramo alimentício, sobretudo de comida asiática. Não obstante tratar-se de modelos de negócios com similaridades, voltados ao *delivery* e ao *fast-food*, essas similaridades podem ter facilitado as ações sinérgicas entre as redes na constituição do grupo TrendFoods. Entretanto, cabe aos franqueadores trabalharem os pontos que não são comuns e agregarem esses padrões aos seus negócios.

Outros elementos a serem considerados tratam das inovações geradas com as fusões, essas que por si já se constituem uma inovação organizacional, na forma como se define uma nova estrutura de gestão, além de gerar inovações mercadológicas e em produtos mais rapidamente, como mencionado pelo franqueador na entrevista, dadas as ações sinérgicas. O debate em torno do papel das inovações para a competitividade das organizações é de grande importância, por residir nelas as transformações que vão gerar uma sustentação competitiva de sua atuação no mercado ao longo dos anos.

Particularmente ao processo de fusão TrendFoods, observamos a independência na gestão das marcas que constituem o grupo, tratando particularmente a necessidade de cada rede, e apenas posteriormente compartilhando as melhores práticas por meio do conselho de franqueadores, estes que constituem o corpo diretor do grupo TrendFoods. Essa medida pode facilitar a decisão do gestor mediante as necessidades de cada grupo de franqueados.

O outro aspecto estratégico estudado nesse caso foi o processo de *internacionalização* empreendido pela rede China in Box. Reconhecemos a precaução tomada ao se entrar em um mercado exterior mediante uma aliança com um parceiro local, esse comumente realizado no franchising por meio de um máster franqueado. A figura do máster franqueado carrega consigo maior conhecimento do mercado mexicano, constituindo uma aliança para redução de incertezas em um mercado internacional e com capacidade para tratamento das particularidades locais dos franqueados.

O que se observou foi uma dificuldade de expansão das franquias em território mexicano pelo máster franqueado, o que tornou, no longo prazo, custosa a operação no México, em razão do baixo número de franquias abertas. Por haver somente cinco franquias e o mercado exigir uma adaptação intensiva dos produtos, além do desenvolvimento de fornecedores locais, os ganhos de escala e o poder de barganha da rede no México eram baixos, o que tornava cara a operacionalização dessas franquias. Somaram-se às dificuldades de encontrar insumos similares para a produção das refeições, os diferentes hábitos de consumo local, a não tradição pelo serviço *delivery* de outros tipos de comida a não ser pizzas e os diferentes horários de funcionamento do comércio local. Com isso, a manutenção do processo de internacionalização foi interrompida em agosto de 2008.

Para a rede China in Box, os seis anos de operação no México serviram de aprendizado quanto ao processo de internacionalização, sobretudo à falsa impressão de proximidades culturais entre o Brasil e o México. Essas similaridades podem se apresentar em vários aspectos, por serem povos de origem ibérica; entretanto, quando tratamos de operações de internacionalização de empresas, especialmente de franquias, é importante analisar se essas similaridades serão determinantes para o êxito dos negócios sem maiores alterações nos padrões estabelecidos pelas redes de franquias. Caso contrário, para se lograr o sucesso, muitas adaptações deverão ser dirigidas ao composto mercadológico e necessitarão de uma dedicação mais intensiva nesse plano de expansão internacional que se compõe de diversas variáveis macroeconômicas.

Relacionando os dois movimentos estratégicos, fusão e internacionalização de franquias, nota-se claramente o direcionamento dos franqueadores do grupo TrendFoods ao fazerem a opção pelo encerramento momentâneo das operações internacionais, dedicando seus esforços gerenciais à consolidação de um grande grupo brasileiro de franquias, que pode se tornar na prosperidade também uma marca internacional.

Por fim, as *contribuições* deixadas por este capítulo ao meio *acadêmico* residem, sobretudo, no estudo sobre as franquias brasileiras, dadas as discussões ainda limitadas desse tema pelos pesquisadores brasileiros, como já fora mencionado recentemente por estudiosos, atestando as oportunidades de pesquisa nesse segmento.[14] Particularmente ao processo de internacionalização de franquias brasileiras, esse caso contribui para demonstrar as dificuldades encontradas no exterior por uma das principais redes de franquias brasileiras. Em outra contribuição, este capítulo adiciona-se aos casos de fusão e aquisição de empresas, movimento que tem ocorrido com frequência na última década.

Especialmente para o meio *gerencial*, constituído sobretudo por franqueadores e suas equipes de gestão, este caso evidencia a complexidade que envolve o processo de internacionalização de franquias, por tratar de um movimento estratégico que requer a análise de muitos fatores, sobretudo macroeconômico, como já mencionado neste texto. Outra contribuição reside nos processos de fusão de franquias. Há de analisar cautelosamente as similaridades entre as redes de franquias e quais os objetivos que se esperam com esse processo, que deve ser pretendido não somente como uma forma de redução de custos, mas também de aumento de competências e acesso a novos recursos que podem propiciar o surgimento de inovações nas redes de franquias e com isso alavancar suas vantagens competitivas.

Devemos, entretanto, apontar algumas *limitações deste estudo*, especialmente por tratar-se de estudo de caso único o que pediria a averiguação de como o processo de internacionalização e fusão de franquias ocorre em outras redes, a fim de gerar padrões que possam ser comparados e identificar os fatores que são comuns a outros específicos a cada gestão. Essas comparações podem auxiliar o trabalho de pesquisadores na criação de modelos que possam responder às necessidades das redes de franquias com maior consistência e propriedade analítica, dado o comportamento analisado de várias redes.

Com isso, encerramos este capítulo *sugerindo* a continuidade dos estudos sobre franchising no que tange especialmente ao processo de internacionalização das redes de franquias. A busca de marcas internacionais faz parte da competição não só de franquias, e essas atuações multinacionais podem trazer novos conhecimentos às redes brasileiras, aumentando seu poder competitivo e disseminando um pouco da cultura brasileira por outros países. Ao possuir redes de franquias mais estruturadas, assim como se pretende com os processos de fusões, esperamos ter uma presença maior e consolidada das franquias brasileiras nos mercados internacionais.

Resumo

Este capítulo objetiva caracterizar no franchising o processo de fusão entre redes de franquias, essa representada, no caso, por China in Box e Gendai, constituindo em 2007 o grupo TrendFoods. Agregadamente ao processo de fusão, tem-se como objetivo demonstrar a aliança estratégica constituída por meio de um máster franqueado para viabilização do processo de internacionalização empreendido pela rede China in Box no México, que perdurou até agosto de 2008, quando houve um redirecionamento estratégico do negócio. Nessa fusão, cabe destacar que a união se deu entre marcas do mesmo seguimento de mercado; referimo-nos ao ramo alimentício, sobretudo de comida asiática. Não obstante tratar-se de modelos de negócios com similaridades, voltados ao *delivery* e ao *fast-food*, essas similaridades podem ter facilitado as ações sinérgicas entre as redes na constituição do grupo TrendFoods. Entretanto, cabe aos franqueadores trabalharem os pontos que não são comuns e agregarem esses padrões aos seus negócios. O outro aspecto estratégico estudado neste caso foi o processo de internacionalização empreendido pela rede China in Box. Reconhecemos a precaução tomada ao se entrar em um mercado exterior por meio de uma aliança com um parceiro local, comumente realizado no franchising por meio de um máster franqueado. A figura do máster franqueado carrega consigo maior conhecimento do mercado mexicano, constituindo uma aliança para redução de incertezas em um mercado internacional e com capacidade para tratamento das particularidades locais dos franqueados. O que se observou foi uma dificuldade de expansão das franquias em território mexicano pelo máster franqueado, o que tornou, no longo prazo, custosa a operação no México, dado o baixo número de franquias abertas. Por haver somente cinco franquias e o mercado exigir uma adaptação intensiva dos produtos, além do desenvolvimento de fornecedores locais, os ganhos de escala e o poder de barganha da rede no México eram baixos, o que tornava cara a operacionalização dessas franquias. Somados às dificuldades de encontrar insumos similares para a produção das refeições, há diferentes hábitos de consumo do consumidor local: a não tradição pelo serviço *delivery* de outros tipos de comida, a não ser pizzas; e diferenças de horários de funcionamento do comércio local, razões que fizeram a manutenção do processo de internacionalização ser interrompido em agosto de 2008.

Questões para discussão

1. Discuta sobre as possíveis sinergias e efeitos contrários ocorridos em fusões de empresas?
2. Faça um levantamento dos processos de fusão e aquisição ocorridos entre redes de franquias nos últimos dez anos. O que há em comum entre essas fusões e aquisições?
3. Qual o papel do máster franqueado para o êxito de uma expansão internacional?

4. Por quais outros modos de expansão as redes de franquias podem optar em operações internacionais? Enumere os benefícios e dificuldades em cada uma dessas opções.

Referências

[1] BALAKRISHNAN, S. The prognostics of diversifying acquisitions. *Strategic Management Journal*, v. 9, p. 185-96, 1988.

[2] BEERS, C.; SADOWSKI, B. On the relationship between acquisitions, divestitures and inovations: an explorative study. *Journal of Industry*, v. 3, p. 131-42, 2003.

[3] BURGELMAN, R. A model of the interactions of strategic behavior, corporate context, and the concept of strategy. *Academy of Management Review*, v. 8, p. 61-70, 1983.

[4] CHILD, J.; FAUKNER, D. *Strategies of co-operation*: managing alliances, networks, and joint ventures. Nova York: Oxford University Press, 1998.

[5] CHINA IN BOX (Rede de franquias China in Box). Disponível em: http://www.chinainbox.com.br/novosite/. Acesso em: 7 maio 2009.

[6] COHEN, W.; LEVINTHAL, D. Innovation and learning: the two faces of R&D. *Economic Journal*, v. 99, p. 569-96, 1989.

[7] EISENHARDT, K. M. Building theories from case study research. *Academy of Management Review*, v. 14, n. 4, p. 532-50, 1989.

[8] FOLHA DE S.PAULO. Segmento prevê onda de transações. Caderno Dinheiro. Edição 22 de setembro de 2007.

[9] GENDAI (Rede de franquias Gendai). Disponível em: http://www.gendai. com.br/paginas/investimentos_franquia.asp/. Acesso em: 7 maio 2009.

[10] GOODY, W. J.; HATT, P. K. *Métodos em pesquisa social*. São Paulo: Nacional, 1979.

[11] GRANDSTRAND, O. et al. External technology acquisitions in large multi-technology corporations. *R&D Management*, v. 22, n. 2, p. 111-33, 1992.

[12] HELLELOID, D.; SIMONIN, B. Organizational learning and a firm's core competence. In: HAMEL, G.; HEENCE, A, *Competence-based competition*. Nova York: John Wiley & Sons, 1984.

[13] HITT, M. A. et al. *Administração estratégica* – Competitividade e globalização. São Paulo: Pioneira/Thomson Learning, 2001.

[14] MELO, P. L. R.; ANDREASSI, T. Publicação científica nacional e internacional sobre franchising: levantamento e análise do período 1998–2007. ENANPAD, 33, RJ, 2008.

[15] MORGAN, E. Innovation and merger decisions in the pharmaceutical industry. *Review of Industry Organization*, v. 19, n. 2, p. 181-96, 2001.

[16] Shelton, L. Strategic business fits and corporate acquisition: empirical evidence. *Strategic Management Journal*, v. 9, p. 279-87, 1989.
[17] Sorensen, D. Characteristics of merging firms. *Journal of Economics and Business*, v. 52, p. 423-33, 2000.
[18] Wernerfelt, B. A Resource-based view of the firm. *Strategic Management Journal*, v. 5, n. 2, p. 171-80, 1984.
[19] Yin, R. *Case study research.* Londres: Sage, 1994.

8 A internacionalização de franquias no segmento de óculos de sol e acessórios: o caso "Chilli Beans"

Felipe Mendes Borini
César Augusto de Moraes Tureta
Tarsila Miyanohara Ota
Bruna Sayuri Tateno Tanaka
Maria Fernanda Sia

Objetivos do capítulo

1. Caracterizar o processo de internacionalização da rede Chilli Beans.
2. Analisar o determinismo cultural para a internacionalização de franquias.
3. Utilizar o modelo Hofstede para análise das dimensões culturais.
4. Traçar os aspectos marcantes para operações internacionais de franquias.

Introdução

A globalização dos mercados é um dos desafios enfrentados pelas empresas brasileiras no século XXI. Tal movimento deverá cobrar elevado preço daquelas cujo raio de ação se limita ao mercado de seu país de origem, pois se defrontarão com a competição de poderosas empresas globais. Assim, para se tornar competitivas no mercado global, elas têm buscado cada vez mais o mercado externo. A internacionalização das empresas brasileiras é um fenômeno recente no país, se comparada aos outros países, onde o processo de internacionalização foi incorporado como parte integrante da própria dinâmica das estratégias de mercado. A incipiente internacionalização das empresas brasileiras seria fruto de uma combinação de diferentes fatores, dentre eles a falta de familiaridade cultural do Brasil com outros países.[15]

Nesse sentido, conhecer e entender as diferenças culturais são condições indispensáveis para o sucesso em negócios internacionais. Muitas organizações aprenderam essa lição perdendo recursos, porque fizeram investimentos sem levar em consideração a cultura local.[6] Faltou o desenvolvimento do *cross culture literacy*,[7] ou seja, a capacidade de a pessoa não somente entender a cultura estrangeira, como também mudar e adaptar seu comportamento de maneira adequada para minimizar o choque com outras culturas.

Para evitar os problemas culturais, a empresa e seus colaboradores precisam se preparar para operar em outras culturas e evitar entrar em conflito com elas. Faz-se necessário rever a maneira como as negociações são feitas, a estrutura da companhia, o nome do produto, o relacionamento entre a administração e os empregados, a estratégia para promover os produtos e encontrar uma maneira de incentivar o time de vendas nas várias culturas. Gestores que assumem que as regras prevalecentes em seu país são igualmente válidas em outros países podem encontrar dificuldades na performance de sua empresa.[1] Não é suficiente que o empresário atual esteja apenas ciente das diferenças culturais, mas que entenda as diferenças culturais e se adapte a elas como uma necessidade para o sucesso de qualquer pessoa que atue numa economia globalizada.

A temática a ser desenvolvida neste estudo, portanto, é a questão da importância da cultura nacional nos processos de internacionalização, especificamente no processo de internacionalização de franquias. O objetivo deste capítulo é compreender a influência da cultura nacional no processo de internacionalização das empresas brasileiras por meio do estabelecimento de franquias nos mercados estrangeiros, tendo como estudo de caso a empresa Chilli Beans.

Não são raros os estudos sobre a influência da cultura no processo de internacionalização das empresas brasileiras. Apesar disso, é raro encontrar algum estudo focado em franquias.[2] Logo, este capítulo procura preencher essa lacuna, ou seja, enriquecer o corpo de conhecimento sobre como a cultura influencia nas operações de franquias no exterior. Nota-se que, além da lacuna, o tema é intrigante, pois a franquia, por pressuposto, é um negócio padronizado:

> A operação de *franchising* é uma relação contratual entre o *franchisor* (franqueador) e o *franchisee* (franqueado), na qual o *franchisee* opera sob um nome comercial comum e de acordo com um "formato" ou padrão estabelecido ou controlado pelo *franchisor*.[3]

Dessa forma, permanece uma dúvida no processo de internacionalização das franquias: a influência da cultura é insignificante, pois vale mais o formato do modelo de negócio da franquia que deve seguir o mesmo padrão em todos os lugares do mundo? Ou a cultura exerce influência significativa no processo de internacionalização das franquias exigindo ajustes estruturais e de gestão da franquia?

Essa segunda linha de investigação tem ganhado corpo nos últimos anos, especialmente com a redução, cada vez mais intensa e frequente, das fronteiras nacionais, com o aumento do comércio internacional e a mobilidade das grandes corporações pelo mundo. Nesse sentido, o multiculturalismo e a gestão da interculturalidade se transformaram em questões-chave para as organizações que vivenciam esse processo de intercâmbio global. Dentre os diversos trabalhos que seguem essa linha, os de Geert Hofstede[8, 9] são particularmente importantes pela sua originalidade e impacto gerados no campo da *cross-cultural research.*

Internacionalização de franquias

O sistema de franquias é uma opção estratégica que está se difundindo cada vez mais em escalas globais, sendo responsável por 40% do volume de venda no varejo nos Estados Unidos e 24% no Brasil. Sendo o quarto país em número de franquias com 65.500 unidades franqueadas por 1.197 redes, o Brasil ainda gera aproximadamente 600 mil empregos diretos e estima-se em quase dois milhões os empregos indiretos.

Para Marques et al.[10] e Melo e Andreassi,[12] o fator fundamental e determinante para a propagação de franquias no Brasil foi a criação e a expansão dos shoppings centers, em especial nas décadas de 1980 e 1990, cujos espaços comerciais tornaram-se favoráveis para o progresso das franquias de varejo e serviços. Além disso, o desenvolvimento dos centros urbanos e a baixa mortalidade dos empreendimentos também favorecem o crescimento do sistema. Empreendimentos maduros e com dez anos de experiência apresentam taxa de mortalidade próxima a 9%, enquanto os negócios independentes apresentam um índice aproximado de 80%.[14]

Por sua vez, a raiz da internacionalização de franquias é o fenômeno da globalização, que fez surgir, no mercado internacional, amplas oportunidades para as empresas. Desde a década de 1980, a internacionalização de franquias dos Estados Unidos é bastante significativa. Já em 1990, havia mais de 70 mil unidades franqueadas em outros países. De acordo com estimativas da Internacional Franchise Association (IFA), entre os anos 1985 e 1995, 40% das franquias estabelecidas por franqueadores norte-americanos eram unidades internacionais. Concentrados primeiro no Canadá, no Japão, na Austrália e na União Europeia, os países de destino passaram a ser também, a partir dos anos 1990, os asiáticos e os latino-americanos.[4]

Concernente à operação de franquias em países estrangeiros, o Brasil, embora esteja em um estágio incipiente nesse modelo de negócio, está em uma fase pujante de expansão. Atualmente, existem 68 redes nacionais que operam em todos os cinco continentes, com 150 unidades de franquias no exterior. Como parâmetro de comparação, no ano 2000, dados da ABF indicavam apenas 15 redes brasileiras, com formato de negócio de franquias, operando no exterior, ou seja, um crescimento de mais de 300% em apenas aproximadamente dez anos. As quantidades de unidades atuando no mercado externo representam cerca de 5% de internacionalização das franquias brasileiras, porcentual considerado ínfimo perante o potencial de crescimento que o Brasil tem para atuar fora do país.

O baixo risco financeiro do sistema, os avanços tecnológicos que facilitam o processo de controle, os benefícios das economias de escala e o conhecimento do mercado local disponibilizado pelo franqueado são alguns motivos de internacionalização de franquias. Outros fatores que também impulsionaram a internacionalização de franquias são organizacionais e ambientais dos países de origem e destino, bem como as percepções sobre os riscos e as oportunidades do processo.[4]

Quinn e Alexander[13] afirmaram que a expansão de franquias inicia-se em mercados geográfica e culturalmente próximos do próprio mercado doméstico. Estudos empíricos mostram que a propagação internacional das franquias tem início nos mercados geográficos e culturais mais próximos do mercado doméstico. Sendo assim, o destino favorito das redes norte-americanas seria o Canadá; os países asiáticos, principal direção das redes japonesas; e o território europeu seria as empresas do próprio continente. Os principais países de destino das franquias brasileiras que dão início ao processo de internacionalização são, em ordem, Portugal, México e Argentina, pois esses países apresentam alguma proximidade cultural ou geográfica com o Brasil. No caso de Portugal, por se tratar do mesmo idioma, e no caso do México e da Argentina, há maior proximidade geográfica.

A intenção dos franqueadores em internacionalizar suas empresas resulta das percepções dos riscos e dos benefícios. A percepção dos riscos estaria ligada a fatores organizacionais, tais como tamanho da empresa, experiência do negócio e orientação internacional. Já a percepção dos benefícios estaria relacionada a fatores ambientais, entre eles, pressões competitivas do mercado doméstico, influência dos agentes externos e percepção do ambiente internacional favorável.[5]

Os impedimentos para a internacionalização de franquias são as diferenças dos consumidores de diversos países, restrição para deslocamento de pessoal, limitação na transferência de tecnologia e políticas nacionais de restrição ao capital estrangeiro. Em relação às franquias brasileiras, a principal dificuldade está ligada às diferenças nas legislações dos diversos países; outros obstáculos destacados foram: concorrência com as marcas internacionais, pouco conhecimento das marcas nacionais brasileiras no mercado exterior, alto custo com o registro das marcas e produtos, exigências com a legalização e burocracia da exportação dos produtos que abastecem outros países. Marques et al.[10] destacaram em sua pesquisa que a internacionalização das redes franqueadas apresenta barreiras de natureza organizacional, como o baixo conhecimento do mercado internacional e a grande dificuldade de administrar as atividades em um país estrangeiro, indicando que as empresas pesquisadas não se consideram aptas para atuar em outros mercados além do nacional.

Apesar dessas constatações dos problemas e dificuldades para a internacionalização das franquias, os estudos da área não se aprofundam nas dificuldades internas do esquema de gestão das franquias. Um problema proeminente, pois o formato de franchising exige uma padronização das operações. Quando a franquia tem de ser levada além das fronteiras nacionais, a implementação do formato de negócio padronizado entra em conflito com o padrão cultural da nação em questão. Disso, remanesce a lacuna pouco discutida na literatura, ou seja, deveria prevalecer o formato da franquia, dentro de uma internacionalização etnocêntrica, ou mesmo paroquial,[5] ou deveria existir uma sobreposição dos traços da cultura nacional sobre o padrão de negócio.

Cultura nacional – a perspectiva de Geert Hofstede

Uma questão central para os estudos das organizações diz respeito à influência da cultura nacional na cultura organizacional.[11] Segundo Hofstede,[11] a cultura é um fenômeno coletivo compartilhado por pessoas que vivem no mesmo ambiente social. Nao é uma característica apenas do indivíduo, mas envolve um número de pessoas que estão condicionadas a uma mesma educação e experiência de vida. Cada uma delas carrega consigo estilos de pensamentos, sentimentos e ações que foram aprendidos no decorrer de suas vidas. É o que ele chama de programação da mente. Qualquer mudança que ocorra se dará lentamente, pois ela não diz respeito aos indivíduos apenas, mas é compartilhada por uma série de pessoas. Ademais, a cultura passa por um processo de cristalização nas instituições que foram construídas por essas pessoas ao longo do tempo, no sistema educacional, na família, na religião, nas leis etc. As quatro primeiras dimensões definidas por Hofstede são: Distância do poder; Individualismo *versus* coletivismo; Masculinidade *versus* feminilidade; e Aversão à incerteza. Essas dimensões são aspectos de uma cultura que podem ser mensurados em relação a outras culturas.

A dimensão *Distância do poder* diz respeito a quanto um membro com menos poder em uma instituição ou organização espera ou aceita que o poder seja distribuído de maneira desigual entre os indivíduos. Refere-se ao relacionamento de dependência em um país; isto é, em países com pequenas distâncias do poder, há pouca dependência do subordinado em relação ao seu superior, existindo uma interdependência entre ambos. Os subordinados esperam ser consultados antes que as decisões pertinentes ao seu trabalho sejam tomadas, ou seja, há descentralização e decisões democráticas. A distância emocional entre eles é relativamente baixa: subordinados facilmente se aproximam e discordam de seus chefes. Nos países em que prevalece uma grande distância do poder, os subordinados são, substancialmente, dependentes de seus superiores, havendo uma distância emocional significativa entre eles. É pouco provável que, em um país com essa característica, o subordinado questione ou contraponha diretamente a visão de seu superior. Em adição, nas sociedades com grande distância do poder, as decisões tendem a ser centralizadas.

A dimensão *Individualismo* versus *coletivismo* pode ser definida da seguinte maneira: o individualismo diz respeito a sociedades em que os laços entre os indivíduos são "frágeis", esperando-se deles proatividade e senso próprio de direção na vida; já o coletivismo refere-se a sociedades nas quais as pessoas estão fortemente ligadas e coesas nos grupos, sendo o senso de coletividade mais apurado. Em sociedades individualistas, como Canadá e Estados Unidos, as organizações, geralmente, mapeiam a posição e atribuição dos indivíduos, descrevendo detalhadamente suas obrigações e responsabilidades formais. Por sua vez, em sociedades coletivistas, como Indonésia e Hong Kong, as organizações tendem a especificar apenas os departamentos e as divisões, com exceção das posições mais altas na hierarquia. As responsabilidades e obrigações são descritas em termos mais coletivistas. Além disso, as tomadas de decisões também são influenciadas por essas dimensões: em uma sociedade individualista (Estados Unidos), as decisões são rápidas, enquanto em sociedades coletivistas (Japão), as decisões envolvem um grande número de pessoas; logo, o processo é menos flexível e consome mais tempo.

A dimensão *Masculinidade* versus *feminilidade* está relacionada com o padrão dominante de papel exercido pelo gênero na maioria das sociedades tradicionais e modernas, em que se espera do homem um comportamento mais agressivo (afirmativo) e competitivo, e da mulher, um comportamento mais amigável, de senso materno. Assim, sociedades masculinas são aquelas em que o papel social dos gêneros é claramente distinto; ou seja, os homens são geralmente mais assertivos e focados em conquistas materiais, enquanto as mulheres tendem a apresentar um comportamento mais modesto e voltado para a qualidade de vida. Sociedades femininas, por sua vez, são aquelas em que o papel social dos gêneros se sobrepõe, isto é, homens e mulheres tendem a ser modestos e dão maior ênfase à qualidade de vida. Em sociedades altamente masculinas, os valores comumente atribuídos a homens e mulheres, no mesmo trabalho, diferem muito mais do que em países onde a dimensão masculina não é tão marcante.[9]

A dimensão *Aversão à incerteza* pode ser definida como quanto os membros de uma cultura se sentem ameaçados pela incerteza e as situações desconhecidas. Esse sentimento normalmente se manifesta por meio do estresse ou pela necessidade de previsões (necessidade de regras escritas ou não escritas). Essa dimensão não deve ser confundida com aversão a risco: incerteza está para risco assim como ansiedade está para medo. Medo e risco, ambos estão voltados para coisas específicas. Risco é expresso por um porcentual probabilístico que se refere à possibilidade de um evento ocorrer. Incerteza não possui probabilidade calculada; é uma experiência subjetiva. Mais do que a redução do risco em si, aversão à incerteza significa a redução de ambiguidades. Culturas que buscam evitar a incerteza tendem a possuir alto grau de formalização, rituais de confecção de memorando, relatórios, planos, sistemas de controle etc.

A quinta dimensão foi extraída das respostas de uma amostra de estudantes de 23 países, em uma pesquisa realizada em 1985. Essa dimensão está relacionada com os ensinamentos confucionistas da cultura oriental e diz respeito à *orientação da vida para o curto ou longo prazo*. A orientação para o curto prazo está relacionada com o respeito à tradição, a proteção contra a vergonha e a humilhação, o respeito pelas obrigações sociais e a reciprocidade de saudações, a favores e presentes. Por sua vez, a orientação para o longo prazo é concernente à adaptação da tradição ao contexto moderno, à ordenação de relacionamentos por *status*, à persistência e perseverança em relação aos resultados gradativos.

Metodologia

O estudo de caso permite o exame detalhado de um ambiente, de um sujeito e/ou de uma situação em particular. Em estudos de administração, esse método é o preferido daqueles que querem saber como e por que certos fenômenos acontecem.

Para a realização de um bom estudo de caso, apresentam-se os seguintes passos: em primeiro lugar, o problema de pesquisa a ser abordado deve ser definido claramente, especificando que o uso do "estudo de caso" é a ferramenta mais adequada para resolver tal problema. No caso deste trabalho, o problema é a questão da influência da cultura nacional no processo de internacionalização de franquias. São poucas as franquias brasileiras em território estrangeiro, de tal modo que aplicar um *survey* usando a escala de Hofstede seria inviável em virtude do baixo número de respondentes que reduziriam o tratamento estatístico dos dados. Para entender, entretanto, a relação entre a força da cultura *versus* a força da padronização exercida pelo modelo de franquias era necessário entender os meandros das decisões administrativas e a forma de evolução do processo de internacionalização das franquias em diferentes mercados. Essa análise somente seria possível por meio de um estudo detalhado de um caso com franquias em diferentes países e estabelecidas em diferentes períodos, o que é o caso da Chilli Beans.

Em seguida, deve-se estruturar a coleta dos dados e apresentar as principais perguntas, decidindo-se por um único ou por múltiplos casos. Neste trabalho, optou-se por um único caso, pois o objetivo era comparar como foi o processo de uma mesma franquia em diferentes países, e não comparar a entrada de diferentes franquias em diferentes países. O próximo passo requer a determinação dos instrumentos para a coleta dos dados e informações, podendo ser literatura, documentos, entrevistas, observação, experiências e artefatos. Esse caso foi escrito com base nas entrevistas realizadas durante o segundo semestre de 2011, com o fundador e presidente da Chilli Beans, Caito Maia e o diretor de Expansão, Mario Ponci Neto, e, em paralelo, alguns detalhes foram revistos na empresa com os assessores. O instrumento de coleta utilizado para execução deste trabalho foi a entrevista, primeiro por e-mail, via questionário e depois pessoalmente, em que o grupo gravou toda a conversa com a autorização do entrevistador. Pesquisas documentais complementares também foram realizadas tanto com o material interno fornecido como com informações públicas da empresa. Por fim, a descrição e as análises podem ser feitas, especialmente, por meio de analogia e comparação com teorias, modelos e outros casos.[16]

O caso Chilli Beans

A Chilli Beans tem suas origens em viagens de estudo do dono e empreendedor, o músico Caito Maia, aos Estados Unidos, nos anos 1990. Bom observador dos hábitos de consumo de óculos modernos por jovens que os usavam como acessórios, o músico trouxe alguns modelos em sua volta ao Brasil, em 1994. Eram modelos irreverentes, modernos, de *design* arrojado, que logo fizeram sucesso entre os amigos. Caito passou então a produzir seus óculos para o Mercado Mundo Mix, feira itinerante de produtos voltados ao público jovem alternativo de São Paulo, além da Galeria Ouro Fino, outro local de concentração desse público na Rua Augusta, na capital paulista. Ele conseguiu uma clientela fiel, oferecendo benefícios como prazo de adaptação ao produto, por tratar-se de óculos de *design* muito arrojado, com os quais as pessoas não estavam acostumadas: a troca poderia ser efetuada caso o cliente não se adaptasse. A assistência técnica também era gratuita.

Após o sucesso da feira itinerante, os produtos passaram a ser expostos em lojas multimarcas, posteriormente criou-se a marca Chilli Beans. Caito logo percebeu a necessidade e foi chamado a crescer com lojas próprias da marca, porém sem possuir o capital necessário. A essa altura, o empresário estabeleceu contato com Mário Ponci, profissional da área de marketing, com experiência estabelecida na área de franquias. Foi então que a marca Chilli Beans se firmou como franqueadora e se fortaleceu como marca. Treze anos depois, a Chilli Beans é hoje a maior rede brasileira especializada em óculos escuros. Em um ano de franquia já possuía vinte endereços; atualmente, são 400 unidades da marca, sendo 211 lojas e 189 quiosques.

Formato do ponto de venda

A Chilli Beans trabalha com dois formatos de ponto de venda: quiosque e loja. O quiosque oferece infraestrutura mais simplificada, ideal para corredores de shoppings e galerias, com *layout* moderno e fácil acesso aos produtos. As lojas, por sua vez, dispõem de infraestrutura completa, com arquitetura padronizada, ambiente *clean* e expositores abertos. Da mesma forma que os quiosques, as lojas estimulam o contato direto dos clientes com o mix de produtos e com a marca.

Produtos

A Chilli Beans trabalha com cinco diferentes categorias de produtos: óculos escuros, relógios, linha cabeças (boné, boina e chapéus), linha vista (armações de óculos de grau) e acessórios complementares. A diversidade ofertada aos clientes pela marca é grande, lançando cerca de dez modelos por semana de óculos escuros, um mix que atende do público infantil ao adulto. As linhas se dividem em Kids, Clássico, Metal, Esporte, Trend, Brasil e Special, todos com proteção UV. A linha de relógios segue o mesmo conceito aplicado à coleção de óculos, com lançamentos quinzenais para pessoas de todos os estilos, do clássico ao moderno. São cerca de duzentas opções com *design* exclusivo e tecnologia inovadora. Entre os materiais utilizados estão aço inoxidável, alumínio, silicone, PU, couro e fibra de carbono. Os acessórios complementam a linha de óculos, como *sprays* limpa-lentes, flanela, estojo rígido, sicurezza (cordão) e presilha porta-óculos para carro. Além disso, a marca lança produtos com edição limitada, como bonés, camisetas, bolsas e outros acessórios que compõem o visual de um público atualizado com as tendências de moda.

Tecnologia

A Chilli Beans investe pesado em tecnologia de inovação. Isso pode ser notado pela ferramenta de alta tecnologia desenvolvida com exclusividade para ela. Câmeras adaptadas em telas planas com sistema *touch screen* filmam o cliente e congelam a imagem. Dessa maneira, o cliente consegue escolher com mais facilidade seus óculos e ainda pode enviar as imagens para o endereço eletrônico desejado. O Espelho Digital é também um recurso de marketing, capaz de comunicar campanhas, promoções, fazer pesquisas de opinião, captar *mailings* e, mais importante, criar uma experiência.

Internacionalização

A primeira unidade no exterior foi aberta no ano 2005 em Portugal. Na realidade, a intenção de internacionalizar a Chilli Beans surgiu de um empresário português, no início de 2004. Surpresos com tal proposta, os gestores brasileiros a recusaram, pois temiam os altos riscos para a marca, já que não apresentam o *know-how* necessário. Ao final do mesmo ano, a empresa recebeu uma nova proposta, feita por outro empresário interessado, que entrou em contato por intermédio dos quiosques da marca localizados em shoppings e aeroportos do país. Em seguida, a empresa brasileira recebeu mais uma proposta, de um terceiro empresário português interessado, e, a partir disso, os gestores perceberam que já apresentavam uma base para o mundo dos negócios internacionais, e assim começaram a pensar na possibilidade de internacionalizar a marca.

O fato de o terceiro empresário português ter participado da instalação da marca "Swatch" no país favoreceu a negociação, pois demonstrou que ele já conhecia um pouco dos conceitos da Chilli Beans, como *self-service*, giro rápido e venda de moda e não apenas de produto. Durante a negociação, que teve o período de sete meses, foi esclarecido que todos os riscos seriam assumidos pelo franqueado português e, em compensação, os direitos da região ibérica também seriam do próprio.

A estratégia inicial foi entrar no país pelo município de Oeiras, localizado a 15 minutos da capital Lisboa. Tratava-se da primeira experiência internacional e, por essa razão, foi feita a escolha por uma cidade menor, pois o impacto de algum erro seria menos doloroso e traumático do que em uma grande capital como Lisboa, que apresentava um público mais forte e agressivo. Houve um trabalho inicial intenso para descobrimento do público-alvo em Oeiras, pois se tratava, até então, de um ambiente desconhecido. Para isso, foi necessário buscar entender e conhecer os hábitos do *target*, quem são os principais formadores de opinião, ou seja, aqueles que vão criar a imagem da marca naquele ambiente até então desconhecido. A estrutura da loja em Portugal foi a mesma do Brasil. Apenas um detalhe fez a diferença: os óculos vendidos em Portugal vinham assinados "Brasil".

Um fator positivo e favorável durante todo o processo de entrada nesse novo país foi a familiaridade com a língua, que garantiu a facilidade de comunicação entre os gestores e o empresário português. A visão do diretor de franquias da Chilli Beans é de que Portugal tem uma grande relação de costumes e hábitos similares aos brasileiros esses fatores permitiram maior intimidade com os portugueses, ajudando bastante toda a operação. Apesar da familiaridade com o país, a Chilli Beans fez questão de exportar mão de obra brasileira para acompanhar o processo, e isso ela adotou como regra para todas as suas franquias internacionais posteriores. É importante para a empresa a presença de um brasileiro trabalhando no país estrangeiro, para não deixar que a essência da marca se perca, já que o maior desafio da fase inicial foi conciliar o jeito de trabalhar dos portugueses com o modo brasileiro de servir.

De um lado, o gerente brasileiro da Chilli Beans no exterior atua como um "braço" do franqueador, sendo o canal de comunicação e controle da empresa. Do outro, o franqueado contribui com o conhecimento local de oportunidades e com uma rede de relacionamentos do país. A Chilli Beans busca dialogar com o franqueado no sentido de tirar dele informações proveitosas como novidades locais e eventos. Para isso, o franqueador português tem elevado grau de liberdade para as práticas de gestão. Segundo o entrevistado, "a partir do momento que o franqueado entende o conceito da marca, tudo fica mais fácil e a possibilidade de erros diminui". Após a experiência adquirida em Portugal, foi possível ousar um pouco mais e ir direto ao maior centro industrial e estado mais populoso dos Estados Unidos, a Califórnia. Os gestores já tinham vivência passada no Estado e sabiam que o público *cool* desejado se encontrava no país.

Com lojas "hiperconceituais", pessoas "descoladas" e "antenadas" de vários países distintos, a Melrose é um lugar de público flutuante, pois a maioria das pessoas que transita no local é composta por turistas, jovens e universitários. Entrar com a primeira loja dos Estados Unidos na Melrose foi uma estratégia mais discreta e sem muitas surpresas. A estratégia mais ousada foi a abertura de outra loja em um shopping bem conceituado, chamado Santa Monica Place, localizado na Rua Promenade, vizinho de diversas marcas de sucesso mundial, como Nike, Puma e Ecko, e de restaurantes a céu aberto. Acredita-se que o ponto no shopping é uma grande oportunidade de mostrar a empresa e permitir que maior número de pessoas a conheça. Dessa maneira, a marca conseguirá atingir seu *target* e sentirá como funciona o mercado norte-americano.

A adaptação realizada nas unidades abertas na Califórnia foi pequena: ambas eram lojas (não quiosques), com piso diferente do padrão no Brasil, e a televisão de plasma apresentava o conceito da marca, adaptado, porém mantendo o "brasileirismo" das cores alegres e picantes. O principal objetivo de entrar nos Estados Unidos foi despertar o interesse de um grande grupo norte-americano, para vender o direito de trabalhar a marca Chilli Beans. Com essa parceria, seria possível expandir o negócio rapidamente, já que o mercado norte-americano tem forte potencial de operação e capitalização.

Após essa expansão inicial e tendo como enfoque fixar a marca no mercado norte-americano, em 2011 a Chilli Beans contratou um CEO específico para esse mercado e montou uma estrutura com escritório próprio em solo norte-americano e uma equipe para esse mercado. As operações são próprias e há um *business plan* muito bem determinado, de forma que hoje a Chilli Beans possui uma coleção especial para as lojas da Califórnia. O objetivo é ter vinte lojas no mercado norte-americano.

Entretanto, diferentemente de uma visão exclusivamente financeira, Caito vê os Estados Unidos como a porta de entrada para a fixação da marca Chilli Beans no mundo: "Não se trata de uma questão financeira a entrada nos Estados Unidos. O mercado é interessante, mas seu significado é muito maior. Fazer o que estamos fazendo, ou seja, fazer da Chilli Beans uma marca reconhecida nos Estados Unidos é o aval de uma marca global e poderosa". Prosseguindo, Caito profere: "o objetivo é marcar a presença no principal mercado do mundo".

Além desses mercados, 2011 tem se mostrado desafiante para a Chilli Beans. A empresa abriu duas lojas na Colômbia. Diferentemente, dos demais destinos, nesse mercado a empresa opera com um grupo responsável pelo investimento e pela abertura de lojas no país. Trata-se de um grupo que já operava com marcas norte-americanas e europeias na Colômbia, e enxergou o potencial da Chilli Beans. A expansão nesse mercado tende a ser forte, o plano são cinquenta lojas em dois anos.

Esse ímpeto internacional, embora represente somente 5% das vendas da marca, ganha cada vez mais importância dentro da empresa, tanto que, no segundo semestre de 2011, além da unidade na Califórnia com o CEO, escritório e equipe, a empresa contratou um gerente de internacionalização com base no Brasil para cuidar de todos os mercados externos.

Em relação aos produtos existe a adaptação aos países estrangeiros. A adaptação relacionada ao produto em cada país está na quantidade do mix de cada modelo, e a marca possui mais de oitenta modelos de produtos em uma única loja. Em Portugal, por exemplo, há um modelo de óculos escuro muito vendido para as pessoas esquiarem; no Brasil, esse mesmo modelo é utilizado para andar de moto. Como já dito, na Califórnia existe uma coleção específica, enquanto na Colômbia o conceito de loja deixa "de queixo caído" qualquer consumidor, por tratar-se de uma loja moderníssima.

A intenção de utilizar o mesmo produto do Brasil para todos os países é tentar fazer moda para cada tipo de pessoa, pois cada um tem seu estilo único e não se pode estereotipar. Isso quer dizer que a empresa não produz modelos específicos feitos para motoqueiros e surfistas, por exemplo, pois em cada país esses grupos possuem características e estilos diferentes. O diretor de franquias afirma que a Chilli Beans padroniza o "DNA" da marca, do negócio, ou seja, o atendimento e o formato *self-service*, com produtos à livre escolha e o lançamento de dez óculos por semana e cinco relógios a cada 15 dias. Ele define a Chilli Beans como uma consultoria de marketing, que tem um produto agregado como consequência. Caito complementa e diz que a adaptação e autonomia para o franqueado é essencial para o sucesso do negócio, não só no mercado externo, mas no próprio Brasil, onde as diferenças entre regiões são enormes: "Não posso ter um negócio engessado, conceder autonomia é essencial para que o franqueado sinta o publico consumidor. Tenho de respeitar o franqueado e o consumidor que estão na ponta".

O preço dos produtos utilizados no Brasil não poderiam ser os mesmos nos demais países, pois cada um possui uma maneira de taxar os produtos comercializados, afetando diretamente o preço final. Para estabelecer o preço, o franqueado local fornece informações dos impostos a serem cobrados no próprio país e, junto com o franqueador, chega ao valor final, garantindo lucro a ambas as partes.

Os franqueados adequados, em qualquer país, não são aqueles que apenas demonstram interesse em abrir uma franquia da marca, mas sim aqueles que também demonstram desejo em agregar novas formas de negócio. Não basta querer ter uma franquia como mais uma opção de ganhar dinheiro, é preciso desejar o crescimento e o desenvolvimento da marca tanto quanto o franqueador.

Na Colômbia a abertura [da loja] foi com um grupo empresarial responsável pelo investimento local, cabe sinalizar que não se trata de um máster franqueado. Este grupo empresarial possui exclusividade para a abertura de unidades Chilli Beans no mercado colombiano. "Nossa marca tem um padrão de qualidade. Não estamos para qualquer aventura ou aventureiro. Tanto no Brasil como no exterior, temos metas muito bem traçadas e planejadas para manter o status da marca que construímos."

Discussão

O processo de conhecer a fundo os hábitos e costumes do público-alvo local foi o mesmo para os três países, Portugal, Estados Unidos e Colômbia: andar nos principais centros comerciais e entrar de loja em loja para conversar com os vendedores, pois eles conhecem bem as pessoas que transitam e compram em sua loja e nos arredores. O presidente da Chilli Beans, Caito Maia, acredita que é essencial entender o comportamento dos consumidores para poder "desenhar" a franquia e estar bem posicionado no país de destino. Como forma de entrada no mercado internacional, a empresa procurou um país cuja cultura não fosse muito diferente da brasileira, porque isso traria maior segurança para uma experiência até então desconhecida. Além disso, a manutenção de um gerente brasileiro nas franquias do exterior serviu como mediação entre a forma de trabalhar da empresa e possíveis ajustes na franquia, de maneira que não houvesse grandes distorções.

Em relação às dimensões da cultura, é possível notar pelo Quadro 1 que, no caso da empresa Chilli Beans, o modelo de Hofstede explica apenas parcialmente os resultados. Na Chilli Beans, quando é aberta uma franquia no exterior, as funções e responsabilidades do franqueado são claras e bem-definidas. No entanto, apesar de existirem decisões predeterminadas, outras ficam por conta do próprio franqueado, que tem a liberdade de dar ideias e discuti-las com o consultor que atende à sua franquia. Além disso, há uma constante troca de informações e foi criado um Comitê, no qual todos os franqueados têm a possibilidade de votar nas decisões a serem adotadas para toda a rede, ou seja, as decisões são tomadas em conjunto. Sendo assim, de acordo com as dimensões de Hofstede, a relação entre a Chilli Beans e todos os seus franqueados é caracterizada pela pequena distância do poder, pois todos possuem direitos iguais, há descentralização em boa parte das decisões e os franqueados costumam ser consultados.

No que se refere ao Individualismo *versus* coletivismo, a característica predominante da Chilli Beans é a de sociedades coletivistas, uma vez que as metas são encaradas apenas como consequência de um bom relacionamento, e não o contrário. O relacionamento é informal e tratado de forma harmoniosa, pelo lado da amizade, o que não seria muita surpresa em razão da origem brasileira da franquia. Todavia, é interessante observar que, mesmo na relação com franqueados dos Estados Unidos, sociedade tipicamente individualista, há o predomínio de valores inerentes às sociedades coletivistas. Entendemos que isso esteja relacionado com as características do Estado da Califórnia, local bastante multicultural e geograficamente próximo à América Latina, o que poderia explicar um comportamento não conflituoso com o franqueado daquele local, que segundo o Hofstede apresentaria uma atitude de caráter individualista.

Já o comportamento da Chilli Beans tende para a Feminilidade, pois a resolução de conflitos se dá por meio de comprometimento e negociação e, como mencionado anteriormente, pessoas e relacionamentos são tidos como importantes.

Além do mais, a Chilli Beans é uma empresa inovadora, que incentiva seus franqueados para que eles também sejam. Desse modo, ela apresenta fraca aversão à incerteza na medida em que apresenta tolerância às ideias e aos comportamentos inovadores. Fora os Estados Unidos, as culturas dos outros três países apresentam, segundo Hofstede, um grau significativo de aversão à incerteza. Como se pode notar, embora a Chilli Beans tenha optado por Portugal como porta de entrada para internacionalização, pelo fato de esse país ter uma cultura próxima da brasileira, mantém uma política de inovação e liberdade para implementação de ações inovadoras. No caso Chilli Beans, esta parece ser uma característica do próprio empresário brasileiro cujo negócio surgiu de uma experiência internacional, ou seja, a partir de um indivíduo acostumado a lidar com situações incertas. Segundo o modelo de Hofstede, desses países, Portugal é o que possui maior aversão à incerteza. No entanto, foi exatamente um empresário português quem deu o primeiro passo, assumindo todas as incertezas relativas a um negócio que começaria a se internacionalizar.

Por fim, utilizando a última dimensão de Hofstede, a Chilli Beans apresenta uma orientação para o longo prazo. O *business plan* é feito para cinco anos e as metas são estipuladas de acordo com o plano de rentabilidade de médio e longo prazos.

Quadro 1 – Quadro comparativo entre dimensões de diferentes países, no que se refere ao relacionamento entre o franqueador e os franqueados

			Empresa Chilli Beans		
			Portugal	**Colômbia**	**Estados Unidos**
Dimensão	Distância do poder	Pequena	X	X	X
		Grande			
	Sociedades	Individualistas			
		Coletivistas	X	X	X
	Comportamentos	Masculinidade			
		Feminilidade	X	X	X
	Aversão à incerteza	Fraca	X	X	X
		Forte			
	Orientação	Curto prazo			
		Longo prazo	X	X	X

Considerações finais

O objetivo deste trabalho foi apresentar e discutir o caso de internacionalização de uma empresa brasileira, ressaltando os aspectos que diferiram do modelo das dimensões culturais de Geert Hofstede. As cinco dimensões foram analisadas na relação com os países em que a empresa abriu franquias e passou a estabelecer negócios com empresários dessas nações. Apenas parcialmente há correspondência nas dimensões culturais que o autor aponta para os países analisados, ocorrendo assim algumas variações.

Em um mundo cada vez mais multicultural, em que há uma intensificação das trocas culturais, é preciso questionar até onde essas dimensões ainda correspondem à realidade dos países. Nesse sentido, as características individuais dos empresários ou responsáveis pelas negociações podem ir além daquelas dos seus países de origem ou serem diferentes das apresentadas por Hofstede. Uma das principais razões pelas quais ocorreram tais diferenças, no caso da Chilli Beans, em relação às dimensões de Hofstede, está relacionada com o fato de que o modelo, como observa McSweeney,[11] assume um "determinismo cultural nacional", ou seja, define uma suposta unidade cultural nos países, que na verdade inexiste, pois há significativas diferenças culturais entre regiões diversas de uma mesma nação, algo ignorado no modelo.

Esta pesquisa exploratória possibilitou verificar que questões relativas à cultura são bastante complexas a ponto de poderem ser facilmente explicadas por dimensões e/ou modelos predefinidos. Isso não significa que eles não tenham utilidade ou validade, mas aponta para a necessidade de um aprofundamento maior de forma que a diversidade cultural seja analisada com mais atenção, o que permite explorar aspectos além das dimensões estabelecidas por Hofstede. Assim, pesquisas futuras poderiam investigar como no processo de internacionalização de outras franquias ou empresas de diferentes formatos organizacionais os aspectos culturais contribuem para o estabelecimento de determinadas relações.

Resumo

Não são raros os estudos sobre a influência da cultura no processo de internacionalização das empresas brasileiras. Apesar disso, é raro encontrar algum estudo focado em franquias. Logo, este capítulo procura preencher essa lacuna, ou seja, enriquecer o corpo de conhecimento sobre como a cultura influencia nas operações de franquias no exterior. Nota-se que, além da lacuna, o tema é intrigante, pois a franquia, por pressuposto, é um negócio padronizado. Dessa forma, permanece uma dúvida, no processo de internacionalização das franquias: a influência da cultura é insignificante, pois vale mais o formato do modelo de negócio da franquia que deve seguir o mesmo padrão em todos os lugares do mundo? Ou a cultura exerce influência significativa no processo de internacionalização das franquias exigindo ajustes estruturais e de gestão da franquia? Essa segunda linha de investigação tem ganhado corpo nos últimos anos, especialmente com a redução, cada vez mais intensa e frequente, das fronteiras nacionais, com o aumento do comércio internacional e a mobilidade das grandes corporações pelo mundo. Nesse sentido, o multiculturalismo e a gestão da interculturalidade se transformaram em questões-chave para as organizações que vivenciam esse processo de intercâmbio global. Dentre os diversos trabalhos que seguem essa linha, os de Geert Hofstede são particularmente importantes pela originalidade e pelo impacto gerados no campo da *cross-cultural research*. Em decorrência disso, o presente capítulo questiona o processo de internacionalização das franquias em relação às dimensões culturais de Hofstede. Para tanto, foi realizado um estudo de caso com o processo da Chilli Beans em Portugal, nos Estados Unidos e na Colômbia. As cinco dimensões de Hofstede foram analisadas na relação com os países em que a empresa abriu franquias e passou a estabelecer negócios com empresários dessas nações. Apenas parcialmente há correspondência nas dimensões culturais que o autor aponta para os países analisados, ocorrendo assim algumas variações. Em um mundo cada vez mais multicultural, onde há uma intensificação das trocas culturais, é preciso questionar até onde essas dimensões ainda correspondem à realidade dos países. Nesse sentido, as características individuais dos empresários ou responsáveis pelas negociações podem ir além daquelas dos seus países de origem ou serem diferentes das apresentadas por Hofstede. Uma das principais razões pelas quais ocorreram tais diferenças, no caso da Chilli Beans, em relação às dimensões de Hofstede, está relacionada com o fato de o modelo assumir um "determinismo cultural nacional", ou seja, define uma suposta unidade cultural nos países, que na verdade inexiste, pois há significativas diferenças culturais entre regiões diversas de uma mesma nação, algo ignorado no modelo.

Questões para a discussão

1. Explique as dimensões da cultura nacional.
2. Como as dimensões da cultura nacional influenciam o processo de internacionalização de franquias?
3. O que você recomendaria à Chilli Beans em relação à adaptação cultural no exterior?
4. Com base no caso da Chilli Beans, aponte três diretrizes gerais que as franquias deveriam observar para evitar problemas relacionados com a adaptação cultural.

Referências

[1] ADLER, N. J. *International dimensions of organizational behavior.* South-Western: Thompson Learning, 2002.

[2] BLUNDI, M. D. S.; ROCHA, E. *Franquia, etnocentrismo e alteridade*: um estudo sobre diferença cultural. Rio de Janeiro: Coppead/UFRJ, 2001.

[3] CHERTO, M. *Franchising*: revolução no marketing. São Paulo: McGraw-Hill, 1988.

[4] DAHAB, S. et al. *Entendendo franchising*: uma alternativa eficaz para o pequeno e médio empreendedor. Salvador: Casa da Qualidade, 1996.

[5] EROGLU, S. The internationalization process of franchise systems: a conceptual model. *International Marketing Review*, v. 9, n. 5, 1992.

[6] FLEURY, A.; FLEURY, M. T. L. *Internacionalização e os países emergentes.* São Paulo: Atlas, 2007.

[7] Griffin, R. W.; Pustay, M. W. *International business*: a managerial perspective. 2. ed. Nova York: Addison-Wesley, 1999.

[8] Hofstede, G. *Cultures consequences*: comparing values, behaviors, institutions and organizations across nations. Thousand Oaks/Londres/Nova Délhi: Sage Publication, 2001.

[9] ______. *Cultures and organizations*: Software of the mind. Nova York: McGraw--Hill, 1991.

[10] Marques, D. S. P. et al. Os motivos envolvidos na internacionalização de franquias brasileiras. *Facef Pesquisa*, v. 8, n. 2, 2005.

[11] McSweeney, B. Hofstede's Model of National Cultural Differences and Their Consequences: a Triumph of Faith – a Failure of Analysis. *Human Relations*, v. 55, n. 1, 2002.

[12] Melo, P. L. de R. M.; Andreassi, T. Publicação científica nacional e internacional sobre franchising: levantamento e análise do período de 1998-2007. *Revista de Administração Contemporânea*, v. 14, p. 268-87, 2010.

[13] Quinn, B.; Alexander, N. International retail franchising: a conceptual framework. *International Journal of Retail & Distribution Management*, v. 30, n. 5, 2002.

[14] Rizzo, M. *Franchise, o negócio do século.* São Paulo: Rizzo Franchise, 2005.

[15] Veiga, L. F. A. da; Rocha, A. da. Escolha de mercados externos. In: ______. *Distância cultural e comprometimento*: estudo de casos de grandes empresas brasileiras. Anpad, Rio de Janeiro, 2001.

[16] Yin, R. K. *Case study research*: Design and methods. Newbury Park: Sage, 1990.

Parte 3

Casos de competitividade, inovação, transferência de conhecimentos e gestão da qualidade em franquias

9 Competitividade das franquias no segmento de perfumaria e cosméticos: o caso "Água de Cheiro, Antídoto, Contém 1g, Mahogany e O Boticário"

Claudia Regina Rodrigues
Tales Andreassi

Objetivos do capítulo

1. Indicar quais são os modelos de distribuição existentes no setor de cosméticos brasileiro.
2. Apresentar como funciona o modelo de franquias no setor de perfumaria brasileiro.
3. Demonstrar quais são os principais desafios para o modelo de franquias no setor de cosméticos brasileiro.
4. Caracterizar a aplicação nas redes Água de Cheiro, Antídoto, Contém 1g, Mahogany e O Boticário.

Introdução

Uma das opções existentes atualmente para que um indivíduo possa empreender é o modelo de franquias. De acordo com análises, o modelo de franquias tem se mostrado a alternativa menos arriscada para os micro e pequenos empreendedores. Em razão das vantagens hoje existentes nessa forma de empreender, o modelo de franquias apresentou grande crescimento nos últimos anos no Brasil, porém ainda existe um grande potencial a ser explorado para que a participação desse modelo no país adquira a representatividade apresentada em outros países.[9]

Nesse contexto, este capítulo objetiva apresentar quais são os principais desafios para o modelo de franquias no setor de cosméticos brasileiro, a partir de informações obtidas em entrevistas realizadas com franqueados e franqueadores do setor representado nesta pesquisa pelas empresas Água de Cheiro, Antídoto, Contém 1g, Mahogany e O Boticário.

Para isso, serão apresentados (i) uma breve revisão bibliográfica sobre o setor de perfumaria e cosméticos brasileiro, seus canais de distribuição, e sobre o modelo de franquias; (ii) a metodologia de pesquisa que foi utilizada para captura e análise dos dados primários; (iii) os resultados obtidos; e (iv) as considerações finais e um resumo deste capítulo.

Referencial teórico

O setor de perfumaria e cosméticos no Brasil

A indústria brasileira de higiene pessoal, perfumaria e cosméticos vem apresentando crescimento significativo e consistente ao longo dos últimos anos. Considerando, por exemplo, o período compreendido entre 1996 e 2008, esse crescimento chega a ser superior ao do restante da indústria: 10,6% de crescimento médio no setor, contra 3,0% do PIB total e 2,9% da indústria geral.[2]

Vários fatores têm contribuído para esse excelente crescimento, dentre os quais se destacam:

- Participação crescente da mulher brasileira no mercado de trabalho.
- A utilização de tecnologia de ponta e o consequente aumento da produtividade, favorecendo os preços praticados pelo setor, que tem aumentos menores que os índices de preços da economia em geral.
- Lançamentos constantes de novos produtos atendendo cada vez mais às necessidades do mercado.
- Aumento da expectativa de vida, o que traz a necessidade de conservar uma impressão de juventude.

Em relação ao mercado mundial de higiene pessoal, perfumaria e cosméticos, atualmente o Brasil ocupa a terceira posição, com 8,6% do volume financeiro transacionado, ficando atrás apenas dos Estados Unidos e do Japão.[2]

Canais de distribuição no setor de perfumaria e cosméticos

Em relação à distribuição, os produtos do setor são distribuídos por três canais:[2]

- Distribuição tradicional, incluindo o atacado e as lojas de varejo.
- Venda direta, evolução do conceito de vendas domiciliares.
- Franquia, lojas especializadas e personalizadas.

Esses canais apresentam atualmente as seguintes participações nas vendas do setor:

Tabela 1 – Canais de venda

Canais	Participação no volume de vendas (em toneladas)	Participação no faturamento (R$)
Varejo tradicional	91,4%	64,6%
Vendas diretas	7,7%	30,2%
Franquias	0,9%	5,3%

Fonte: Elaborado pelos autores com base em ABIHPEC.[2]

Observa-se que, atualmente, o principal canal de distribuição desse setor é o Varejo tradicional, seguido do canal Vendas diretas. O modelo de franquias ainda é pouco representativo.

Modelo de franquias

O sistema de franquias é um conceito moderno de distribuição. Sua base é a especialização de atividades que resulta numa cadeia de valor cujo elo principal é a relação de parceria entre franqueador e franqueado. Além disso, o franchising é um atalho para o desenvolvimento de marcas globais, a partir da capacidade de entendimento de mercados que transcendam os limites de uma região ou de um país.[4]

Para o franqueador, esse modelo permite a expansão de um conceito e de uma forma de operação bem-sucedida e permite a multiplicação de estabelecimentos de modo geograficamente disperso, mantendo-se um relativo grau de controle. Para o franqueado, há a oportunidade de se servir de economias de escala na produção, na distribuição e na publicidade, além de se aproveitar da notoriedade da marca registrada e de uma contínua assistência técnica e administrativa.[3]

Embora exista no Brasil desde 1950, o setor de franquias apresentou evolução nos últimos anos, especialmente a partir da criação da Associação Brasileira de Franchising (ABF) em 1987. Os principais fatores que impulsionaram a propagação das redes de franquias no Brasil foram: (i) a criação e expansão de shopping centers; (ii) o desenvolvimento dos centros urbanos; e (iii) a baixa mortalidade dos empreendimentos deste setor.[8]

Atualmente, o franchising é visto neste país como um sistema que possibilita a expansão de inúmeras empresas que não teriam estrutura, recursos e tecnologia para um crescimento rápido e sustentável em mercados muito dinâmicos e competitivos. Esse sistema atrai milhares de pessoas com capital e potencial empreendedor, permitindo que elas abram os próprios negócios e realizem seus anseios profissionais, e contribuindo, paralelamente, para o desenvolvimento econômico do país.[11]

Desafios na relação franqueado–franqueador

Não há dúvidas de que o sistema de franquias apresenta vantagens tanto para o pequeno empreendedor que decide se tornar franqueado quanto para a empresa que deseja expandir seus negócios.

O modelo de franquias, no entanto, também apresenta algumas desvantagens que precisam ser consideradas. De forma resumida, o Quadro 1 apresenta as principais vantagens e desvantagens do modelo, tanto do ponto de vista de franqueados quanto do ponto de vista de franqueadores:[5, 7]

Quadro 1 – Vantagens e desvantagens

	Vantagens	Desvantagens
Franqueado	• Maiores chances de sucesso. • Marca conhecida e boa reputação. • Conceito mercadológico já testado e aprovado. • Facilidade na instalação da unidade e no início da operação em razão da orientação do franqueador. • Publicidade com custo compartilhado entre franqueadores. • Economias de escala. • Desenvolvimento constante de novos produtos e técnicas. • *Feedback* constante do franqueador.	• Poucas oportunidades para iniciativas individuais em razão da padronização do sistema. • Pagamentos de taxas iniciais e/ou *royalties* ao franqueador. • Limitações na venda ou transferência do negócio impostas pelos contratos. • Limitações quanto a estoques, materiais e suprimentos que, em geral, só podem ser comprados do próprio franqueador ou de alguém que esteja por ele autorizado ou licenciado.
Franqueador	• Maior rapidez na expansão. • Cobertura mais eficiente de mercado. • Alta motivação dos administradores dos pontos de varejo. • Fortalecimento da marca. • Menor envolvimento nos problemas do dia a dia dos pontos de venda de varejo. • Menos problemas de natureza trabalhista relacionados diretamente ao franqueador. • Crescimento com capital de terceiros.	• Redução do controle sobre os pontos de varejo exclusivos. • Custos de supervisão. • Perda do sigilo. • Dificuldade para manter a padronização.

Fonte: Elaborado pelos autores com base em Cherto[5] e Leite.[7]

Além das vantagens e desvantagens aos franqueados e franqueadores, o modelo de franquias em si ainda possui alguns desafios a serem superados:

- O sistema de franquias pode dificultar o surgimento de inovações, na medida em que o grau de padronização nas redes é muito alto. O próprio "pacote" determinado pelo *business format franchising* implica a transferência de tecnologia administrativa, além de todo o projeto arquitetônico e engenharia, concentrando a geração de quaisquer inovações nas mãos dos franqueadores, já que normalmente os franqueados não têm poder para desenvolver novos produtos ou determinar o mix.[10]
- O modelo incorre no risco de perpetuação e difusão de modelos administrativos, como a burocracia, por meio do suporte consultivo e treinamento existentes nas redes de franquias. Além da marca e da engenharia, um padrão importante incorporado pelos franqueados são os processos de gerenciamento do negócio adquiridos por meio do contrato de franquia. Há uma preocupação muito grande dos franqueadores em estabelecer procedimentos administrativos que proporcionem o sucesso do franqueado, pois tais resultados vão garantir a imagem de qualidade do seu sistema de franquias no mercado. Duas coisas estão em jogo nesse caso: a imagem da marca, que está sendo utilizada por um terceiro e pode ser prejudicada por ações indevidas desse; e a imagem do próprio produto franquia, que depende do sucesso dos franqueados para obter competitividade no mercado.[10]
- A obtenção do sucesso dos modelos de franquias depende de sinergias estabelecidas na parceria entre o franqueador e seus franqueados. Nesse caso, considera-se como sucesso qualquer resultado superior ao que seria obtido se as partes interagissem separadamente no mercado e como efeitos sinérgicos a existência de aspectos multidisciplinares, dentre os quais se destacam fatores de ordem mercadológica, técnica, financeira, jurídica e relacionada aos recursos humanos e à estrutura organizacional. A não obtenção de quaisquer das sinergias mencionadas anteriormente compromete a eficácia global do franchising como sistema.[3]

Metodologia

Optou-se por realizar uma pesquisa qualitativa, de caráter exploratório, uma vez que (i) seria necessário examinar e refletir as percepções para obter um entendimento, e (ii) não havia estudos anteriores para que houvesse simplesmente teste ou confirmação de hipóteses.[10] Com isso, os dados foram obtidos a partir de entrevistas semiestruturadas com franqueados e franqueadores de empresas do setor de perfumaria e cosméticos brasileiro.

Para a escolha das empresas participantes, alguns critérios foram adotados com a finalidade de garantir que essas empresas tivessem o modelo de franquias como seu principal canal de distribuição. De forma resumida, os critérios e filtros adotados na seleção foram:

1. Empresas associadas à ABF, classificadas por essa associação como pertencentes ao agrupamento de *Cosméticos e Perfumaria*.[1]
2. Empresas que tivessem o modelo de franquias como seu principal modelo de distribuição.
3. Empresas com maior quantidade de unidades franqueadas.

Das empresas que restaram, foram consideradas para a pesquisa apenas aquelas em que houve participação tanto da parte franqueada, com o mínimo de um entrevistado, quanto da parte franqueadora, com o mínimo de três entrevistados. Com isso, as empresas participantes da pesquisa foram: O Boticário (2.800 lojas), Água de Cheiro (600 lojas), Contém 1g (175 lojas), Antídoto (130 lojas) e Mahogany (96 lojas).[1]

Ao todo, foram entrevistados 22 profissionais, no período compreendido entre setembro e dezembro de 2010, sendo 17 profissionais franqueados e cinco profissionais representantes das empresas franqueadoras (funcionários e ex-funcionários).

Análise dos dados coletados

Conforme acordado entre o pesquisador e os participantes, não serão divulgados os nomes dos entrevistados e não haverá relação entre as respostas obtidas e as respectivas empresas. Assim, o modelo de franquias no setor de cosméticos brasileiro será analisado de forma genérica e não de forma diretamente relacionada às empresas participantes da pesquisa. Portanto, para a análise dos dados coletados, as empresas serão denominadas "Empresa 1", "Empresa 2", "Empresa 3", "Empresa 4" e "Empresa 5", não necessariamente na ordem de apresentação das empresas na seção anterior deste capítulo.

Para facilitar a análise dos dados coletados na pesquisa, esta seção está subdividida em: (i) Avaliação geral do modelo de franquia; (ii) Avaliação do modelo de franquias aplicado ao setor de perfumaria e cosméticos; e (iii) Avaliação da satisfação e desempenho dos franqueados.

Avaliação geral do modelo de franquia

Inicialmente, buscou-se entender como os entrevistados avaliam o modelo de franquias de modo geral, como alternativa de distribuição, expansão de negócios e empreendedorismo.

Em uma escala de quatro níveis, oscilando entre ruim, regular, bom e ótimo, a percepção geral é bastante positiva, uma vez que nenhum entrevistado respondeu ruim nem regular. Ou seja, a percepção oscila entre bom e ótimo.

Para os franqueadores, os principais argumentos que embasaram essa percepção foram:

- O modelo de franquias proporciona uma experiência de consumo padronizada ao público.
- Esse modelo permite à empresa expandir o número de lojas e as vendas sem recorrer à capital próprio.
- Esse modelo separa as atuações gerenciais e comerciais, dando maior foco a cada uma delas: a franqueadora foca na gestão estratégica do negócio e os franqueados focam na gestão comercial.

Entre os franqueados, as vantagens mais citadas, em ordem de importância, foram:

- Risco reduzido (quando comparado a negócio próprio).
- Não é necessário possuir experiência no assunto.
- Atendimento diferenciado e padronizado.

Apesar, no entanto, de todos os franqueados entrevistados terem considerado o modelo de franquias ótimo ou bom, algumas limitações foram apontadas, sendo as principais:

- Autonomia limitada – os entrevistados alegaram ter que seguir exatamente o que a franqueadora determina, com pouco espaço para implantação de suas ideias e sugestões.
- Ganho reduzido (em relação a negócio próprio) – os entrevistados consideram que as taxas de *royalties* são elevadas, reduzindo o lucro líquido das unidades franqueadas.

Outras limitações foram mencionadas, mas apareceram poucas vezes e não foram unânimes entre os participantes:

- Receio de que falte estrutura para apoio aos franqueados.
- Capital inicial muito elevado.
- Demora em obter retorno do capital inicialmente investido.

Avaliação do modelo de franquia aplicado ao setor de perfumaria e cosméticos

Nesta segunda etapa, buscou-se avaliar a percepção dos entrevistados a respeito do modelo de franquias aplicado ao setor de perfumaria e cosméticos.

Para isso, o primeiro questionamento foi sobre a adequação desse modelo ao setor e a resposta obtida foi unânime: sim, esse modelo se ajusta perfeitamente. O principal argumento apresentado pelos entrevistados foi a diferenciação obtida em razão da padronização de produtos, atendimento, comunicação e formato das lojas.

O segundo questionamento foi sobre o desempenho desse modelo quando comparado aos demais modelos de distribuição atualmente existentes no setor. O intuito era verificar se, apesar da percepção favorável ao modelo e à sua aplicabilidade ao setor, o desempenho das franquias era percebido como superior em relação aos demais - venda direta e varejo tradicional.

Do ponto de vista dos franqueadores, há satisfação com o crescimento que o modelo atual (de franquias) tem proporcionado e ainda pode proporcionar à sua empresa; porém, todos reconhecem que atualmente o modelo de vendas diretas apresenta tanto ou mais destaque que o modelo de franquias. De acordo com os franqueadores, fatores como informalidade, carga tributária e facilidade de acesso favorecem o modelo de venda direta.

Entre os franqueados, a resposta não foi unânime, mas a maioria dos respondentes também considera o modelo de vendas diretas como o de maior destaque atualmente. O Gráfico 1 apresenta a distribuição dos resultados.

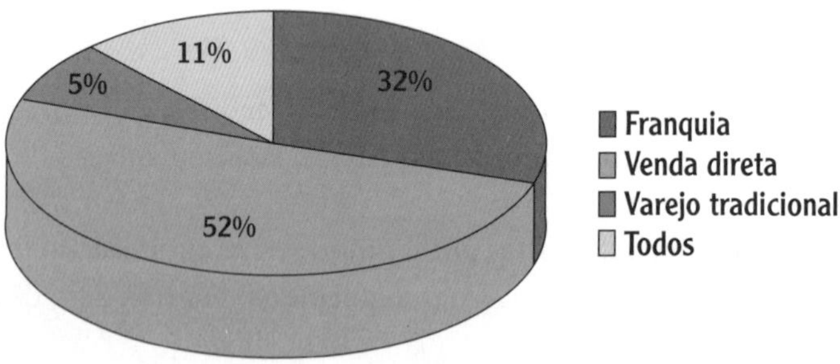

Gráfico 1 – Canal de maior destaque na opinião dos franqueados.

Para aqueles que responderam que o modelo de venda direta é o de maior destaque, os motivos argumentados foram: fácil acesso ao consumidor, capilaridade e baixo investimento inicial. Já para aqueles que responderam que o modelo de franquias é o que apresenta maior destaque, os principais argumentos estão relacionados à disponibilidade do produto e possibilidade de experimentação.

Desempenho e satisfação dos franqueados

Para interpretar como os franqueados avaliam o desempenho de sua unidade, sua satisfação com a franquia e quais os pontos que ocasionam tal avaliação, este tópico será organizado em duas partes: (i) desempenho da unidade franqueada; e (ii) satisfação do franqueado com a empresa franqueadora.

Desempenho da unidade franqueada

Para avaliar a satisfação do franqueado em relação ao desempenho de sua unidade, o fator avaliado foi o retorno financeiro que a loja estaria proporcionando ao franqueado. Como os modelos de rentabilidade diferem entre as franqueadoras e a expectativa de ganho dos franqueados também, elaborou-se uma escala que permitisse maximizar a igualdade de conceito entre os respondentes (Tabela 2).

Tabela 2 – Escala de avaliação do desempenho financeiro da unidade franqueada

Avaliação	Conceito
Ótimo	A loja sempre apresenta resultado mais que suficiente para pagar todas as despesas e ainda me proporciona com frequência um rendimento satisfatório.
Bom	Na maioria dos meses a loja apresenta resultado positivo, ou seja, não conseguir pagar os custos e despesas da loja não é uma preocupação no meu caso.
Regular	Em alguns meses, a loja apresenta prejuízo; em outros, lucro. Ainda me preocupa o pagamento dos custos e despesas da loja.
Ruim	A loja opera com prejuízo constante, ou seja, o faturamento é insuficiente para pagar os custos.

Levando-se em consideração os critérios apresentados, 70% dos entrevistados estão satisfeitos com o desempenho de sua unidade, considerando-o ótimo ou bom; 12% consideram regular; e 18% consideraram que o desempenho é ruim. O Gráfico 2 apresenta a distribuição das respostas obtidas.

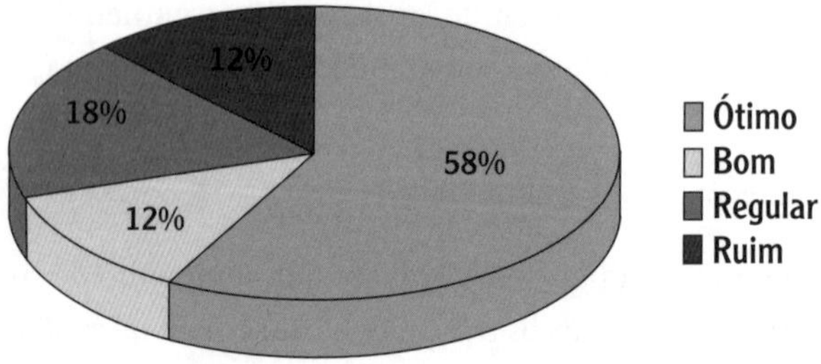

Gráfico 2 – Percepção de desempenho dos franqueados.

Observou-se que, para essa avaliação, houve diferenciação de respostas entre as empresas pesquisadas. Para os franqueados das Empresas 1, 2 e 4, que consideram o desempenho da loja satisfatório (bom ou ótimo), há o entendimento de que a participação da empresa franqueadora é relevante e impacta positivamente. Segundo esses franqueados, os principais diferenciais gerados pela franquia que fazem a diferença no retorno financeiro das unidades franqueadas são:

- Suporte e assistência;
- Produtos e inovação;
- Divulgação da marca e material promocional.

Por sua vez, os franqueados das Empresas 3 e 5 entendem que o desempenho financeiro das lojas é não satisfatório (regular ou ruim), e o entendimento é de que o principal motivo de seu baixo desempenho é a ausência de suporte e colaboração da empresa franqueadora.

Para complementar o entendimento a respeito da satisfação dos franqueados com o desempenho de sua(s) loja(s), perguntou-se se esses abririam uma nova loja sob o regime de franquia no setor perfumaria e cosméticos atualmente. Novamente, a resposta obtida foi dependente da empresa em questão. Os participantes das Empresas 1, 2 e 4, de forma unânime, responderam que sim, que abririam outra unidade franqueada. Já os participantes da Empresa 3, sem exceção, responderam que não, que de forma alguma abririam novamente uma loja sob o regime de franquias. E os participantes da Empresa 5 mostraram-se divididos – alguns abririam e outros, não.

Esse questionamento apenas confirma a leitura anterior de satisfação por parte dos franqueados que percebem atuação positiva da rede franqueadora e insatisfação por parte daqueles que não percebem colaboração por parte da franquia.

Satisfação do franqueado com a empresa franqueadora

Para complementar o entendimento a respeito dos pontos de satisfação ou insatisfação dos franqueados, além do desempenho financeiro, outros três itens foram analisados: (i) produto; (ii) suporte e assistência; e (iii) relacionamento.

Para a avaliação desses itens, foi solicitado que os entrevistados utilizassem a seguinte escala:

Escala de avaliação de satisfação dos franqueados em relação aos franqueadores				
1	2	3	4	5
Muito insatisfeito	Insatisfeito	Neutro	Satisfeito	Muito satisfeito

Item: Produto

Para a avaliação do item produto, foi pedido que os franqueados levassem em consideração tanto a qualidade do produto quanto sua apresentação (embalagem). Os resultados obtidos oscilaram entre satisfeito e muito satisfeito, resultando em uma média de 4,6 de satisfação com o item. Para esse item, não foi observada diferença de satisfação em relação à rede franqueadora de cada participante.

Tabela 3 – Satisfação dos franqueados: Produto

Empresa	Média das notas	Interpretação
1	4,3	Satisfeito
2	5,0	Muito satisfeito
3	4,8	Muito satisfeito
4	5,0	Muito satisfeito
5	4,0	Satisfeito
Total	**4,6**	**Muito satisfeito**

No geral, os franqueados de todas as redes participantes estão satisfeitos com os produtos fornecidos pela franqueadora. Há a percepção de que, além de os produtos serem bons e competitivos, as empresas sempre buscam melhorar e inovar, acompanhando a concorrência e as tendências de mercado.

Item: Assistência da rede franqueadora

Para a avaliação do item assistência da rede franqueadora, foi pedido que os franqueados levassem em consideração os treinamentos oferecidos, a divulgação da marca e dos produtos e o suporte fornecido em caso de necessidade pontual do franqueado. Os resultados obtidos oscilaram entre "muito insatisfeito" e "muito satisfeito", resultando em uma nota média de 3,7, ou seja, entre neutro e satisfeito.

Tabela 4 – Satisfação dos franqueados: Assistência

Empresa	Média das notas	Interpretação
1	4,5	Muito satisfeito
2	4,7	Muito satisfeito
3	1,8	Insatisfeito
4	4,5	Muito satisfeito
5	3,0	Neutro
Total	**3,7**	**Satisfeito**

Novamente, os resultados foram consideravelmente diferentes em razão da rede franqueada: a satisfação dos franqueados das Empresas 3 e 5 em relação a suporte e assistência é inferior e, segundo eles, seria a principal causa da baixa atratividade financeira de suas lojas, conforme mencionado no item anterior a respeito do desempenho financeiro das unidades.

Item: Relacionamento entre franqueados e franqueadores

Com base na mesma escala de notas 1 a 5, foi pedido que os franqueados levassem em consideração o relacionamento observado não somente entre os próprios respondentes e os franqueadores, mas também o relacionamento observado entre os franqueados em geral e os respectivos franqueadores. Para tanto, pediu-se que fossem levados em consideração itens como desrespeito, assédio moral e cordialidade.

Os resultados obtidos oscilaram entre "satisfeito" e "muito satisfeito", resultando em uma nota média de 4,40. E, para esse item, a percepção não apresentou variação de empresa para empresa, ou seja, todos entendem que o relacionamento entre franqueados e franqueadores é muito bom, independentemente dos resultados financeiros ou do modelo de franquia de cada franqueadora.

Tabela 5 – Satisfação dos franqueados: Relacionamento

Empresa	Média das notas	Interpretação
1	4,5	Muito satisfeito
2	5,0	Muito satisfeito
3	3,5	Satisfeito
4	5,0	Muito satisfeito
5	4,0	Satisfeito
Total	**4,4**	**Satisfeito**

Análise conjunta dos itens avaliados

Analisando as respostas anteriores de forma conjunta, pode-se chegar a uma ideia de satisfação geral dos franqueados em relação às franqueadoras, e observa-se que a satisfação ou insatisfação, para a pequena amostra entrevistada, está relacionada à empresa em questão.

Para a Empresa 1, há um bom nível de satisfação em todos os itens. Para as Empresas 2 e 4, a satisfação geral é ainda maior, fazendo que, na média final das avaliações, o resultado encontrado seja de que os franqueados estão muito satisfeitos com a franquia.

Já no caso da Empresas 3, em geral, os franqueados apresentaram-se insatisfeitos. O principal motivo, conforme já colocado, são a baixa rentabilidade e a pouca ou nenhuma assistência fornecida por parte da franqueadora. Por fim, os franqueados da Empresa 5 mostraram-se neutros: suas lojas não apresentam desempenho satisfatório, mas recebem suporte da franquia e percebem que a empresa está disposta a ajudá-los.

Considerações finais

O modelo de franquias é uma das opções existentes atualmente para que um indivíduo possa empreender. Segundo estatísticas, o modelo de franquias tem se mostrado a alternativa menos arriscada para os micro e pequenos empreendedores. Em razão das vantagens atualmente existentes nessa forma de empreender, o modelo de franquias tem apresentado grande crescimento nos últimos anos no Brasil, porém ainda existe um grande potencial a ser explorado para que a participação desse modelo no Brasil adquira a representatividade apresentada em outros países.[6]

Nesse sentido, este capítulo buscou investigar e entender quais são os desafios para que o modelo de franquias possa crescer ainda mais e adquirir maior representatividade como modelo de distribuição no setor de perfumaria e cosméticos brasileiro.

De forma geral, identificou-se que o modelo de franquias é visto como uma boa opção de distribuição de produtos e aumento de capilaridade da marca, tanto para franqueados quanto para franqueadores, além de ser percebido por ambos como um modelo que se ajusta para o setor de perfumaria e cosméticos. No entanto, também para as duas partes – franqueados e franqueadores –, o modelo de franquias é visto, atualmente, como o de menor destaque em relação ao modelo de vendas diretas. Portanto, o primeiro desafio seria conseguir superar as vantagens atualmente percebidas no modelo de vendas diretas.

Em relação à avaliação dos franqueados sobre o desempenho das unidades, a percepção é de que a participação da rede franqueadora é fundamental, embora também percebam que apenas isso não é condição suficiente para o sucesso. Ou seja, é necessário que a rede franqueadora participe ativamente (gestão estratégica e administrativa), mas também é necessário que o franqueado faça sua parte (gestão comercial). Com isso encontram-se mais alguns desafios:

- Participação ativa da rede franqueadora, fornecendo treinamento, suporte, orientação e compartilhando melhores práticas observadas. A rede franqueadora deve se planejar para expandir e não expandir e depois se estruturar para atender aos novos franqueados.
- Melhoria no modelo de avaliação e seleção de franqueado, para maximizar as chances de que esse participe ativamente do negócio, gerindo a loja e seus funcionários de perto e não esperando que a rede franqueadora se responsabilize por todo o trabalho.

Observando também as respostas obtidas em relação à satisfação dos participantes no que tange ao desempenho financeiro, outros pontos podem ser considerados como desafios do modelo de franquias:

- Suporte financeiro nos primeiros anos após a abertura da loja ou facilidade para pagamento do investimento inicial, uma vez que o capital necessário é elevado e as lojas necessitam de um período para que suas vendas apresentem maturação.
- Localização da loja em locais de fluxo elevado de pessoas. Esse desafio é pertinente tanto à rede franqueadora quanto aos potenciais franqueados.
- Melhora no modelo de *royalties* ou taxas administrativas para elevar a rentabilidade dos franqueados.

Resumo

O objetivo fundamental deste capítulo é apresentar e discutir quais são os desafios para que o modelo de franquias possa crescer ainda mais e adquirir maior representatividade como modelo de distribuição no setor de perfumaria e cosméticos brasileiro. Para isso, utilizou-se, além de uma revisão bibliográfica a partir do referencial teórico disponível, uma abordagem qualitativa, segundo a qual foram realizadas entrevistas com franqueados e franqueadores, que representaram as seguintes empresas: Água de Cheiro, Antídoto, Contém 1g, Mahogany e O Boticário. A realização dessas entrevistas revelou que, embora o modelo de franquias seja visto por franqueados e franqueadores como uma boa opção para a distribuição de produtos e para o aumento da capilaridade da marca, esse modelo apresenta alguns desafios a serem alcançados, tais como superação das vantagens e diferenciais apresentados atualmente pelo modelo de venda direta; maior participação ativa da rede franqueadora; melhoria no modelo de avaliação e seleção de franqueados; melhor suporte financeiro aos franqueados nos primeiros anos após a abertura da loja; melhor modelo para escolha da localização das lojas; e, por fim, melhor modelo para definição de taxas de *royalties*.

Questões para discussão

1. Quais são as vantagens e desvantagens de cada um dos canais de distribuição atualmente existentes no setor de perfumaria e cosméticos brasileiro?
2. Em sua opinião, por que, mesmo apresentando desvantagens, os modelos de varejo tradicional e vendas diretas possuem maior representatividade do que o modelo de franquias no setor de perfumaria e cosméticos brasileiro?
3. Em sua opinião, quais são as opções para que o modelo de franquias consiga superar os desafios expostos neste capítulo?
4. Considere outro setor de atuação que também possua o modelo de franquia como alternativa de distribuição. Quais são os outros canais existentes? Quais são as vantagens e desvantagens desse modelo nesse setor em relação aos demais canais existentes?

Referências

[1] Associação Brasileira de Franchising (ABF). *Desempenho do Setor 2008-2007.* Disponível em: http://www.portaldofranchising.com.br. Acesso em: nov. 2009.

[2] Associação Brasileira da Indústria de Higiene Pessoal, Perfumaria e Cosméticos (abihpec). *Panorama do Setor 2009*. Disponível em: www.abihpec.org.br. Acesso em: fev. 2010.

[3] Bernard, D. A. Franchising estratégico: como obter alavancagens e sinergias por meio da taxa inicial e dos royalties. *Revista de Administração de Empresas*, São Paulo, v. 33, n. 4, p. 18-31, jul.-ago. 1993.

[4] Brescancini, A. M. Franchising de alimentos: temporada de caça ao cliente. *Revista de Administração de Empresas*, São Paulo, v. 34, n. 6, p.18-27, nov.-dez. 1994.

[5] Cherto, M. R. *Franchising*: revolução no marketing. 3. ed. São Paulo: McGraw-Hill, 1989.

[6] Jill, C.; Hussey, R. *Pesquisa em Administração*: um guia prático para alunos de graduação e pós-graduação. Porto Alegra: Bookman, 2005.

[7] Leite, R. C. *Franchising* - Na criação de novos negócios. São Paulo: Atlas, 1990.

[8] Melo, P. L. R.; Andreassi, T. Franchising: levantamento e análise do período 1998-2007. In: encontro nacional de pós-graduação em administração. *Anais do Enanpad*, Brasília, 2008.

[9] Rodrigues, C. R. *Desafios do modelo de franquias no setor de perfumaria e cosméticos brasileiro, sob o ponto de vista de franqueados e franqueadores*. São Paulo, 2010. Dissertação (Mestrado) - Escola de Administração de Empresas de São Paulo, Fundação Getulio Vargas.

[10] Santos, G. J. dos. *A Teoria Institucional e a análise de operações de franquia*: um olhar diferente das abordagens tradicionais do marketing. Belo Horizonte: ReAD, 1999.

[11] Toledo, G. L.; Proença, C. Fatores críticos de sucesso da franquia - uma análise sob a óptica de ex-franqueados no município de São Paulo. *Caderno de Pesquisas em Administração*, São Paulo, v. 12, n. 1, p. 43-53, jan.-mar. 2005.

10 Inovação em franquias de alimentação: o caso "TrendFoods"

Pedro Lucas de Resende Melo
Tales Andreassi
Moacir de Miranda Oliveira Jr.

Objetivos do capítulo

1. Analisar o ambiente organizacional de franquias do segmento de alimentação e sua propensão a inovação.
2. Discutir sobre o papel do empreendedorismo entre franqueados para geração de inovações.
3. Debater sobre o relacionamento entre franqueado e franqueador para a troca de conhecimentos e geração de inovações.
4. Destacar as características do ambiente organizacional do grupo TrendFoods (China in Box e Gendai).

Introdução

Ao discutir sobre a competição entre as empresas e a geração de vantagens competitivas, torna-se essencial mencionar o papel desempenhado pela inovação, em novos produtos, serviços, formas de organização, dentre outros.

Particularmente ao sistema franchising, é extremamente relevante o tema inovação, dado o cenário competitivo em que essas redes atuam. A importância da inovação para as redes de franchising é destacada por diversos estudiosos, cabendo destacar que os franqueados podem ser considerados importantes geradores de inovações. Entretanto, para isso, requerem-se dos franqueadores mecanismos de governança que possibilitem a disseminação das inovações para vários franqueados.[7, 8, 14, 18]

O processo de inovações em uma empresa vai além dos investimentos em Pesquisa e Desenvolvimento (P&D), envolvendo complexos processos organizacionais e interações entre vários agentes locais, nacionais e internacionais. Essas interações ocorrem entre indivíduos e setores que trocam conhecimentos que serão decisivos para a geração de inovações.[2]

Nessas interações estão envolvidas ações com a infraestrutura tecnológica, sociológica (relação entre funcionários) e econômica (investimentos), tornando o sucesso fruto de vários aspectos envolvidos no modelo de negócio, e não somente de algumas ações pontuais.[5]

Com isso, o conjunto de conhecimentos e habilidade em uma empresa pode ser denominado como "capacidade inovadora", podendo ser traduzido como um potencial interno para a geração de novas ideias, identificação de oportunidades e implementação das inovações.[17] O debate estabelecido inicialmente por Melo et al.,[19] no qual esses estudiosos discutem sobre os recursos e competências necessários para a geração de inovações em redes de franquias, serve de base para as verificações que procuramos neste capítulo.

Então, este capítulo visa *analisar e discutir o processo de inovações em redes de franchising, tomando como referência aspectos organizacionais*. Para isso, vamos examinar quatro aspectos definidos por Melo et al.[19] como geradores de inovação: (i) a profissionalização do franqueador; (ii) o gerenciamento dos relacionamentos com os franqueados; (iii) o desempenho de franqueados com perfil empreendedor; e (iv) o papel da gestão do conhecimento. Assim, utilizamos um estudo de casos envolvendo uma importante rede de franchising brasileira no segmento de alimentação: o grupo TrendFoods, que corresponde às redes: China in Box e Gendai.

Inicialmente, serão debatidos neste capítulo os geradores de inovação organizacional aplicados ao franchising. Posteriormente, os aspectos metodológicos envolvidos no estudo de caso descrito na etapa seguinte. E, por fim, os aspectos críticos sobre o caso em questão.

Referencial teórico

Profissionalização da gestão em franchising

Os recursos intangíveis podem conter uma série de componentes capazes de gerar vantagens competitivas sustentáveis das inovações nas redes de *franchising*. No *franchising*, recorremos a diversos recursos intangíveis que perfazem o *know-how* desenvolvido em cada franquia. O franqueado é o responsável pelo desenvolvimento de muitos atributos elaborados pelos franqueadores. Nisso, dizemos que o relacionamento com o cliente constitui uma importante competência a ser trabalhada, objetivando sua lealdade. Essa fidelidade se dá junto com os padrões de qualidade definidos pelos franqueadores e praticados pelos franqueados em suas atuações nos mercados locais. Ademais, cabe destacar o desenvolvimento dos recursos humanos pelos franqueadores, que deverão prover, sobretudo, treinamentos aos franqueados e seus funcionários para que possam garantir padrões de qualidade no atendimento aos clientes.[30, 34]

Dessa forma, todo o conhecimento da rede, as habilidades desenvolvidas ao longo dos anos para a seleção dos franqueados, o *layout* das franquias, os produtos e a própria força da marca enquadram-se também como recursos intangíveis. O desenvolvimento desse conhecimento gera o *know-how* da franquia, que pode ajudar a reduzir os custos e melhorar a qualidade do serviço, tornando-se uma fonte de vantagem competitiva, na medida em que proporciona às firmas o desenvolvimento de competências bem particulares e valiosas para suas redes.[6, 8]

Esses recursos intangíveis são difíceis de ser copiados por integrarem um *hall* de práticas de gestão que em muitos casos não é de acesso restrito a poucas pessoas, mas de atribuições e funções de muitos agentes, como franqueadores, franqueados e funcionários das redes de *franchising*.[25, 34]

Assim, a postura gerencial é de grande relevância para a busca de vantagens competitivas, haja vista a capacidade inserida na compreensão e escolha de quais atributos e competências deverão ser desenvolvidos pelas organizações para se adaptarem prontamente às oportunidades surgidas. A falta de um corpo gerencial competente pode comprometer a sustentação dos diferenciais obtidos.[6, 26] No caso em questão, das redes de *franchising*, muitas atribuições gerenciais recaem sobre o franqueador, que toma a postura de gerenciador da rede. Ao franqueado cabe a responsabilidade de gestão local, que também requer competências para o gerenciamento de seus funcionários.

Com isso, podemos enquadrar os franqueadores como o *top management team*, cabendo-lhes conhecimentos de mercado e de gestão capazes de propiciar inovações, sobretudo quando são compostos por equipes heterogêneas. Vale destacar a importância da experiência trazida por esses executivos de *franchising* para a coordenação dos franqueados, capaz de gerar uma performance superior para a rede. As decisões tomadas por esse grupo gestor permitirão melhor coordenação dos recursos entre as firmas (franqueados). Nisso, as limitações das firmas serão transpostas mais facilmente em razão de maior acesso a recursos que possam garantir vantagens competitivas. Portanto, recursos e competências que são difíceis de imitar, escassos, valiosos, tornam-se ativos estratégicos que constituem vantagens competitivas para as redes de *franchising*.[1, 4, 10, 11, 27, 31]

Gestão de relacionamento em franchising

Os relacionamentos entre as firmas são considerados recursos relacionais que agregam os recursos estratégicos e habilidades desenvolvidos pelos franqueadores e franqueados em suas operações cotidianas. Esses relacionamentos propiciam maior troca de recursos, competências e conhecimentos, fortalecendo a aliança entre os agentes envolvidos, gerando recursos únicos, que sejam mais valiosos, raros e difíceis de ser imitados. Aos franqueadores é importante o amadurecimento desses relacionamentos para que a rede, sob o seu gerenciamento, estabeleça padrões de performance superior.[14, 16]

A perspectiva relacional sugere que, com o fortalecimento das relações, possa diminuir o oportunismo, aumentar os valores agregados provindos das inovações dos franqueados, além de propiciar o aumento da padronização, reduzindo a variabilidade das operações.[13, 14] Não obstante, o comprometimento nesses relacionamentos e a confiança depositada pelo cliente e os demais agentes envolvidos deverão ser o ponto-chave para o sucesso dos relacionamentos. Esse comprometimento e essa confiança vêm (i) do provimento de recursos e soluções superiores em relação aos demais concorrentes; (ii) da manutenção de altos valores corporativos comuns entre essas parcerias; (iii) de uma comunicação efetiva, utilizando-se de ações de inteligência de mercado para o levantamento de avaliações constantes dessas parcerias; e (iv) da ausência de manobras oportunistas que não vão conferir vantagens competitivas devido ao seu caráter malevolente. Adicionalmente, a gestão dos relacionamentos exige que a organização deixe de lado atitudes impositivas ao mercado e vigore a habilidade em tratar das condições próprias entre os envolvidos.[22]

O aprendizado gerado ao longo dos anos nesses relacionamentos produzirá uma clareza maior sobre quais recursos devem ser combinados, permitindo a criação de maiores oportunidades de negócios aos envolvidos. Há relatos de estudos em que relacionamentos construídos há mais tempo são geradores de vantagens competitivas entre as firmas envolvidas, e de difícil imitação pelos concorrentes.[14, 33]

Esses recursos relacionais ajudam na captura das inovações dos franqueados e sua propagação pela rede. Há dois tipos de recursos relacionais aplicados ao franchising, e o primeiro deles, o *knowledge sharing routines*, trata dos padrões regulares que permitem a interação entre os membros das franquias e a transferência, a recombinação ou mesmo a criação de recursos específicos. Isso envolve os consultores de região enviados pelos franqueadores para o suporte aos franqueados, a propagação de notícias em encontros locais, regionais e nacionais. O segundo tipo de recurso relacional refere-se ao uso de mecanismos de governança, que propiciam o fortalecimento de métodos de segurança nos acordos firmados entre os membros da rede, minimizam os custos de transação e ajudam a aumentar o valor das inovações entre os franqueados.[7, 14]

Por sua vez, a confiança é um fator essencial para que os franqueados tenham mais autonomia e para que o franqueador possa introduzir mudanças que sejam aceitas pela rede de franchising, sobretudo mudanças de rotina, adoção de inovações, novas promoções ou mesmo alterações nos produtos e na entrega do serviço. O resultado disso será maior número de inovações e uma rapidez de processamento pela rede.[13, 16, 18]

Empreendedorismo em franchising e a gestão do conhecimento

As atuações dos franqueados como empreendedores locais são de destacável importância para as redes de franchising. Esses franqueados são recursos intangíveis, capazes de acrescentar informações ao franqueador para que este possa suprir com produtos e serviços adequados seus mercados de atuação e, com isso, gerar inovações. Essa atuação local propicia o surgimento de inovações que, se adequadamente gerenciadas pelos franqueadores, poderão ser utilizadas por outras franquias da mesma rede.[7, 30, 32, 34]

É destacada a importância das modificações locais pelos franqueados, dado que a dispersão geográfica da rede de franchising a coloca sob condições particulares, em que os padrões estabelecidos pelo franqueador necessitam de ajustes, em razão das demandas particulares do público local. Os procedimentos padronizados não são suficientes para melhor performance da rede, sendo necessária uma diversificação nesses procedimentos que se dará pela ação empreendedora do franqueado. A exceção é o caso dos mercados homogêneos, no qual a ação do franqueado é pouco determinante, pois não cabem muitas modificações nas diretrizes do franqueador.[18, 21, 30]

Cabe ressaltar que infelizmente muitas das inovações desenvolvidas pelos franqueados não são comunicadas ao franqueador. Ao franqueador resta a incumbência de estimular o debate interno entre os franqueados, criando um bom relacionamento que vai gerar uma relação de confiança maior e isso beneficiará a identificação e implementação das adaptações locais.[7, 8, 30]

As constatações de Gassenheimer et al.[15] mostram que franqueados proativos tendem a se preocupar com os relacionamentos com outros franqueados e o franqueador. Com isso, esses franqueados empreendedores estão mais engajados na troca de conhecimentos e em melhor posição para captar inovações de outros franqueados.

Por sua vez, para que essas inovações tenham maior amplitude, os franqueadores devem instituir mecanismos de gestão do conhecimento e, com isso, conseguir propagar as inovações em outras franquias sob a sua responsabilidade. A gestão do conhecimento tem o mérito de codificar o conhecimento tácito local e transformá-lo em conhecimento explícito, trazendo a aplicação para o franchising, ao expandir esse conhecimento para outras unidades franqueadas.[23, 24]

O conceito de *learning organization* empregado por Senge[28] pode ser utilizado na relação entre franqueador e franqueados. A participação dos franqueados pode trazer melhorias e inovações à rede de franchising, obtendo-se melhores resultados. Mediante isso, a gestão do conhecimento surge como a alternativa na busca por inovações, gerando modificações nas rotinas, aperfeiçoamentos nos processos e o desenvolvimento de novos padrões com capacidade de adaptação às necessidades locais, tudo isso em razão da troca de experiências entre os agentes envolvidos.[3, 12, 30]

Para isso, a gestão do conhecimento requer o desenvolvimento dos recursos humanos por meio de treinamentos mais intensivos durante o ano, o que pode melhorar o conhecimento em uma rede de franchising. Há diversos meios de transferência desse conhecimento, pela utilização de atendimentos telefônicos, encontros ou *coaching*.[20]

Com isso, os franqueados que desenvolvem inovações locais podem disseminar essas práticas nos encontros periódicos promovidos pela rede de franchising, repassando em um primeiro momento ao franqueador essas técnicas para que possam ser implementadas em outras unidades franqueadas. Ao mesmo tempo que isso gera habilidade de desenvolver e propagar o conhecimento, nisso envolvendo as inovações, propicia à rede maior capacidade de exploração de seus mercados locais.[7, 22]

A Figura 1 sintetiza as quatro perspectivas debatidas aqui, contendo os aspectos organizacionais que podem propiciar as inovações em redes de franquias:

Fonte: Adaptado de Melo et al.[19]

Figura 1 – Aspectos organizacionais.

Metodologia

Instituição pesquisada

O grupo TrendFoods é composto pelas redes de franquias China in Box e Gendai, dentro do segmento de alimentação, e sua atuação ocorre sobretudo por meio de franquias de *fast-food*, *delivery* e restaurantes. A seguir, serão descritas em mais detalhes cada uma dessas redes de franquias.

Das duas marcas que compõem o grupo, China in Box talvez seja a mais reconhecida pela população brasileira, dado o seu caráter inovador na maneira de entrega de comida chinesa; seu modelo atual abrange restaurantes com os tradicionais serviços *delivery*. Essa rede, que foi fundada em 1992 com uma loja aberta no bairro de Moema em São Paulo, possui atualmente 150 lojas em 22 estados e em setenta cidades no Brasil, possuindo, até agosto de 2008, cinco franquias no México.

Procedimentos de coleta de dados

O processo de coleta de dados em estudos de caso é mais complexo do que em outras estratégias de pesquisa. Sua principal vantagem é que se podem utilizar diferentes fontes de pesquisa em documentos e registros de arquivos, entrevistas, observações diretas, observação participante e artefatos.[35] O maior benefício do uso de diferentes fontes para coleta de dados é a possibilidade de desenvolver linhas convergentes de investigação de um mesmo fenômeno, mediante diferentes técnicas. Com isso, a validade do constructo é reforçada, uma vez que várias fontes de evidências fornecem várias avaliações do mesmo fenômeno.[35]

Na coleta de informações foi feito levantamento de dados primários diretamente com um dos franqueadores, que ocupa o cargo de diretor de Operações e Produto. Essa entrevista foi realizada pessoalmente em abril de 2009 na sede do grupo TrendFoods, sediado em São Paulo (SP), tendo duração aproximada de 1h30. Um questionário estruturado foi usado, especialmente com perguntas discursivas sobre os aspectos organizacionais que contribuem para a inovação em redes de franquias, sendo estas: a profissionalização do franqueador; o gerenciamento dos relacionamentos com os franqueados; o desempenho de franqueados com o perfil empreendedor e o papel da gestão do conhecimento.

Estudo de caso: TrendFoods

A profissionalização na gestão da rede

Uma série de programas de desenvolvimento dos recursos humanos são elaborados pelos franqueadores envolvendo tanto os franqueados quanto os funcionários das franquias e do escritório central. Esse processo é iniciado pelo departamento de treinamentos, ao identificar as necessidades de qualificação para cada função desempenhada na rede de franquias. Para que vigore o desenvolvimento de novas práticas e melhore a eficiência dos processos, esses treinamentos são realizados continuamente, conforme cronograma estabelecido para cada um dos públicos interessados.

Nos últimos meses, ganharam destaque os treinamentos de informática, dada a informatização intensiva das operações. Essa utilização ocorre tanto com os supervisores de cozinha que necessitam preencher os protocolos de controle como para os demais funcionários das franquias em suas operações específicas e para o próprio franqueado que possui *softwares* para gerenciamento. Cabe destacar os treinamentos de oratória e noções financeiras que têm sido realizados frequentemente visando melhorar a qualificação dos franqueados na gestão das franquias. Os principais treinamentos envolvem os gerentes das unidades; por sua vez, aos franqueados são oferecidos treinamentos para melhorar a gestão.

A perspectiva estratégica das políticas de desenvolvimento dos recursos humanos reside em melhor esclarecimento aos franqueados sobre as diretrizes que o franqueador deseja estabelecer na rede. Caso não se realizassem esses treinamentos e consequentemente não ocorresse o desenvolvimento dos públicos envolvidos nas franquias, as chances de implementação de novas estratégias seriam consequentemente dificultadas. Com isso, identifica-se nessa prática uma estratégia que permitirá especialmente ao franqueado a sua inserção nas ações planejadas pelo franqueador, propiciando ao franqueado que ele compreenda e facilite o processo de inovações na gestão.

Outra questão envolvida quanto à profissionalização da rede de franquias reside na experiência do corpo de gestores, que possuem uma experiência média de nove anos, e parte desse quadro de gestores construiu uma carreira nas redes do grupo TrendFoods e, ao longo dos anos, foram promovidos a cargos superiores. De certa forma, a continuidade firmada por esses funcionários, percorrendo diversos níveis hierárquicos carrega um conhecimento minucioso dos entraves apresentados pela rede de franquias, e as competências desenvolvidas ao longo dos anos podem ser um fator competitivo ao grupo.

Cerca de 80% dos funcionários do escritório central, que trabalham diretamente com os franqueadores, possuem curso superior completo, e 50% desse grupo tem pelo menos uma pós-graduação. O grupo TrendFoods possui programas de incentivo para a qualificação dos funcionários. No caso dos funcionários que ainda não têm curso superior, o franqueador concede bolsas de estudo, desde que o curso tenha ligação com a atividade desempenhada. Essa política complementa a profissionalização dos funcionários da matriz que trabalham diretamente com a gestão da rede, sendo estratégico ter funcionários com melhor qualificação técnica, o que propicia novas competências aos funcionários que estarão mais capacitados em suas funções e consequentemente poderão contribuir mais ativamente gerando inovações à rede de franquias.

Referente às inovações no *design* das franquias, estas ocorrem com determinada frequência; atualmente, encontram-se em adequação tanto as franquias China in

Box como a Gendai. Entretanto, cabe dizer que tais inovações, que buscam aumentar a atratividade nas franquias pelos consumidores, ocorrem com flexibilidade, estipulando-se um prazo para que o franqueado possa adequar seu *layout* estabelecido pelo franqueador. As inovações no *design* são resultado de pesquisas intensas visando estabelecer um alinhamento de modernidade das franquias com seus serviços e produtos oferecidos.

Ademais, como resultado da política de capacitação dos funcionários, cabe destacar o processo de lançamento de novos produtos, no caso, de novos pratos. Os produtos para entrarem no cardápio oficial da rede precisam ser primeiro testados nos mercados, e esse processo ocorre de duas maneiras, tanto pelo programa denominado "festival" como por "promoções". O "festival" de novos produtos ocorre duas vezes ao ano e é uma forma de testar os novos pratos, que não necessariamente entram no cardápio oficial. Esses pratos são divulgados nas lojas por meio de *folders* e *banners*. Outra maneira de testar os pratos é por meio das "promoções" que em geral ocorrem também duas vezes ao ano e servem para testar a sensibilidade ao preço de novos pratos, valendo os mesmos critérios do "festival" sobre o processo de divulgação e oficialização em cardápio.

Assim como nas inovações no *design*, essas inovações nos pratos são de certa forma resultado de melhor qualificação dos funcionários e franqueados, conseguindo contribuir mais ativamente para o processo de inovações mediante novas competências que são desenvolvidas.

O Quadro 1 sintetiza os principais pontos tratados neste item referentes a profissionalização do franqueador TrendFoods:

Quadro 1 – Profissionalização do franqueador

Aspectos	TrendFoods
Padrões de qualidade estabelecidos (auditorias e monitoramento).	• Realizado por consultores de área e eletronicamente.
Práticas de RH (recrutamento, treinamento e desenvolvimento etc.).	• Treinamentos específicos para franqueados e funcionários.
Formação dos funcionários do escritório central (franqueador).	• 9 anos/média de experiência do corpo gestor. • 80% dos funcionários possuem curso superior. • 50% dos funcionários possuem pós-graduação.
Política de desenvolvimento de novos produtos e serviços.	• Desenvolvido pelo franqueador e franqueados (Associação de Franqueados de cada rede). • Produtos regionalizados (Sul, Sudeste, NE etc.).

Quadro 1 – Profissionalização do franqueador (*continuação*)

Aspectos	**TrendFoods**
Política de posicionamento e desenvolvimento da marca.	• Políticas particulares para cada marca do grupo TrendFoods.
Desenvolvimento do *layout* das franquias.	• Atualização sem período específico. • No momento da realização deste estudo o China in Box passava por remodelações.
Outros.	• Maior interação c/os franqueados para as inovações.

A gestão de relacionamentos com os franqueados

Os principais benefícios obtidos ao se situar os franqueados como parceiros de negócios encontram-se especialmente no conhecimento local provindo dessas franquias. Para o franqueador, seria difícil obter essa diversidade de experiências caso não se adotasse o modelo de franchising; além disso, experiências dos franqueados auxiliam nas decisões estratégicas da gestão do franqueador. Para a tomada de decisões, o franqueador considera aspectos que podem ser compartilhados por toda a rede ou parcialmente por algumas franquias; geralmente esses fatores são determinados pela proximidade cultural e geográfica de algumas franquias.

Por sua vez, a gestão dos relacionamentos com os franqueados apresenta alguns fatores que pedem maior atenção da equipe de franqueadores, que serão discutidos a seguir. Os distúrbios de comunicação entre franqueados e consumidores são frequentes, pelo fato de o franqueado muitas vezes não adotar as diretrizes estabelecidas pelo franqueador para toda a rede. Tal fato pode gerar discordâncias entre os consumidores, especialmente entre aqueles que conhecem outras franquias da rede, em razão da perda da padronização não deliberada, ou seja, sem consentimento do franqueador. Outro fator comum nos relacionamentos entre franqueador e franqueados reside na dificuldade em se agradar a todos os anseios dos franqueados, dadas as demandas muito individuais de determinados franqueados. Cabe lembrar que se trata de um sistema de franquias em que todas as modificações devem ser estudadas também da óptica da padronização e suas variáveis. Ademais, é comum haver complicações nesse relacionamento quando o franqueado deseja abrir uma nova franquia, mas havendo limitações logísticas, o franqueador não concede a autorização. Uma das maneiras encontradas para diminuir essas limitações tem ocorrido mediante o desenvolvimento progressivo de fornecedores locais.

O relacionamento entre franqueador e franqueados conta com o suporte de profissionais externos, a exemplo da auditoria de qualidade, que verifica o cumprimento das normas de vigilância sanitária por franquia e, posteriormente, envia ao franqueador o resultado, cabendo-lhe aplicar as sanções contra os franqueados que se encontram fora dos padrões estabelecidos. Esse processo de auditoria é realizado a cada seis meses, sendo destacável a importância de tal serviço por se tratar de redes de franquias de alimentação, em que pode haver produtos mal acondicionados, assim como fora do prazo de validade, causando problemas à saúde dos consumidores. Outro grupo de profissionais que servem de suporte à rede consiste em uma consultoria jurídica, que atua de forma preventiva. Adicionalmente, há atuação de clientes ocultos, a fim de verificar a conformidade do serviço prestado pelo franqueado.

A visão estratégica que se tem, entretanto, dos relacionamentos com os franqueados baseia-se na busca de maior confiança entre as partes, e não propriamente dito no controle das operações dos franqueados. O controle que é realizado caminha mais no sentido de suporte e auxílio às suas dificuldades cotidianas. A partir do momento em que os franqueados são vistos como recursos estratégicos locais, o surgimento de inovações e ações em conjunto passa a prosperar com maior regularidade. No entendimento do franqueador da TrendFoods, o modelo histórico do franchising, engessado em normas e padrões rígidos, não é adequado ao seu negócio. As redes têm buscado cada vez mais maior flexibilidade na relação com o franqueado, acentuando os laços de parcerias e de construção de alianças duradouras para o sucesso da rede de franquias.

Sendo assim, o franqueador deve propiciar um ambiente de interação e proximidade com a realidade vivida pelos franqueados, tanto com a finalidade de reduzir os conflitos como, especialmente, de criar um ambiente propício às inovações entre os membros da rede de franquias. O que se visa ao falar de bons relacionamentos com os franqueados é possuir a confiança deles, ou seja, ser um franqueador com credibilidade em aceitar as sugestões, uma vez que estas poderão gerar inovações compartilhadas, de acordo com os critérios já discutidos sobre a sua implementação. Com isso, nota-se nos relacionamentos uma competência que propicia inovações nas redes de franquias, dado o caráter recíproco entre franqueador e franqueados.

O Quadro 2 sintetiza os principais pontos tratados neste item referentes aos relacionamentos entre franqueado e o franqueador TrendFoods:

Quadro 2 – Relacionamentos

Aspectos	TrendFoods
Parcerias para redução de oportunismo.	• Franqueados possui abertura para sugestões e lançamento de produtos regionalizados.
Abertura para customizações locais.	• Franqueados são responsáveis por cerca de 30% dos novos produtos (a.a.).
Conselho de franqueados.	• Atuam ativamente, estímulo a participação dos franqueados.
Outros.	• Franqueados são agentes ativos no processo de inovações.

O empreendedorismo e a gestão do conhecimento

O conceito tradicional de empreendedor empresarial, possuidor de características como proatividade e liberdade de ação, é também encontrado entre os franqueados do grupo TrendFoods. Entretanto, esse empreendedor possui algumas limitações em sua atuação, dados os parâmetros que são guiados no sistema de franchising.

É reconhecido que franqueados com perfis empreendedores podem ser fontes de inovação e agregação de valores à rede, sendo responsáveis por parte do aprendizado, gerando inovações locais. Caso a gestão não ocorresse de forma compartilhada, ter-se-ia dificuldades em captar as particularidades locais, especialmente por se tratar de um país multicultural como é o caso do Brasil.

Para o franqueador entrevistado, o perfil desejado de um franqueado é de um "parceiro operacional" que acompanhe de perto o funcionamento da franquia, enfrentando os problemas e procurando superá-los para que se tenha um bom funcionamento das operações e a continuidade dos padrões estabelecidos pela rede e da manutenção da imagem que o consumidor tem da marca. Por sua vez, não se deseja ter franqueados que possuam o perfil meramente "investidor"; esse tipo de perfil pode trazer recursos financeiros facilmente à rede; entretanto, no longo prazo não gera a sustentabilidade pretendida ao negócio. Também não se busca um perfil "gerencial" que somente receba ordens, uma vez que se reconhece a importância de o franqueado participar de forma compartilhada com o franqueador das decisões. O franqueador reconhece a importância em se selecionar adequadamente os franqueados, pois estes são recursos estratégicos capazes de gerar sustentabilidade para as operações da rede de franquias.

Referente às inovações locais, que surgem pela identificação de oportunidades pelos franqueados, as dificuldades se localizam frequentemente em sua implementação. O franqueado não pode agir independentemente gerando as modificações que ele achar conveniente: é preciso seguir as diretrizes do franqueador, evitando que a rede de franquias fique com padrões fragmentados; por isso, somente parte dessas inovações locais são implementadas.

O processo para essas implementações percorre as seguintes etapas: contato do franqueado com o consultor de campo ou mesmo com o franqueador. Ao se abordar questões simples, o consultor de campo leva as questões ao escritório central. Já em propostas mais complexas, como o lançamento de um novo produto ou mesmo de uma nova campanha publicitária, a decisão cabe diretamente ao conselho diretor.

O tempo médio, quando se trata de inovações mais simples, como pratos regionais, leva em torno de 15 dias para o aval. No caso de inovações radicais, como o estabelecimento de novos pratos nacionais, o processo estende-se por alguns meses. Essas inovações são propagadas pela rede de franquia, atendendo inicialmente regiões em comum, por exemplo, uma sugestão que tenha surgido em Santa Catarina pode ser comercializada em estados próximos como o Paraná e o Rio Grande do Sul. A etapa posterior que compreende a comercialização em cadeia nacional passa antes por um estudo de viabilidade para se tomar a decisão de comercialização pelo Brasil. Cabe dizer que essas diretrizes valem também para as ações de *marketing* que surgem localmente.

O processo de troca de conhecimentos entre franqueados ocorre tanto por meio do conselho de franqueados, em que há um espaço para discussão dos próprios franqueados, quanto por meio de encontros promovidos pelo franqueador. Como mencionado no parágrafo anterior, os franqueados têm acesso às inovações promovidas pelos outros franqueados, em muitos casos, por meio do franqueador, que gera tais implementações em suas escalas regionais e posteriormente nacional. Por sua vez, é reconhecido o papel desempenhado pelos franqueados no processo de inovações: cerca de 30% das inovações surgidas na rede provêm da sugestão de franqueados.

Os mecanismos de gestão de conhecimento ocorrem informalmente e, no momento, a rede passa pela estruturação de uma intranet. A estratégia que se tem ao utilizar a intranet visa estimular um canal de comunicação mais simplificado entre os franqueados, buscando o compartilhamento de suas experiências com suas franquias. Adicionalmente, assume o papel de promover um autossuporte aos franqueados que atuam em regiões próximas, mediante a indicação de serviços de manutenção de operações locais sob responsabilidade dos franqueados; por exemplo, para se conseguir serviços de bombeiro hidráulico, eletricista etc.

O Quadro 3 sintetiza os principais pontos tratados neste item referentes à gestão do conhecimento do TrendFoods:

Quadro 3 – Gestão do conhecimento

Aspectos	**TrendFoods**
Possuem conhecimento do mercado local.	• Essenciais para a customização dos produtos.
Capacidade de geração de novos produtos e serviços.	• Frequente.
Necessidade de controle (manutenção de padrões estabelecidos).	• Maior necessidade de controle, dadas as customizações mais intensivas.
Codificação do conhecimento local.	• Necessário dado o conhecimento provindo dos franqueados.
Política para disseminação de inovações provinda de franqueados (nível regional e nacional).	• Frequente entre os franqueados. • Franqueador deve analisar e disseminar.
Adoção de sistemas de informação.	• Para suporte as operações e sugestões ao franqueado.
Outros.	• Franqueados são essenciais para a geração de inovações. • Essencial o processamento do franqueador e emprego pelas franquias.

Considerações finais

Este estudo de caso nos permitiu debater sobre os aspectos que contribuem para a inovação em redes de franquias, baseado na análise do ambiente organizacional, tendo sido analisada uma grande rede de franquias de alimentação, o grupo TrendFoods.

Uma das práticas apontadas para melhorar a operação da cadeia envolve os recursos que são o resultado da *profissionalização do franqueador*, nesse caso demonstrado por intensa preocupação com o desenvolvimento dos recursos humanos. Assim, profissionais bem qualificados terão condições de participar mais ativamente nas tarefas, propiciando a geração de inovações, sejam essas organizacionais, processos ou produtos. Com respeito à *relação entre franqueador e franqueado*, no caso do grupo TrendFoods, muitas das inovações são creditadas aos franqueados, por meio de inovações locais (30%). O franqueador é responsável pela adaptação e por tomar decisões sobre como implementar essas inovações.

Com respeito ao grupo TrendFoods, nota-se a preocupação por ter franqueados participativos, sendo importantes para a geração de inovações nas franquias, contanto que esses estejam em linha com as regras definidas pelo franqueador. Assim, a participação dos franqueados do grupo TrendFoods é responsável por cerca de 30% das inovações das redes.

A *gestão de conhecimento* envolve práticas de gestão e não somente a instrumentalização de *softwares*. No grupo TrendFoods, o círculo de comunicação informal entre franqueados alimenta a troca de informação. Embora o franqueador ainda esteja implementando a intranet, é esperado que sejam formalizadas as comunicações e facilite o acesso aos franqueados, além de auxiliar as inovações adotadas dentro da rede de franquias.

O Quadro 4 sintetiza os aspectos marcantes do grupo TrendFoods.

Quadro 4 – Aspectos marcantes

Aspectos analisados	TrendFoods
Profissionalização.	• Customização. • Franqueados desenvolvem novos produtos.
Relacionamentos.	• Estímulo à participação dos franqueados com produtos locais.
Empreendedorismo.	• Atuam ativamente buscando novas oportunidades.
Gestão do conhecimento.	• Suporte a operação local e sugestões ao franqueador.

Com isso, este capítulo contribui para o estudo do processo de inovação em franquias brasileiras, tema ainda pouco desenvolvido, como recentemente mencionado por pesquisadores que destacaram as oportunidades de pesquisa nesta área.[20]

Resumo

Este capítulo visa analisar e discutir sobre o processo de inovações em redes de franchising, tomando como referência aspectos organizacionais. Para isso, examinam-se quatro aspectos geradores de inovação: a profissionalização do franqueador; o gerenciamento dos relacionamentos com os franqueados; o desempenho de franqueados com perfil empreendedor; e o papel da gestão do conhecimento. Assim, utilizamos um estudo de caso envolvendo uma importante rede de franchising brasileira no segmento de alimentação: o grupo TrendFoods, que corresponde às redes China in Box e Gendai. A análise dos resultados indicam: no grupo TrendFoods, muitas das inovações são creditadas aos franqueados, por meio de inovações locais (30%). O franqueador é responsável pela adaptação e por tomar decisões sobre como implementar essas inovações. O grupo TrendFoods se preocupa por ter franqueados participativos, sendo importantes para a geração de inovações nas franquias, contanto que esses estejam em linha com as regras definidas pelo franqueador. Assim, a participação dos franqueados do grupo TrendFoods é responsável por cerca de 30% das inovações das redes. A gestão de conhecimento, no grupo TrendFoods, o círculo de comunicação informal entre franqueados alimenta a troca de informação. No grupo TrendFoods, embora o franqueador ainda esteja implementando a intranet, é esperado que sejam formalizadas as comunicações e facilite-se o acesso aos franqueados, além de auxiliar as inovações adotadas dentro da rede de franquias.

Questões para discussão

1. Analise as principais características organizacionais encontradas no grupo TrendFoods.
2. Para uma empresa que opera em um sistema de franchising, qual dos aspectos organizacionais analisados pode ser o mais determinante para a geração de inovações?
3. Discuta sobre o papel dos franqueados empreendedores. Quais mecanismos uma rede de franquias deve implementar para sustentar em sua rede esse perfil de franqueado?
4. Discuta a relação entre customização e padronização no sistema de franchising. Quais as implicações dessas escolhas estratégicas para redes de franquias?

Referências

[1] AMIT, R.; SCHOEMAKER, P. Strategic assets and organizational rent. *Strategic Management Journal*, v. 14, p. 22-46, 1993.

[2] ANDREASSI, T.; SBRAGIA, R. Relações entre indicadores de P&D e de resultado empresarial. *Revista da Administração*, São Paulo, v. 37, n. 1, p. 72-84, 2002.

[3] ARGOTE, L. et al. The persistence and transfer of learning in industrial settings. *Management Science*, v. 36, p. 140-54, 1990.

[4] BANTEL, K.; JACKSON, S. Top management and innovations in banking: does the composition of the top management team make a difference? *Strategic Management Journal*, v. 10, p. 107-24, 1989.

[5] BARAÑANO, A. M. Gestão da inovação tecnológica: estudo de cinco PME's portuguesas. *Revista Brasileira de Inovação*, Rio de Janeiro, v. 4, n. 1, p. 57-96, 2005.

[6] BARNEY, J. Firm resources and sustained competitive advantage. *Journal of Management*, v. 17, p. 99-120, 1991.
[7] BRADACH, J. Using the plural form in the management of restaurant chains. *Administrative Science Quarterly*, v. 42, p. 276-303, 1997.
[8] CASTROGIOVANNI, G. et al. Franchise failure rates: an assessment of magnitude and influencing factors. *Journal of Small Business Management,* Oxford, v. 31, n. 1, p. 105--14, 1993.
[9] ________. Resource scarcity and agency theory predictions concerning the continued use of franchising in multi-outlet networks. *Journal of Small Business Management*, v. 44, p. 27-44, 2006.
[10] COMBS, J.; KETCHEN, D. Explaining interfirm cooperation and performance: toward a reconciliation of predictions from the resource-based view and organizational economics. *Strategic Management Journal*, v. 20, p. 867-88, 1999.
[11] CONNER, K.; PRAHALAD, C. A resource-based theory of the firm: knowledge vs. opportunism. *Organization Science*, v. 7, p. 477-501, 1996.
[12] CYERT, R.; MARCH, J. *A behavioral theory of the firm*. New Jersey: Prentice-Hall; Englewood Cliffs, 1963.
[13] DANT, R.; GUNDLACH, G. The challenge of autonomy and dependence in franchised channels of distribution. *Journal of Business Venturing*, v. 14, p. 35-67, 1998.
[14] DYER, J.; SINGH, H. The relational view: cooperative strategy and sources of interorganizational competitive advantage. *Academy of Management Review*, v. 23, p. 660-79, 1998.
[15] GASSENHEIMER, J. et al. Cooperative arrangements among entrepreneurs: an analysis of opportunism and communication in franchise structures. *Journal of Business Research*, v. 36, p. 67-79, 1996.
[16] GILLIS, W. *Resource-based and relational antecedents of firms' propensity to franchise and their effects on firm performance*. Tallahassee, FL, 2007. Thesis (Doctor of Philosophy) – College of Business, The Florida State University.
[17] HII, J.; NEELY, A. Innovative capacity of firms: on why some firms are more innovative than others. In: INTERNATIONAL ANNUAL EUROMA CONFERENCE, 7, Ghent. *Proceedings*... Brussels: Euroma, 2000.
[18] KAUFMANN, P., EROGLU, S. Standartization and adaptation in business format franchising. *Journal of Business Venturing*, v. 14, p. 69-85, 1998.
[19] MELO, P. L. R. et al. Resources and competences for franchising innovation. *Revista Espacios*, Caracas, v. 30, n. 3, p. 35-50, 2009.
[20] MELO, P. L. R.; ANDREASSI, T. Publicação científica nacional e internacional sobre franchising: levantamento e análise do período 1998-2007. *Revista de Administração Contemporânea*, Curitiba, v. 14, n. 2, p. 268-88, 2010.

[21] MINKLER, A. Why firms franchise: a search Cost theory. *Journal of Institutional and Theoretical Economics*, v. 148, p. 240-59, 1992.
[22] MORGAN, R.; HUNT, S. The commitment-trust theory of relationship marketing. *Journal of Marketing*, v. 58, n. 3, p. 20-38, 1994.
[23] NONAKA, I. A dynamic theory of organizational knowledge creation. *Organization Science*, v. 5, p. 14-37, 1994.
[24] NONAKA, I.; TAKEUCHI, H. *The knowledge creating company*. Nova York: Sage, 1995.
[25] POLANYI, M. *Personal knowledge*: towards a post-critical philosophy. Chicago: Chicago University Press, 1962.
[26] PRAHALAD, C.; HAMEL, G. The core competence of the corporation. *Harvard Business Review*, v. 68, n. 3, p. 79-91, 1990.
[27] SCHILLING, M.; STEENSMA, H. Disentangling the theories of firm boundaries: apath model and empirical test. *Organization Science*, v. 13, p. 387-401, 2002.
[28] SENGE, P. Building learning organizations. *The Journal for Quality and Participation*, v. 15, n. 2, p. 30-9, 1992.
[29] SIMONIN, B. Transfer of marketing know-how in international strategic alliances. *Journal of International Business Studies*, v. 30, p. 463-90, 1999.
[30] SORENSON, O.; SORENSEN, J. Finding the right mix: franchising, organizational learning, and chain performance. *Strategic Management Journal*, v. 22, p. 713-24, 2001.
[31] TEECE, D. et al. Dynamic capabilities and strategic management. *Strategic Management Journal*, v. 18, p. 509-33, 1997.
[32] THOMPSON, S. The franchise life cycle and the Penrose effect. *Journal of Economic Behavior and Organization*, v. 24, p. 207-18, 1994.
[33] WALKER, G. et al. Social capital, structural holes and the formation of an industry network. *Organization Science*, v. 8, p. 109-25, 1997.
[34] WINDSPERGER, J.; DANT, R. Contractibility and ownership redirection in franchising: a property rights view. *Journal of Retailing*, v. 82, n. 3, p. 259-72, 2006.
[35] YIN, R. *Case study research*. Londres: Sage, 2001.

11 Transferência de conhecimento em franquias de produtos naturais, educação e acessórios: o caso "MundoVerde, Seven e Morana"

Batista Salgado Gigliotti

Objetivos do capítulo

1. Apresentar a importância da transferência de conhecimento no sistema de franquias.
2. Posicionar a transferência do conhecimento na ação estratégica das empresas franqueadoras.
3. Analisar como ocorre a transferência de conhecimento no sistema de franquias.
4. Sugerir estudos mais aprofundados sobre temas derivados do entendimento do processo de transferência de conhecimento nas franquias.

Introdução

O sistema de franquia tem sido objeto de muitos estudos acadêmicos nos últimos anos pela sua crescente adoção como estratégia de expansão da empresa. Resumidamente, franquia é o sistema pelo qual a franqueadora cede ao franqueado a licença de uso de sua marca e lhe permite acessar seu conhecimento no negócio. A transferência de conhecimento nesse processo é desejada e cultivada pelos agentes como mecanismo para alcançar o sucesso da parceria.

No presente texto, sugere-se analisar de que forma essa transferência ocorre entre as marcas brasileiras, identificando os principais desafios enfrentados pelo franqueador e pelo franqueado nessa ação.

Além disso, tomam-se em consideração as habilidades principais que os agentes devem possuir para a efetiva sedimentação do aprendizado. As teorias de apoio principais são: *Resource-Based View* (RBV), Capacidades dinâmicas, Teoria da Agência, além de estudos sobre Gestão do conhecimento e de franquias.

Sugere-se também que as questões aqui abordadas sirvam de base para novos estudos referentes à transferência de conhecimento em franquias, como pesquisas que relacionem a transferência de conhecimento com o desempenho do franqueador, da unidade franqueada, ou mesmo do sistema de franquia de determinada marca.

Para essa análise, o autor utiliza a técnica de pesquisa de estudo de casos. Para se ter uma razoável abrangência e possibilidade de generalização dos resultados, são abordados casos que contemplam franqueadores e franqueados de sistemas de franquia diferentes e em distintos estágios de maturidade. Leva-se também em conta o tempo de ingresso no sistema pelo franqueado. São abordados três segmentos: varejo de alimentos naturais, educação e acessórios pessoais. Para cada segmento, analisa-se uma empresa franqueadora.

Assim, foram selecionadas três marcas franqueadoras nacionais (Mundo Verde, Seven Idiomas e Morana), respectivamente representando cada setor mencionado.

Esses segmentos foram escolhidos pelas seguintes razões: possuem exemplos de sistemas em distintos estágios de maturidade; têm características distintas de produtos e de serviços; por possuírem unidades em rua e em shopping centers; por serem sócios da Associação Brasileira de Franchising (ABF), significando que cumprem padrões mínimos de ética; pela facilidade de acesso aos entrevistados.

O esquema de fluxo de conhecimento

No presente texto, o objeto de análise não é o conhecimento em si, mas o fluxo de conhecimento entre as empresas franqueadoras e franqueadas. Ou seja, o foco do trabalho não é simplesmente o papel isolado do franqueador ou do franqueado no processo, e sim o impacto dessa troca no sistema de franquia no qual estão inseridos.

O esquema da Figura 1 ilustra o raciocínio. O objetivo é descrever o modo como o conhecimento do franqueador está sendo comunicado aos franqueados, quanto desse *know-how* é efetivamente apreendido e sugerir a identificação das razões pelas quais uma parte do conhecimento não é absorvida pelo franqueado. Da mesma forma, identificar e analisar como o aprendizado do franqueado é transferido ao franqueador e, igualmente ao caso inverso, entender como esse conhecimento do franqueado é apreendido e por que uma parte dele não é absorvida pelo franqueador.

Parte-se da premissa de que o conhecimento já existe pronto para ser divulgado e transferido. Não se considera "qualificar" o *know-how* acumulado, isto é, o objetivo não é avaliar o valor da informação a ser comunicada. Também não é uma pretensão identificar e analisar o mecanismo pelo qual esse conhecimento é gerado. Novamente, o objeto de estudo é o processo de transferência de conhecimento em si.

Considera-se que questões que interferem na qualidade da gestão de uma unidade franqueada, como a adequação do valor de aluguel e dos salários dos gerentes e as técnicas de redução de desperdícios, são resultados do conhecimento acumulado relativo à gestão de uma unidade operadora, a ser transferido pelo franqueador ao franqueado.

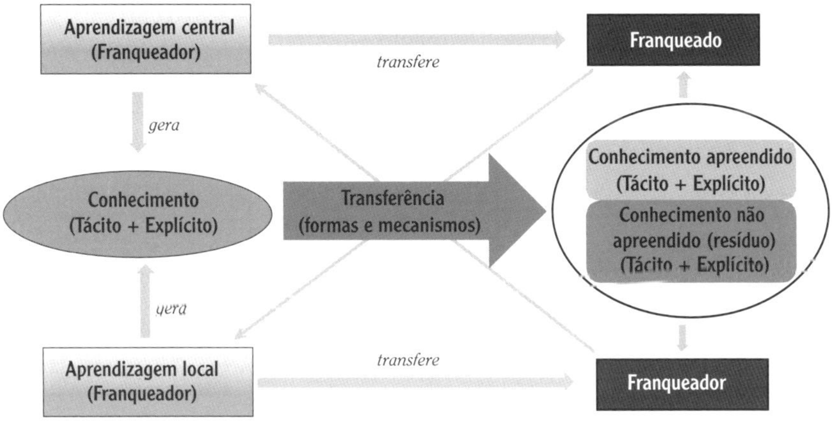

Figura 1 – Esquema básico de fluxo de conhecimento em franquias.

Outro aspecto a ser mencionado é o fato de que a pesquisa deve ser entendida tanto na transferência de conhecimento do franqueador ao franqueado como no sentido oposto, isto é, do franqueado ao franqueador. Um exemplo de conhecimento a ser transferido na primeira situação é aquele relacionado à gestão de uma unidade, ou seja, o conhecimento sobre as tarefas administrativas, operacionais e/ou mercadológicas necessárias. Na segunda situação, podem ocorrer transferências de conhecimento também, como o acúmulo de informações que o franqueado desenvolve acerca de seu mercado local e/ou aquelas informações acumuladas em sua trajetória profissional e pessoal anterior à compra da franquia.

A evolução teórica

O sistema de franquias no mundo é um conceito de evolução empresarial e organizacional ainda bastante novo como objeto de estudos acadêmicos ao redor do mundo, oferecendo, de um lado, vastos campos de análises e, do outro, limitações quanto a referências bibliográficas sobre estudos de profundidade do setor.

As pesquisas sobre franquia têm tido sua base teórica na Teoria dos Recursos (RBV – *Resource-Based View*) ou na Teoria da Agência (*Agency Theory*). A Teoria dos Recursos considera o franchising como um mecanismo para facilitar as dificuldades financeiras e gerenciais no crescimento. Já a Teoria da Agência vê o sistema de franquia como um mecanismo para melhorar o alinhamento de incentivos entre a empresa e as unidades. As duas teorias não são contraditórias, mas complementares. Uma firma pode atrair recursos e alinhar incentivos ao mesmo tempo.[15, 16]

Por sua vez, o objeto de análise é a transferência do conhecimento nas redes de franquia brasileiras, em que o conhecimento é um recurso como observado inicialmente pela teoria Baseada no Conhecimento (*Knowledge-based View*),[26, 27] por sua vez derivada das Teorias dos Recursos e das Capacidades Dinâmicas.

Assim, o referencial teórico do texto segue a linha descrita pela Figura 2.

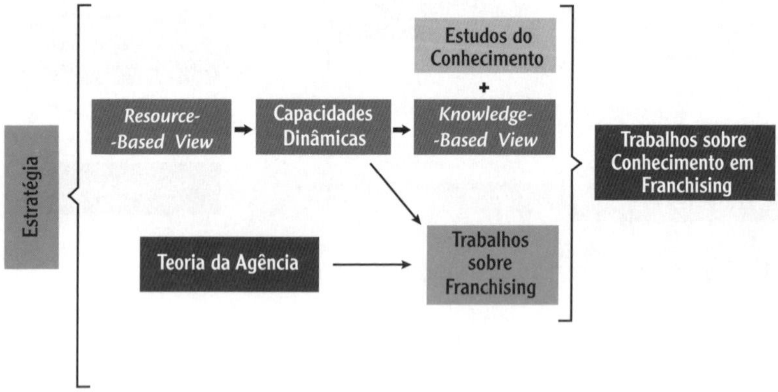

Figura 2 – Esquema da evolução teórica.

O sistema de franquia e as teorias de estratégia

Nos trabalhos acadêmicos sobre Estratégia empresarial, o conceito de ver as firmas como um conjunto de recursos aparece inicialmente no trabalho de Penrose, em 1959. Por essa linha, o conceito tradicional de estratégia é visto como o do posicionamento dos recursos da firma. Assim, um recurso é algo que pode ser pensado como uma fortaleza ou fraqueza de dada empresa.[58] São exemplos de recursos: marcas, conhecimento, habilidade e capacitação profissional, rede de contatos, maquinário, procedimentos eficientes, capital etc.[7, 58]

Diferentemente dos trabalhos de Michael Porter, cuja preocupação com recursos estava mais numa perspectiva do posicionamento da empresa ante seu ambiente externo, a Teoria dos Recursos introduz uma perspectiva cujo foco está no impacto dos atributos idiossincráticos da firma no seu posicionamento competitivo. Na linguagem tradicional de análise estratégica, os recursos são fortalezas que as firmas podem usar para conceber e implantar suas estratégias.[7] No mesmo trabalho, apresenta-se uma classificação dos recursos em três categorias: capital físico (por exemplo: local, equipamento, acesso a matéria-prima); capital humano (por exemplo: treinamento, experiência, julgamento, inteligência, relacionamento); e capital organizacional (por exemplo: estrutura formal, planejamento, controle, sistemas de coordenação, relações internas).[7] De fato, a mais importante contribuição de trabalhos acadêmicos, nos últimos anos, à disciplina de estratégia tem sido a *Resource-Based View*.[50]

Essa Teoria dos Recursos pode ser estendida à formação de alianças estratégicas na medida em que os recursos fornecem as necessidades e as oportunidades para a formação de alianças. Firmas em posição de vulnerabilidade estratégica tendem a agregar recursos adicionais mediante alianças para se manterem competitivas. Firmas com forte posição social (isto é, aquelas com alto grau de relacionamentos pessoais, *status* e reputação da firma e de seus indivíduos) têm mais facilidade de identificar oportunidades e levam também à formação de alianças porque são capazes de conhecer, atrair e engajar novos parceiros para se manterem na posição conquistada.[22] As redes de franquias configuram-se alianças estratégicas, sendo motivadas igualmente nas duas situações citadas: o franqueador decide implantar o sistema de franquia quando há uma pressão maior por conquista de *market share* em um ambiente altamente competitivo, ou quando o franqueador traz uma inovação ao mercado e necessita de parceiros adequados para a difusão de seus serviços ou produtos.

Semelhante às alianças estratégicas, as redes de franquia parecem ter os mesmos objetivos, mas têm ao menos duas características essenciais que as tornam formas alternativas organizacionais. Primeiro, a atividade de franquia por si só é mais comum quando uma relevante porção de produção ou serviço deve ser feita localmente ou próxima ao consumidor. Essa afirmação traz a necessidade da abertura de várias unidades dispersas e replicações de cada uma. A segunda característica é a de que o contrato que regula a relação franqueador-franqueado especifica a distribuição de responsabilidades e direitos, gerando renda a ambos.[16]

Uma evolução dos conceitos da *Resource-Based View* surgiu pelas implicações de três processos fundamentais: variação, seleção e retenção dos recursos por meio de diferentes rotinas.[7] Assim, surge a Teoria das Capacidades Dinâmicas, que avança nos trabalhos da *Resource-Based Theory* introduzindo o conceito de que não basta que a firma possua os recursos sem desenvolver a capacidade de gerir e coordenar o uso deles ao longo do tempo, em um ambiente interno e externo mutável. Capacidades dinâmicas são aquelas habilidades que a firma tem de integrar, construir e reconfigurar competências internas e externas, em ambientes dinâmicos.[57] Esses mesmos autores apresentam no mesmo trabalho a noção da "dependência do caminho" (*path dependencies*), ou seja, "onde a firma pode ir é uma função de sua posição atual e os caminhos pela frente" e, portanto, "a história importa".

Essa visão traz aspectos relevantes ao presente estudo ao chamar a atenção para fatores como: sustentabilidade da vantagem competitiva, passível de ser corroída pela imitação; a habilidade da firma de apropriar-se dos rendimentos ganhos por meio de seus recursos e capacidades; a durabilidade dos recursos e das capacidades (longevidade *versus* obsolescência); a transparência (ou a visibilidade) de seus recursos e de suas capacidades junto ao mercado, tornando-os mais ou menos imitáveis; a habilidade de transferência dos recursos e das capacidades entre os parceiros; e o grau de facilidade ou dificuldade da replicação dos recursos e das capacidades.[25]

As mudanças e as adaptações necessárias ao ambiente dinâmico são possíveis e geralmente praticadas pelas firmas. No entanto, a adaptação e a mudança requerem uma resposta do ambiente externo (por exemplo, clientes e concorrentes) e que podem afetar as expectativas, o aprendizado e a evolução das capacidades. As mudanças são ainda limitadas pelas capacidades iniciais, pela base de conhecimento acumulado, pelo aprendizado de sua posição na trajetória (*path dependent cognition*) e pela satisfação em aprender.[28]

Por exemplo, os mercados com alta velocidade de mudança são em si limitadores da visão da *Resource-Based View*. Naqueles mercados, os gestores das firmas devem lidar não somente com o desafio externo da competição, mas também com o desafio interno de potencialmente colapsar capacidades dinâmicas. Porém, no longo prazo, a vantagem competitiva está mais ligada às configurações de recursos que das capacidades dinâmicas.[21]

As empresas com fortes capacidades dinâmicas (por exemplo: habilidades específicas, processos, procedimentos, estruturas organizacionais, regras para tomada de decisão e disciplinas internas) são intensamente empreendedoras, pois não somente se adaptam ao ecossistema do negócio, como se moldam por meio da inovação e das parcerias com outras empresas, entidades e instituições, permitindo a manutenção de sua vantagem competitiva no longo prazo.[56] Nesse sentido, as capacidades podem ser desenvolvidas objetivando o longo prazo, mas investimentos custosos são requeridos para criar e sustentar o padrão das atividades necessárias.[63]

O franchising tem sido justificado por diferentes perspectivas teóricas, basicamente pela Teoria da Agência e pela Teoria dos Recursos (RBV). Dessa última, pode-se destacar que a vantagem competitiva ocorre pela melhoria da eficiência produtiva, originada pela presença de ativos intangíveis e habilidades distintivas e pela existência de outras barreiras à entrada que limitam a competição.[7, 17, 48, 58] Nesse sentido, cada organização tem uma singular combinação de recursos tangíveis e intangíveis, capacidades, habilidades e conhecimento que não pode ser transferido facilmente – ou sem custo – e que conforma seus recursos e capacidades.[7, 57] Essa colocação propõe os fatores determinantes do sucesso e crescimento das firmas e que, portanto, constituem as bases da estratégia organizacional e da vantagem competitiva sustentável. Contudo, somente recursos que são passíveis de determinação do seu valor, escassos, não sujeitos a possíveis imitações e carentes de substitutos são recursos potenciais de vantagem competitiva.[7, 25, 48]

Essas considerações são de especial relevância para cadeias de franquias porque a vantagem competitiva, enquanto relacionada ao produto "franquia", está baseada especialmente em ativos intangíveis. Desse modo, o franqueador fornece ao franqueado a licença de uso de reconhecida marca, o conceito do negócio, o sistema de gestão e de operação, suporte e treinamento (inicial e contínuo), e, em troca, franqueados cooperam aportando dinamismo à rede, contribuindo para a atualização e difusão de novo conhecimento e competências, fazendo os pagamentos necessários para manter e aumentar o valor da cadeia de produção.

Já pela Teoria da Agência a firma é entendida como um conjunto de contratos entre os fatores de produção e que são motivados pelos interesses individuais (direitos de propriedade ou *property rights*). Em outras palavras, a firma é vista como um time cujos membros atuam em seu próprio interesse, mas percebem que seus destinos dependem da sobrevivência do time em sua concorrência com outros times. O empreendedor tem um papel central de controle dos direitos de propriedade.[24] Justamente no caso do franchising, um contrato de franquia é definido como um arranjo contratual entre duas firmas independentes no qual o franqueado paga ao franqueador pelo direito de vender o serviço ou produto do franqueador e/ou o direito de uso de sua marca registrada em determinado lugar e por um determinado período.[35]

Alguns autores apontam três problemas de agência relevantes no sistema de franquia.[10] O primeiro deles são os custos de monitoramento dos gestores das unidades próprias. Nessas unidades, diferentemente das unidades franqueadas, o gerente recebe salário e baixa motivação para o desempenho. Outros autores também chegaram a essa conclusão para explicar a diferença entre o número de unidades próprias e o de unidades franqueadas.[35] O segundo é o fato de que, nos locais onde há um baixo volume de clientes constantes, há potencialmente o risco de que o franqueado compre materiais e serviços de qualidade inferior objetivando melhoria da margem. O terceiro acontece quando o franqueador é proprietário do local e determina valores de aluguel excessivamente elevados e que comprometem a margem final do negócio. Isso ocorre especialmente quando os custos iniciais de implantação da unidade são elevados.

Outra perspectiva é a análise das chamadas "comunidades de prática". Essa análise traz contribuições ao sistema de franquia ao propor que a construção das relações entre comunidades por meio do desenvolvimento coletivo, coerente e sinérgico do conhecimento leva ao conhecimento organizacional como um todo.[9] As organizações devem ensinar além da questão da sinergia. Se assim o fizerem, de forma consistente e contínua, gerarão um conhecimento singular e, portanto, deterão uma habilidade que seus concorrentes dificilmente terão.

Como se pode notar, o modelo de franquia é o resultado do desenvolvimento progressivo das organizações, podendo ser entendido por distintos tópicos associados a diferentes teorias. Em certo sentido, o sistema em si pode ser visto como integrador das variadas correntes. Porém, considero que as análises que geram maior contribuição aos estudos do franchising com o enfoque desta pesquisa são aquelas relacionadas à *Knowledge-Based View*[26, 27] e à gestão estratégica do conhecimento.[38, 55] Essa importância está associada a uma das características essenciais ao funcionamento do sistema de franquia que é a transferência do conhecimento entre franqueador e franqueado.

O sistema de franquia e os estudos relacionados ao conhecimento

Um importante recurso de valor para uma firma está ligado às suas capacidades suportadas pela organização de princípios de trabalho. Tais princípios constituem o conhecimento da firma.[33]

O estudo do conhecimento tem sido o foco de pesquisas tradicionais como a aprendizagem organizacional, a gestão de tecnologia e a cognição gerencial.[26, 27] Como derivação da *Resource-Based View*, os conceitos desenvolvidos pela *Knowledge-Based View* entendem o conhecimento como o recurso mais importante da firma. Analisando a disseminação e as tendências da *Resource-Based View*, a expansão da *Knowledge-Based View* vem ocorrendo especialmente nas áreas de estratégia e comportamento organizacional,[1] e dois autores principais dão base à *Knowledge-Based View*: Spender[53] e Grant.[25, 26, 27] O primeiro, com uma linha de estudos considerando que o conhecimento é coletivo, sendo tácito e social. O segundo, com uma linha de estudos considerando o conhecimento do indivíduo, fazendo que a integração do conhecimento seja uma função essencial de uma firma.

Partindo do pressuposto de que o conhecimento organizacional não é um ativo corporativo na visão positivista do tema, mas um aspecto qualitativo do sistema de atividade moldado pelos gerentes, Spender identificou quatro heurísticas que podem auxiliar os gestores a definirem a firma como uma atividade baseada em conhecimento: flexibilidade interpretativa, limites da administração, identificação das influências institucionais e a distinção entre o caráter sistêmico e o componente.

Acrescente-se ainda a visão das Capacidades Dinâmicas, em que o conhecimento é concebido como um *know-how* intrínseco às atividades organizacionais, em oposição a uma visão passiva do conhecimento, como se o mesmo fosse estoque disponível em bibliotecas mentais dos participantes.[19]

De maneira complementar, pode ser adicionado que a contribuição vem dos estudos da estratégia da replicação – base do sistema de franquia – e de seus efeitos no cenário competitivo, chegando à conclusão de que essa estratégia fornece exemplos incomuns de processos de alavancagem do conhecimento.[64] Nesse caso, analisa-se o conhecimento como simplesmente "aquilo que é conhecido" e considera-se o papel das empresas na aplicação do conhecimento, mais do que em sua criação.[26, 27] Levam-se em conta também as diferenças entre o conhecimento tácito e o explícito. O conhecimento tácito (*know-how*) é aquele acumulado pelas habilidades práticas ou experiência que permite que o indivíduo faça as coisas de forma suave e eficiente. É inerente às características da pessoa, antes de sua codificação. O conhecimento explícito (*know-about* ou *know-what*), por sua vez, é o conhecimento objetivo, codificado, que pode ser transmitido sem perda de integridade.[34] Essa distinção é crítica para este trabalho e está ligada à "transferabilidade" e aos mecanismos de transferência entre indivíduos, lugar e tempo. O conhecimento explícito é revelado pela sua comunicação, enquanto o conhecimento tácito é revelado por sua aplicação.[26, 27]

O conhecimento tácito pode ainda ser subdividido em duas categorias: o conhecimento tácito especificável (aquele que pode ser identificado e explicitado mediante reflexão) e o conhecimento tácito verdadeiro (aquele que não pode ser especificado; aquele que possuímos, mas não sabemos que o possuímos). Assim, a transferência de conhecimento usando essa consideração requer que a confiança prevaleça para que modelos mentais, valores, crenças, matizes de conhecimento profissional sejam compartilhados. Requer ainda uma cultura na qual intuição, coragem e pressentimento sejam aceitos como legítimos e necessários.[49]

Os mecanismos usuais de transferência de conhecimento tácito nas franquias se dão pelas reuniões face a face, seminários, visitas e treinamentos, enquanto o conhecimento explícito é comunicado por meio de manuais, cartas, bancos de dados e e-mails.[62]

Pode haver contextos em que os agentes prefiram focar no conhecimento tácito apesar da habilidade de usar conhecimento codificado (explícito). Por meio de algumas observações quanto ao processo de codificação, nota-se que a combinação e a composição entre conhecimento tácito e conhecimento explícito dependem fortemente do contexto e do grau de atenção conferidos pelo agente ou pela organização que manipula o conhecimento.[2] Todo conhecimento codificado requer algum conhecimento tácito a ser usado. A existência de alguma forma tácita de conhecimento, de aprendizados e hábitos acumulados, bem como de normas moldarão as maneiras pelas quais o conhecimento codificado é produzido, mas, em contrapartida, esse último também moldará as maneiras pelas quais os processos de aprendizado serão dirigidos, focados e assimilados. Existem tipos de codificação, assim como tipos de formas tácitas de conhecimento, dependendo da construção de modelos, da construção de linguagens e da construção das mensagens.

Apesar de a visão da difusão do conhecimento estar focada na sua codificação, no acesso à informação, na redução dos custos de transação e na especificação e proteção de interesses privados, uma análise quanto à prática aponta que existem duas considerações nas barreiras à transferência de conhecimento: qual conhecimento as pessoas realmente podem compartilhar (barreira involuntária) e qual conhecimento as pessoas realmente querem compartilhar (barreira voluntária).[20]

A adequada transferência de conhecimento no sistema de franquia é necessária para atingir os objetivos do franqueado, já expostos antes, mas também tem especial importância para o franqueador na medida em que um processo eficiente e eficaz terá mais chances de garantir a homogeneidade de produtos e de serviços da rede, que caracterizam o conceito do negócio. O risco da perda de controle da operação é grande e pode impactar no valor da empresa detentora da marca.

Como abordado anteriormente, a Teoria dos Recursos reconhece a "transferabilidade" dos recursos como uma determinante crítica de sua capacidade de conferir vantagem competitiva sustentável. Se, como afirma a Teoria dos Recursos, o conhecimento tácito é mais estrategicamente importante e extremamente difícil de ser imitado por concorrentes, traz ao mesmo tempo uma complicação ao sistema de franquia, pois igualmente difícil será a difusão entre companhias (franqueadora e franqueada) desse tipo de conhecimento.

Em relação ao processo de transferência, há que considerar o potencial de agregação do conhecimento. A eficiência dessa agregação está intimamente ligada à possibilidade de expressar o conhecimento em termos de uma linguagem comum.[26, 27] A efetiva transferência de conhecimento envolve tanto a transmissão quanto a recepção. Nesse sentido, deverá ser analisada também pela capacidade de absorção por parte do receptor.[14] Há, portanto, uma necessidade de reconhecimento das habilidades de ambos, transmissor e receptor. No sistema de franquia há uma troca de conhecimentos entre o franqueador e o franqueado, pois o primeiro conhece a operação de seu negócio e o segundo, pressupõe-se, conhece as relações com o mercado local, implicando a necessidade da coordenação pelo ajuste mútuo. A habilidade em aprender também tem sido apontada como outro recurso de sustentação da vantagem competitiva.

Essa análise da firma como um agente integrador é especialmente útil na análise das capacidades organizacionais, que são vistas como consequências da integração do conhecimento.[26, 27] Uma barreira que pode justificar a observação de que os resultados em algumas redes de franquia têm vindo em longo prazo pode ser a velocidade com que atingem o equilíbrio na troca de conhecimento. Tal equilíbrio será mais bem percebido quando o sistema (código) aprende rapidamente sobre os indivíduos participantes (franqueados) cuja adaptação (ou socialização) ao código foi mais lenta.[39]

As colocações feita aqui têm implicações na questão da hierarquia organizacional, que é vista como um eficiente mecanismo de coordenação de um complexo sistema que compreende múltiplas unidades especializadas (no caso das franquias, especialização do franqueado no seu mercado local).[26, 27] Porém, faz a distinção muito clara de que a hierarquia pode combinar os papéis de cooperação e coordenação, ou como simples agente de fornecimento de estruturas de incentivo e apoio à cooperação.

Distinto ao modelo burocrático, que vê o estabelecimento de regras e diretivas como exercício da autoridade, a *Knowledge-Based View* propõe que essas existem para facilitar a integração do conhecimento por intermédio da organização. Essa posição tem aplicação direta ao entendimento da operação de franquia, no qual há a necessidade clara da difusão de conhecimento para sobrevivência da organização, numa base de compartilhamento de informações e não de estrutura autoritária. O contrato de franquia deve ser considerado como o estabelecimento de regras e diretivas, conforme vem sendo observado pela evolução da legislação no setor, que cada vez mais vem sendo aperfeiçoada no sentido de gerar um equilíbrio nas relações entre franqueador e franqueado, diminuindo os efeitos de autoridade, sem modificar o fator de integração do sistema.

Frequentemente, as firmas têm um limitado conhecimento de como realizam uma atividade e é justamente o conhecimento que está embutido nesse desempenho que as torna especiais. Profissionais especializados indicam que é comum que, no ato da formatação da franquia – isto é, durante a atividade de preparação da empresa para implantação do sistema –, até mesmo o proprietário se questione e tenha dificuldade de identificar quais são os elementos que levaram seu negócio ao sucesso. Se e enquanto esse aspecto não estiver claro para o franqueador, ainda não haverá o que ser transferido ao futuro franqueado. Para implantar com sucesso um modelo de negócio em cada unidade, o replicador (no caso, o franqueador) deve conhecer a proposta de valor da unidade, seus procedimentos para fornecer os produtos e serviços e os métodos de obtenção dos insumos para fornecer os serviços e os produtos (por exemplo, pessoal, localização, *layouts*, equipamento especializado, matéria-prima).[64]

Liebeskind, por sua vez, traz sua contribuição quanto à questão de proteção do valor do conhecimento.[38] Em sua argumentação, sustenta que distintos arranjos organizacionais das firmas colaboram para a proteção do que considera um ativo da empresa, e propõe que algumas firmas são mais capazes de proteger seu conhecimento da expropriação e da imitação. No caso do sistema de franquia, há esse risco, pois, como afirma aquele autor, um ativo dessa natureza somente pode ser expropriado se uma pessoa de má-fé tiver acesso a ele ou quando terceiras partes atuarem em seu nome, como no caso das franquias. Revela, portanto, um aspecto fundamental para o aperfeiçoamento do franchising, que é a necessidade dos controles e da imposição de regras mais rígidas que diminuam a possibilidade desses vazamentos.

Ao mesmo tempo que sempre haverá conhecimento tácito numa firma, isso não significa que não possa tornar-se explícito. De fato, organizações despendem um considerável tempo, esforço e dinheiro para melhor entender seu conhecimento tácito, para que possa convertê-lo em explícito e assim difundi-lo entre os *stakeholders*. Essa conversão é um dos elementos-chave para que as firmas possam manter-se competitivas.[44] Por outro lado, essa dificuldade pode trazer recompensas potenciais àquelas empresas que forem capazes de dar passos positivos na conversão do conhecimento tácito em explícito.

Na interação dos dois tipos de conhecimento (ou "conversão de conhecimento"), quatro são os modos de "conversão": socialização (de tácito para tácito; ocorre na origem e pelo meio face a face); "externalização" (de tácito para explícito; ocorre pelo diálogo e pelo meio colega-colega); combinação (de explícito para explícito; ocorre pela sistematização e pelo meio de colaboração); e "internalização" (de explícito para tácito; ocorre no exercício e no local).[45]

A habilidade de adquirir conhecimento tácito pode ser uma habilidade que as pessoas de sucesso possuem, não somente na aquisição, mas na extensão de como o usam. Para isso, existem seis fatores que levam em mais ou menos grau a esse comportamento: habilidade de automotivar-se ao aprendizado; habilidade de auto-organizar-se ao aprendizado; habilidades técnicas do indivíduo; habilidades técnicas da instituição; interação das tarefas relacionadas; e as habilidades de interação social.[36]

Se o conhecimento tácito não puder ser codificado e só puder ser observado por sua aplicação e adquirido pela prática, sua transferência entre pessoas é lenta, dispendiosa e incerta.[34] Nesse sentido, a Teoria da Riqueza das Informações descreve a habilidade dos mecanismos de comunicação de reduzir a ambiguidade da tarefa, referindo-se aos atributos de capacidade de retroalimentação (*feedback*), de disponibilidade de múltiplas dicas (voz, corpo, gestos e palavras), de variação de linguagem e foco pessoal (emoções e sentimentos). Quanto mais desses atributos um mecanismo possui, maior é a sua capacidade de lidar com a ambiguidade e maior a sua capacidade de transferência de conhecimento. Uma eficiente transferência de conhecimento do franqueador ao franqueado só pode ser percebida se mecanismos baseados no indivíduo (por exemplo, treinamento, visitas, comitês, reuniões e conferências) forem utilizados para transferir conhecimentos específicos que não sejam codificados e mecanismos baseados na informação (por exemplo, relatórios, manuais, banco de dados, intra e internet) forem usados para transferir conhecimentos codificáveis.[62]

Grant adiciona ainda o conceito de integração do conhecimento como alternativa à simples transferência.[26] A ideia parece ser a de que pode haver um benefício ao sistema pelo acesso à informação quando necessária, em vez da passagem integral do conhecimento. Essa abordagem tem implicações significativas para o sistema de franquias. Se adotado tal modelo, como o próprio autor introduz, há um risco associado à dificuldade de coordenação do processo. Além disso, o candidato a uma franquia terá de entender que estará comprando o direito de acesso às informações, mas não necessariamente o conhecimento mais amplo. Nessa proposta, o franqueador seria um agente passivo, distinto daquele que é responsável pela transferência de conhecimento. A alternativa da integração traria ainda um desbalanceamento da relação de poder, em detrimento do franqueado.

Aspectos idiossincráticos da operação do sistema de franquia

O sistema de franquias é um interessante ambiente para pesquisas no campo da transferência de conhecimento por sua própria característica de interdependência de firmas com proprietários distintos, mas sob mesma marca e conceito de negócio. Além disso, a atividade de franquia é multissetorial, ou seja, abarca distintas atividades econômicas. Diferentemente de subsidiária, há uma troca de experiências e regras bem-definidas, mas não há interferência direta na gestão da mão de obra, por exemplo. Também distinto de um acordo de parceria, o franqueado não é meramente um prestador de serviço ao franqueador. Mais ainda, por serem ambos, franqueador e franqueado, empresários e empreendedores, porém com um mesmo objetivo sob uma mesma marca, o processo de transferência de conhecimento é, ao mesmo tempo, vital para manutenção do padrao de qualidade perante a percepção do cliente e complexa no processo de apropriação do conhecimento. Esta seção tem o objetivo de abordar aspectos importantes para o entendimento da atividade de franquia no cenário econômico-social.

As pessoas são motivadas à aquisição de uma franquia por distintas razões: qualidade de vida do pequeno negócio; fatores socioeconômicos; bem-estar e questão sociocultural; oportunidade de emprego.[46, 47]

Para o franqueador são também várias as vantagens do sistema de franquia. A mais citada é a rápida expansão com capital de terceiros. Além de uma receita contínua vindo da venda de materiais e suprimentos ao franqueado, muitos franqueadores ainda requerem do franqueado: uma taxa de franquia pelo uso da marca e do sistema; uma taxa de *royalty* aplicado sobre as vendas da unidade franqueada; cobram por serviços especiais (assessoria contábil e tributária); e taxas para o fundo de promoção ou de marketing. Outra vantagem é o fato de não ter de incluir em sua folha de pagamentos um grande número de vendedores e gerentes. Acrescente-se outra importante vantagem: a motivação do franqueado.[42] Como esse último é seu próprio chefe, seu sucesso pessoal é diretamente relacionado com o sucesso da unidade, implicando dedicação ao aumento de vendas e à redução de custos. Outro ponto positivo é o fato da tendência de melhor aceitação do conceito pela comunidade local, já que usualmente o franqueado é oriundo ou vive naquele mercado.

Entre as desvantagens, o franqueador pode perder controle da operação, tendo em vista que os gerentes que atuam na unidade são funcionários registrados pelo franqueado (e não pelo franqueador).[42] Essa falta de controle pode criar vários problemas como a tendência dos franqueados de negligenciarem a manutenção de bons dados e dos relatórios solicitados pelo franqueador. Além de eventuais perdas nos montantes de *royalties* mensais (geralmente baseados nos relatórios de venda fornecidos pelo franqueado), pode ficar também difícil manter um padrão de imagem, de qualidade de produtos e de serviços, bem como a homogeneidade das promoções de vendas.

Para solucionar essas questões, além das restrições contratuais, os autores indicam que a melhor medida é a constante supervisão *in loco*. Outras formas também sugeridas são: a existência de programas periódicos de treinamento e a divulgação das vantagens conferidas pelo conceito quando corretamente aplicado. Esses programas são custosos e parecem mais viáveis nos grandes franqueadores, pela escala conseguida com um grande número de franqueados.

Propõem-se ainda algumas características que o franqueado adequado deve possuir: querer ser o dono do próprio negócio e estar disposto a operá-lo diretamente, sem delegar totalmente a gestão a outro indivíduo.[42] Outra questão a ser considerada é o ajuste adequado de seu perfil e de suas habilidades pessoais com o tipo de produto ou serviço oferecido. Nesse sentido, os autores recomendam que o franqueador defina as características pessoais que o candidato a uma franquia deve possuir para ajustar-se às atividades identificadas previamente, que são essenciais ao sucesso de seus franqueados. Dentre essas habilidades e características, citadas pelos autores, estão: grau de inteligência, de motivação e de educação; experiência e treinamento profissional; idade; aspirações; situação familiar etc. Essa abordagem quanto às características do receptor da informação parece uma importante contribuição nos estudos de transferência de conhecimento.

O franchising é uma complexa relação econômica e psicológica entre franqueador e franqueado.[12] São algumas das principais vantagens do sistema de franquia ao franqueador: permitir a rápida expansão com crédito e capital de terceiros; frequentemente construir um time de motivados e competentes gestores-proprietários;

remuneração, a partir da força motriz do sistema que são os *royalties*. Adicionalmente, há uma contribuição para fortalecimento da divulgação da marca por meio do fundo de marketing, além da taxa de adesão ou de ingresso ao sistema. Finalmente, o franqueador pode vislumbrar a construção de uma barreira de mercado por meio de venda exclusiva de seus produtos apenas na rede franqueada.

Como desvantagens da introdução do franchising são identificados: em virtude de seus investimentos financeiros, os franqueados estão mais suscetíveis a reclamações e têm mais poder financeiro de ingressar em juízo que os empregados regulares; os interesses de franqueadores e franqueados nem sempre coincidem, criando a possibilidade de conflitos éticos e legais; muitas vezes os juízes veem a relação franqueador-franqueado tão próxima que terminam por concluir que o franqueador é na verdade um agente fiduciário, na posição de garantidor do franqueado; apesar de que em muitos contratos o franqueador tem o poder de encerrar a atividade de um mau operador (franqueado), essa atitude é mais complexa que aquela em estabelecimento próprio, diretamente operado pelo franqueador.[12]

Essas observações podem contribuir no entendimento dos resultados de pesquisas na medida em que fornecem as visões relativas ao relacionamento entre franqueador e franqueado, aliadas à percepção de sucesso das unidades.

Alguns autores tentaram validar algumas hipóteses relativas ao índice de fracasso das franquias.[11] Conseguiram demonstrar que o índice de fracasso das franquias à época do estudo e nos Estados Unidos estava perto de 4%, considerado um índice bastante baixo. Sugerem, ainda, que o tempo de experiência como franqueador é impactante no índice de fracasso das unidades, mas dividido entre dois períodos: um, que varia entre três e cinco anos iniciais do franqueador, em que o efeito do aprendizado é preponderante para o sucesso das franquias; outro, após os cinco anos, quando o efeito de obsolescência da unidade (ausência de renovação da imagem, por exemplo) supera o efeito da aprendizagem e leva ao fracasso. Mas, como os próprios autores afirmaram em artigo, essas observações ainda carecem de pesquisas mais profundas que possam corroborar (ou não) essas colocações.

Outros autores, em estudos com empresas franqueadoras australianas, sugerem que a indústria de franquias é heterogênea e suas características heterogêneas podem ser usadas para prever os graus de desempenho dos grupos.[29] Assim, concluíram que, apesar de os franqueadores considerados maduros serem atrativos aos olhos de potenciais compradores de franquias pela sua tradição, revelam-se mais caros e com desempenho pior comparativamente aos seus anos de estágio inicial.[29]

Outros autores, ainda, considerando o mercado britânico, observam que não somente a maioria dos franqueados é de pequenos negócios, como também as empresas franqueadoras, particularmente nos anos iniciais de formação dos seus negócios de franquia.[54] Mencionam que as taxas de fracasso no setor – referindo-se aos mercados do Reino Unido e dos Estados Unidos – são na verdade bastante elevadas. Afirmam também que, nos Estados Unidos, mais da metade dos franqueadores cessa de franquear durante os quatro primeiros anos. Portanto, um franqueado que ingressou no sistema nos seus primeiros anos de operação corre um risco considerável de que o franqueador não esteja mais em condições de oferecer as vantagens prometidas. Uma das razões para essa ocorrência apontadas pelo artigo é o fato de que os franqueadores iniciantes não imaginavam que a gestão do sistema seria daquela forma, ou que, de fato, para fazê-lo corretamente, custaria mais do que imaginavam. Esse custo é traduzido justamente pela necessidade de dedicação e treinamento ao franqueado e pelo controle contínuo do processo. Os autores ainda lembram que todo plano de implantação de um pequeno negócio inevitavelmente requer considerável modificação durante seus meses iniciais de operação, uma íngreme curva de aprendizagem.

Para iniciar o processo de "franqueamento" – também chamado fase de "formatação da franquia" – de um negócio existente, no mínimo três documentos devem ser preparados pelo franqueador: o manual de operação, o contrato de franquia e o prospecto de franquia. Tais documentos requerem a reunião de um considerável conhecimento. A partir deles, inicia-se o processo de recrutamento e treinamento dos novos franqueados. Esses processos são consumidores de tempo e dispendiosos.[13, 40, 54] No entanto, a geração de receita (por exemplo, taxa de franquia e *royalties*) e de contribuição para divulgação (por exemplo, fundo de marketing) nesse estágio é ainda modesta e, na maioria dos casos, não cobre as despesas requeridas pelo sistema. Portanto, o franqueador deve considerar em seu plano de negócio do sistema de franquia que há um período em que o fluxo de caixa gerado seja ainda negativo, provocando retornos em prazos mais alongados. Essa constatação é importante contribuição para a presente pesquisa, uma vez que os recursos para transferência de conhecimento são, portanto, limitados.

Para solucionar as questões citadas, os novos franqueadores podem utilizar qualquer tipo de teste piloto antes de iniciarem a oferta de franquias.[54] São aspectos vitais para o sucesso do negócio: o conhecimento contido no contrato de franquia, nos manuais, nos prospectos, nos procedimentos de recrutamento e de treinamento, bem como os aspectos culturais da gestão do franqueado.

Windsperger traz as primeiras evidências empíricas de que a descentralização das redes de franquias depende da distribuição dos ativos de conhecimento intangível entre franqueador e franqueado.[60] Posteriormente, junto com outros autores, conclui que os franqueadores são encorajados a ter acessos aos recursos intangíveis críticos do mercado local para aumentar seu poder de barganha. Sustenta, ainda, que um sistema de franquias de sucesso deve ajustar a proporção de locais com operação própria com relação àqueles franqueados de acordo com as capacidades organizacionais pela aquisição de conhecimento crítico do mercado local.[61]

No estudo efetuado junto a 94 cadeias de alimentação norte-americanas, Ketchen et al.[32] sugerem as ações que os gestores devem considerar em razão dos recursos disponíveis, a saber:

- Quando uma cadeia tem dificuldade de treinar a quantidade necessária de gerentes das unidades, os gestores deveriam considerar confiar fortemente no sistema de franquias se outros aspectos da cadeia são consistentes com o franchising.
- Quando a cadeia tem falta de recursos financeiros e uma marca relativamente fraca, os gestores deveriam considerar diminuir ou parar o crescimento e focar na melhoria da qualidade.
- Quando a cadeia tem um nome forte e um formato de conhecimento intensivo, os gestores deveriam recusar o franchising e operar a maioria das novas unidades como operação própria.
- Quando a cadeia é uma firma madura com gerentes experientes, os gestores deveriam avaliar o seu modelo de negócio comparando as escolhas entre franchising *versus* operação própria para determinar se uma mudança é necessária.

Há indícios de que firmas maiores tendem a ter mais unidades franqueadas em relação a unidades próprias, e as mais velhas, menos unidades franqueadas do que próprias.[15]

Pela adoção de uma perspectiva de aprendizado organizacional, observa-se que o mix de operação própria e unidades franqueadas afeta o balanço entre centralização e padronização requeridas para adaptação da eficiência do sistema e, consequentemente, influencia o desempenho da cadeia.[52] Além disso, estabelecimentos franqueados fornecem melhores oportunidades para a firma aprender por meio da experimentação, as companhias acreditam ser mais fácil difundir essa informação e forçar a padronização por meio de unidades próprias.

Sob outra óptica, a experiência distante (do ponto de vista geográfico) do franqueador não se provou de forte benefício ao franqueado.[31] Os resultados obtidos em pesquisas fortalecem a importância do conhecimento local no micronível de cidades e bairros. Nelas, conclui-se que, mesmo em franquias em que a codificação e a padronização são fundamentais para a vantagem competitiva, e mesmo considerando uma era de transporte e comunicação globais pouco dispendiosos, o conhecimento tácito localizado e difícil de ser transmitido a locais distantes ainda parece ser relevante para o sucesso do negócio.

Espera-se que essas sugestões e análises possam ser observadas ao longo de pesquisas, de modo a enriquecer o aprendizado sobre o setor de franquias e o entendimento das dificuldades (ou facilidades) do processo de transferência de conhecimento. Note-se também que uma característica do segmento de franquias é o de sua amplitude abarcando vários setores de atividades, sendo, portanto, multidisciplinar e multinível.[23]

Transferência de conhecimento e aprendizado

A transferência de conhecimento em organizações pode ser entendida como o processo pelo qual cada unidade (por exemplo, grupo, departamento ou divisão) é afetada pela experiência de outra.[5] Transcende, portanto, o nível do indivíduo. Sua manifestação é observada e pode ser medida por meio de mudanças no conhecimento ou no desempenho das unidades receptoras. Porém, o uso de medidas de desempenho parece ser mais complexo em razão de seu componente tácito. Como os autores argumentam, uma parcela do conhecimento adquirido pelas organizações está presente em indivíduos, nas ferramentas e tecnologias, nas tarefas e nas suas inter-relações, e nas várias redes de trabalho que combinam membros, ferramentas e tarefas. No entanto, a compatibilidade entre eles não pode ser tomada como garantida. Para que sejam condutores efetivos de conhecimento, devem adaptar-se ao novo contexto.

A transferência de conhecimento pode ocorrer de maneira explícita – quando há uma comunicação efetiva de melhores práticas, por exemplo – ou implicitamente –, quando o receptor não é capaz de articular o conhecimento que adquiriu. Observa-se que novas organizações estão mais abertas ao aprendizado pela experiência de outras. Isso ocorre porque nas organizações mais jovens há menos espaços para geração de conflitos, pois as redes de trabalho ainda não estão plenamente estabelecidas.[5] As transferências de conhecimento estão mais prontas por meio das organizações que têm suas bases em uma rede de trabalho, como as redes de franquias.

São fatores que afetam o sucesso da transferência de conhecimento: as características da rede social; as características do conhecimento; as características da tarefa; e as características da tecnologia ou das ferramentas.[5] Mais ainda, se o conhecimento a ser transferido é inapropriado e não pode ser adaptado ao novo contexto, efeitos negativos sobre o desempenho podem ocorrer.

Enquanto o aprendizado organizacional é fácil de ser reconhecido, é frequentemente difícil de ser descrito e dissecado. São considerados elementos essenciais para que as companhias se tornem organizações de aprendizado (*learning organizations*): líder com visão; planejamento e métricas; informação; inventividade; capacidade de implementação.[59] Embora uma orientação para o mercado ajude a aprender sobre os clientes e os concorrentes, ela deve ser complementada pelo empreendedorismo, por estruturas organizacionais apropriadas e por processos de aprendizado de elevada ordem.[51] São processos de aprendizado organizacional: a aquisição da informação, sua disseminação e a interpretação compartilhada.

O processo de aprendizado em alianças, por exemplo, atua como um dos principais mecanismos por meio dos quais a função da aliança leva ao seu maior sucesso. Esse processo envolve articulação, codificação, compartilhamento e incorporação do conhecimento pelos membros.[30]

Sugere-se, para os estudos organizacionais, um aprofundamento da análise das capacidades de aprendizado por parte do receptor e do transmissor. Não parece bastar simplesmente aprimorar os mecanismos de transferência de conhecimento, sem entender os limites individuais, sociais e culturais que envolvem as personagens dos extremos da ação, no caso, franqueador e franqueado.

O processo de aprendizado é sujeito a algumas importantes limitações. O aprendizado pela experiência, por exemplo, depende das imperfeições de inferências das informações. Problemas de memória, conflitos, rotatividade de pessoal e descentralização tornam a extração e a retenção de lições pela experiência mais difíceis. Ainda assim, o aprendizado gera mais sucessos que fracassos. Considerando que os sucessos são traduzidos em conhecimento e o conhecimento em sucessos, tanto as capacidades como a autossegurança aumentarão.[37]

Um modelo de aprendizado mútuo foi proposto por March,[39] de acordo com as seguintes premissas: existe uma realidade externa que é independente das crenças sobre ela; a cada período, essas crenças sobre a realidade são detidas por cada "n" indivíduos na organização e por um código organizacional de verdade recebida; indivíduos modificam suas crenças continuamente como consequência da socialização dentro da organização e da educação dentro de seu código de crenças; ao mesmo tempo, o código organizacional adapta-se às crenças daqueles indivíduos cujas crenças correspondem à realidade em mais dimensões que o código. Esse autor traz ainda uma importante contribuição à pesquisa quando analisa os efeitos do *turnover* nesse processo de aprendizado. As organizações sofrem tanto com excessos como pela falta de rotatividade. No primeiro caso, porque não há retenção efetiva do aprendizado mútuo, e, no segundo caso, porque o sistema passa a deixar de criar e gerar novos conhecimentos pela adaptação do código ao indivíduo e do indivíduo ao código, com o passar do tempo. March sugere que um *turnover* moderado é bem-vindo e depende das regras de seleção de novos indivíduos.

Na presença de rotatividade de pessoal, altas taxas de aprendizado local são vantajosas e sua rapidez permite alguma retenção de conhecimento tácito. O *turnover* é irrelevante para a acumulação de conhecimento passível de codificação e, exceto quando a rotatividade é extremamente baixa e a taxa de aprendizado local é alta, a rotatividade deteriora a acumulação de conhecimento tácito. A degradação do conhecimento tácito causada pelo *turnover* é importante se a relação entre conhecimento tácito e explícito é complementar, mais que aditiva.[41]

Parece que essas constatações quanto ao *turnover* são cruciais na contratação de novos franqueados. Um moderado efeito do *turnover* – que reduz os custos de retreinamento, por exemplo –, assim como a qualidade do receptor estão ligados às regras do franqueador na seleção de novos franqueados.

Além disso, essas observações, se levadas ao sistema de franquias, poderiam trazer várias considerações adicionais. A ideia da franquia é da permanência do empreendedor no sistema por longo prazo. Haveria esse aprendizado contínuo, mesmo que os antigos franqueados já estivessem adaptados ao código do franqueador (e vice-versa), com o contínuo ingresso de novos franqueados. No caso das franquias maduras, a velocidade de expansão já é bastante reduzida e, portanto, com poucos novos ingressos de operadores.

Descrição da pesquisa

Para realizar a pesquisa de maneira a buscar uma possível generalização das observações, inicialmente foram determinados setores diferentes que pudessem ser representativos do sistema de franquias no Brasil. A segmentação dos setores segue a classificação da Associação Brasileira de Franchising (ABF). Considerou-se que aqueles setores com maior número de unidades são mais expressivos tanto em representatividade como em grau de procura e de interesse pela aquisição de uma franquia.

O setor de Escolas de Idiomas foi o primeiro escolhido porque, das vinte maiores marcas em número de unidades em 2008, cinco são desse segmento e juntas totalizavam 3.805 unidades naquele ano, ou seja, 6,9% de todo o sistema de franquias no Brasil. Estão também entre as vinte primeiras marcas em número de unidades, duas do setor de Educação e Treinamento, com um total de 2.447 unidades em 2008. Outro fato relevante do setor é que se considera a escola de idiomas Yázigi como a primeira franqueadora brasileira (ABF).

O segundo setor escolhido foi o de Acessórios Pessoais e Calçados, pois foi o que mais cresceu em 2008, tanto em faturamento (com um incremento de 44,8% em relação a 2007) como em número de unidades (incremento de 33,3% em relação a 2007).

Finalmente, foi escolhido também o setor de Esporte, Beleza, Saúde e Lazer, pois possui três marcas dentre as vinte maiores no setor de franchising, com um total de 3.980 unidades em 2008 (7,2% de todo o sistema), e ali se encontra a marca O Boticário, maior franqueador nacional.

Dentro de cada setor, foram selecionadas franqueadoras que ainda não estivessem num patamar elevado de maturidade de crescimento. As maiores empresas de cada setor estão em um patamar mais estável e seria mais difícil identificar quais aspectos da transferência de conhecimento foram mais relevantes ao longo da trajetória da empresa. Da mesma forma, o extremo oposto também foi descartado porque as empresas muito recentes não têm histórico suficientemente rico para fornecer dados relevantes a esta pesquisa. Além disso, na escolha das empresas, foram considerados outros fatores como a diferença de produto ou serviço oferecido entre as marcas escolhidas, o grau de inovação de sua proposta ao mercado consumidor e a localização geográfica da matriz.

Assim, foi feita a pesquisa com as seguintes marcas: *Seven Idiomas*, uma rede de escolas de idiomas com proposta pedagógica própria e exclusiva, com matriz em São Paulo (SP); *Morana*, uma rede varejista de bijuterias e semijoias de marca própria, com matriz em Barueri (SP); e *Mundo Verde*, uma rede varejista de artigos naturais de múltiplas marcas, com matriz em Petrópolis (RJ).

Os entrevistados foram selecionados pela facilidade de acesso e de agenda, bem como por sua posição na empresa. Em cada marca foram entrevistados:

- Seven: uma sócia-fundadora, e dois franqueados da cidade de São Paulo (SP) e um franqueado da cidade de São Caetano do Sul (SP).
- Morana: um sócio-fundador, dois franqueados de São Paulo (SP) e um de Caxias do Sul (RS).
- Mundo Verde: o executivo principal do escritório de São Paulo (SP) e três franqueados da cidade de São Paulo (SP).

É importante observar que do total de nove franqueados entrevistados, quatro deles têm mais de uma unidade das redes à qual pertencem – um franqueado da Seven tem mais de uma unidade; dois franqueados da Morana têm mais de uma unidade da rede, mesmo em outras cidades mais distantes; e um franqueado da Mundo Verde tem mais de uma unidade da rede. Nesses casos de mais de uma unidade de um mesmo franqueado, foi escolhida para o foco do trabalho aquela que foi sua primeira operação a ser aberta ao público, porque os desafios da aprendizagem geralmente são maiores do que nas unidades seguintes.

Além disso, o trabalho contou ainda com diversidades adicionais: foram entrevistados dois franqueados da Seven que são casos de recompra de franquia, e um deles também opera no mesmo local mais uma marca de escola de idiomas (gestão compartilhada); um franqueado com caso de conversão de outro conceito em Seven; um franqueado da Morana que é também executivo da franqueadora; e um franqueado da Mundo Verde que em pouco tempo de operação passou por um caso de realocação da unidade. A riqueza de situações citadas neste parágrafo não foi proposital, mas detectada ao longo da pesquisa e, por essa razão, essas situações podem conferir maior generalização dos resultados deste trabalho.

Apresentação dos casos selecionados

As empresas selecionadas (Seven Idiomas, Morana e Mundo Verde) têm histórias e perfis diferentes, os quais serão apresentados a seguir. Esses históricos e dados foram fornecidos pelos entrevistados, e/ou obtidos pelo *website* de cada empresa e pelo *website* da Associação Brasileira de Franchising (ABF).

Seven Idiomas

A empresa foi fundada em 1987 por sete (e daí o nome "Seven" em inglês) ex-professores de outra escola de idiomas – a Alumni. A partir de 1989, a sociedade ficou composta apenas por quatro dos sete sócios iniciais: Steven Beggs, Adriana Albertal, Debora Schisler e Maria Cristina Kater. A primeira unidade da rede fica nos Jardins em São Paulo (SP).

A proposta pedagógica é considerada diferenciada explorando sete inteligências individuais (verbal ou linguística; musical; lógica ou matemática; espacial ou visual; corporal ou sinestésica; interpessoal; e intrapessoal) no aprendizado da língua. Seu início foi atendendo empresas com cursos a funcionários *in company*, isto é, na empresa cliente.

Hoje a rede Seven Idiomas oferece cursos de ensino do inglês e do espanhol para empresas, escolas e público em geral, sendo um dos centros oficiais para a aplicação dos exames TOEIC (Test of English for International Communication) da ETS, uma das conceituadas empresas internacionais de aplicação de exames de proficiência, e de outros convênios e parcerias. Além disso, oferece cursos de capacitação para professores e para coordenadores pedagógicos.

É ainda credenciada junto a colégios do mercado, seja de forma intracurricular, ou seja, quando a escola terceiriza o ensino do idioma, seja de forma extracurricular, quando o aluno complementa a grade curricular com aulas adicionais nas unidades Seven.

Sistema de franquia

O modelo adotado pela Seven é o de franquias individuais, ou seja, cada unidade é uma franquia independente, mas não em regime de marca exclusiva. Existem franqueados, por exemplo, que operam a marca Seven Idiomas para o inglês e para o espanhol e, no mesmo local, operam outra marca para o ensino do idioma alemão.

O sistema de franquia foi introduzido em 1995 e a empresa possui hoje 14 unidades, sendo duas com operação própria e doze franqueadas. A primeira unidade franqueada da rede foi aberta no Centro Empresarial Itaú, no Jabaquara, São Paulo (SP), hoje inexistente.

A equipe de apoio às franquias é de dez funcionários.

Foi citada entre as melhores empresas franqueadoras de 2008 pela revista *Pequenas Empresas & Grandes Negócios*, da Editora Globo. A habilidade de adquirir conhecimento tácito pode ser uma aptidão que as pessoas de sucesso possuem, não somente na aquisição, mas na extensão de como a usam. Para isso, existem seis fatores que levam em mais ou menos grau a esse comportamento: habilidade de automotivar-se ao aprendizado; habilidade de auto-organizar-se ao aprendizado; habilidades técnicas do indivíduo; habilidades técnicas da instituição; interação das tarefas relacionadas; e as habilidades de interação social.[33]

Morana

A marca Morana surgiu em 2002, fundada pelos irmãos Jae e Marcos Ho Lee, fruto da experiência adquirida pela família Lee no setor e pelo próprio aprendizado como franqueadores da rede de *fast-food* de gastronomia asiática Jin-Jin, fundada em 1992 e lançando-se em franchising em 1994.

A família Lee operou a marca Poppy Art & Biju, também dedicada a bijuterias finas, de 1974 a 2002, chegando a ter 11 unidades próprias em seu auge. Em 2002 restavam apenas duas unidades da antiga rede, uma no Shopping Center Norte e outra no Shopping Ibirapuera, ambas em São Paulo (SP), e foram convertidas em lojas Morana naquele ano, tornando-se as primeiras unidades da rede. Porém, em razão da experiência que os irmãos Jae e Marcos já possuíam com a franqueadora Jin-Jin, no mesmo ano de 2002 já foi aberta a primeira unidade franqueada da rede Morana, no Itaim.

Em 2007 a Morana levou seu conceito ao mercado internacional, onde hoje conta com operações nos Estados Unidos, em Portugal, na Espanha e na Colômbia. Naquele mesmo ano, o Grupo Ornatus, proprietário das operações Jin-Jin e Morana, lançou no mercado a marca Balonè, também comercializando bijuterias e acessórios femininos, mas para um público mais jovem que o da Morana.

A Morana desenha em sua matriz as próprias peças que serão vendidas nas unidades da rede, selecionando fabricantes e fornecedores especiais na Coreia do Sul, considerada pelos gestores o país que reúne os principais produtores de semijoias de qualidade superior.

Sistema de franquia

O modelo adotado pela Morana é o de franquias individuais, ou seja, cada unidade é uma franquia independente em regime de venda de produtos de marca exclusiva.

Como mencionado, o sistema de franquia foi introduzido em 2002 e a empresa possui hoje 120 unidades, sendo duas com operação própria e 118 franqueadas. A primeira unidade franqueada da rede foi aberta na Rua João Cachoeira, no Itaim, São Paulo (SP).

A equipe de apoio às franquias é de 45 funcionários.

O Grupo Ornatus foi reconhecido como o melhor franqueador de 2007, pela Associação Brasileira de Franchising (ABF). A Morana vem recebendo anualmente o Selo de Excelência da ABF desde 2004.

Mundo Verde

A marca de varejo de produtos naturais Mundo Verde surgiu em 1987, fundada por Isabel Maria Antunes Joffe, por seu marido Elísio Joffe, e pelos irmãos de Isabel, Jorge e Arlindo Antunes, na cidade de Petrópolis (RJ). A Mundo Verde é a pioneira na proposta de desenvolver o conceito de vida saudável no varejo brasileiro e maior franquia do segmento na América Latina (Fonte: ABF).

Segundo informado pela empresa, as lojas Mundo Verde oferecem mais de 30 mil itens de produtos, sendo em média 7 mil disponíveis por loja, fornecidos por mais de mil empresas, e 80% deles são micro e pequenas empresas. Pode-se deduzir por essa informação que há variação de mix de produtos entre as unidades.

O mix de produtos inclui: alimentos especiais (diet, light, integrais, orgânicos, sem glúten, sem lactose, dieta Kosher); complementos e suplementos alimentares para atletas; CD de música clássica, new age e étnica; incensos; cosméticos naturais; presentes conscientes e outros produtos voltados para a saúde do corpo e da mente. Além da venda propriamente dita, os vendedores são treinados para dar informações nutricionais aos clientes.

É uma empresa que possui projetos sociais ligados ao negócio, participando de atividades como a adesão ao Fórum Amazônia Sustentável (FAS).

Atualmente, conta com uma operação fora do Brasil, em Portugal.

Em agosto de 2009 todas as ações da empresa foram vendidas ao fundo de private equity Axxon Group.

Sistema de franquia

O modelo adotado pela rede Mundo Verde é o de franquias individuais, ou seja, cada unidade é uma franquia independente em regime de venda de produtos de marca não exclusiva.

O sistema de franquia foi introduzido em 1993 e a empresa possui hoje 152 unidades, sendo uma com operação própria e 151 franqueadas. A primeira unidade franqueada da rede foi aberta na cidade de Nova Friburgo (RJ). No Estado de São Paulo são 23 unidades.

A equipe de apoio às franquias é de trinta funcionários.

A franqueadora Mundo Verde foi reconhecida como a melhor franquia do Brasil de 2004, pela revista *Pequenas Empresas & Grandes Negócios*, da Editora Globo.

Resultados da pesquisa

Como resultado da pesquisa efetuada, chegou-se às oito proposições apresentadas a seguir e confrontadas com a teoria existente como tentativa de respaldar, de explicar e de recomendar quais áreas de pesquisas futuras poderão levar ao aprofundamento do tema.

Proposição 1: A preocupação dos franqueadores com a expansão de qualidade e dos franqueados quanto ao suporte oferecido pelo franqueador parece ser o ponto comum dentre os motivadores para a permanência no sistema de franquia de ambos.

Histórias de sucesso de sistemas de franquia não estão somente baseadas no produto ou serviço oferecido ao cliente final, mas à troca de capital humano, financeiro e intelectual. Para obter esse sucesso, dentre outros aspectos além do conhecimento contido nos contratos, manuais, prospectos e procedimentos de treinamento, é vital a variedade de habilidades que o franqueado deve possuir.[54] Daí a importância da seleção do candidato adequado e da qualidade do desenvolvimento do franqueado.

Provavelmente, a principal vantagem de adotar o sistema de franquia para o franqueador seja o alto grau de motivação que oferece aos seus franqueados, por meio da oferta da oportunidade de satisfazer seu desejo natural de ter o próprio negócio. Uma vez que o franqueado é o próprio chefe, seu sucesso pessoal está diretamente relacionado com o sucesso de sua unidade. Por sua vez, como o foco principal do franqueado está nas vendas, ele tende a negligenciar muitos aspectos do negócio que ajudam a construir o reconhecimento da marca, da empresa e de seus produtos e serviços no longo prazo. Assim, qualquer sistema de franquia que pretende ser bem-sucedido deve desenvolver programas de educação, incentivos e supervisão para compensar a perspectiva de curto prazo do franqueado.[42]

O desempenho do sistema no curto prazo deve ser melhorado pelo fortalecimento do relacionamento entre as partes envolvidas. A qualidade do relacionamento reflete o desempenho do sistema no longo prazo e inclui variáveis como confiança, compromisso e aprofundamento do relacionamento, que precisam de tempo para serem desenvolvidos. Portanto, temas como treinamento, suporte e informação, dentre outros, são realçados pela dinâmica do relacionamento, da qual os agentes do sistema participam, colaboram e assumem suas responsabilidades.[43]

Na visão do franqueado, a escolha pelo sistema de franquia em relação a iniciar um negócio independente recai na vantagem de fazer parte de um formato de negócio estabelecido e de receber suporte na pré-abertura e também posteriormente, continuamente ao longo da operação.[65]

A qualidade do processo é, portanto, fundamental para o sucesso do sistema de franquia, e é proporcionada pela seleção adequada dos franqueados e do contínuo suporte às unidades.

Proposição 2: O conhecimento da operacionalização do que é reconhecido como o elemento-chave do sucesso da marca (produto, logística, mix, serviço) parece tornar-se explícito com mais facilidade. Já o conhecimento dos elementos de gestão da unidade franqueada (gestão de pessoas, de caixa, vendas, de controle de perdas) é mais difícil de tornar-se explícito, seja pela falta de conhecimento, seja pela falta de foco na difusão do conhecimento.

Se o conhecimento existe e não é explícito, ele é tácito por definição. As entrevistas revelaram que os três franqueadores têm dificuldade de tornar explícito o conhecimento relativo à gestão da unidade franqueada. Pelos comentários obtidos na pesquisa, as empresas, para esse tema de gestão, usam o processo de socialização para tentar difundir o conhecimento.[45] Mas o processo de transferência nesse caso é pela proposição de demonstrações da prática, em que os gestores criam um ambiente de trabalho que permita essa ação. Pelas entrevistas, pode-se notar que não há entre as três marcas um foco na criação desse ambiente com temas específicos de gestão da unidade. Outro processo para a transferência desse conhecimento em gestão seria transformá-lo em explícito mediante a criação de núcleos de discussão, com a inclusão de todos os agentes, provocando a criação de conceitos de forma ordenada.[45] Pela pesquisa efetuada, esses núcleos de discussão não estão presentes em nenhum dos sistemas de franquia observados.

As organizações que são sérias sobre gerir o conhecimento devem colocar tanto esforço nas iniciativas de gestão do conhecimento tácito quanto nas iniciativas de gestão do conhecimento explícito. E não é tarefa fácil, pois depende de formas de processos de captação das informações baseada no mútuo suporte entre as equipes e requer uma cultura baseada em confiança e que aceite absorver a intuição dos agentes.[49] Considerando essas afirmações e pelos comentários obtidos nas entrevistas, parece que o relacionamento está em construção nas marcas pesquisadas, portanto, tornando o processo de codificação e de transferência do conhecimento tácito mais difícil.

A manutenção de rotinas envolvendo conhecimento tácito é um problema nas firmas.[4] Alguns autores propõem um processo estruturado para captação do conhecimento tácito por meio da definição de mecanismos cognitivos (automotivação e auto-organização), técnicos (tarefa individual e tarefa institucional) e sociais (interação entre tarefas relacionadas e interação social).[36] Por esse modelo, pode-se criar um mecanismo que facilite a ordenação do conhecimento tácito e de sua captação para ser multiplicado e difundido.

Deve-se levar em conta também que parte do conhecimento tácito não é passível de codificação. É o conhecimento residual, ou chamado de "conhecimento verdadeiramente tácito",[49] ou seja, aquele que por definição todos possuímos, mas que não sabemos que o possuímos. Assim, sempre haverá espaço para frustrações se não houver entendimento das partes quanto a essa limitação.

Proposição 3: Manuais e treinamento em classe são os meios mais usuais de transferência de conhecimento explícito, mas não dispensam a sedimentação do aprendizado por meio do treinamento prático em campo.

O conhecimento explícito, uma vez elaborado e detalhado, deve ser traduzido em ação baseada em princípios organizacionais que muitas vezes não são facilmente articulados, não obstante possa ser aprendido e recriado pela consulta a exemplos de trabalho.[64]

O treinamento prático em campo é aqui considerado aquele efetuado em uma unidade franqueada ou da própria franqueadora, em que o objetivo é o compartilhamento das experiências e a sedimentação do conhecimento explícito. A proposição 3 encontra amplo respaldo teórico nos trabalhos sobre as comunidades de prática. Enquanto a prática em uma unidade é localizada e relativamente pouco fragmentada, os agentes têm muito em comum: o treinamento em si, seu histórico institucional, seus interesses e as garantias de que poderão avaliar o que é importante e o que não é.[7] Em outro estudo de caso a respeito de uma rede de *fast-food* feita por outros autores constatou-se: "nem a criação de um manual para os gerentes foi capaz de codificar todo o conhecimento necessário ao desenvolvimento da atividade gerencial".[6]

Outros autores, por sua vez, alertam para as barreiras desse aprendizado dividindo-as em duas categorias: o conhecimento que os agentes não podem compartilhar, ou seja, involuntariamente não conseguem transferir com suas habilidades; e aquelas que as pessoas não querem compartilhar, aquelas que voluntariamente não querem transferir.[20] Esse último caso tende a ocorrer nos casos em que a rede de prática é mais desagregada.

Além disso, o conhecimento adquirido por meio do aprendizado pela prática pode não persistir indefinidamente. Pode esvair-se, por exemplo, pelo esquecimento do indivíduo e pela rotatividade do pessoal.[18]

Proposição 4: O conhecimento explícito é passado em grande quantidade, em pouco tempo e em um momento de maior ansiedade, prejudicando a sedimentação do aprendizado.

Buscou-se nos estudos de Capacidade absortiva (*Absorptive Capacity*) uma luz para explicar essa proposição. A capacidade absortiva é a habilidade do agente de reconhecer o valor da informação, assimilá-la e aplicá-la com fins comerciais.[14] Os autores afirmam que pesquisas sobre o desenvolvimento da memória mostram que o conhecimento prévio facilita a habilidade de colocar novo conhecimento na memória, efetivamente a aquisição do conhecimento.

No caso dos franqueados observados, note-se que a maioria não tinha conhecimento prévio, seja no segmento de atuação da franquia, seja na gestão do negócio (por exemplo, liderança, recrutamento e seleção, administração de fluxo de caixa, vendas, compras etc.).

Para desenvolver uma efetiva capacidade absortiva, é insuficiente apenas expor o indivíduo de modo breve ao conhecimento prévio relevante. A intensidade do esforço é crítica. Quanto mais profundamente o material é processado, mais esforço é utilizado. Um esforço considerável deve ser aplicado em questões básicas antes de entrar em questões mais complexas. O conhecimento é cumulativo. O aprendizado é mais difícil em novos domínios e o conhecimento do indivíduo somente muda de patamar de forma incremental.[14]

Assim, não adianta o franqueador e sua equipe promoverem rápidos treinamentos e exporem muita informação ao franqueado recém-chegado. É um processo que mais exige esforço e tempo. Isso impacta fortemente no planejamento do treinamento, especialmente aquele inicial, da pré-abertura. Igualmente, os manuais devem ser mais didáticos, provocando o aprendizado cumulativo. Pela teoria, os cursos de reciclagem tendem a ser mais proveitosos e menos trabalhosos, pois já houve exposição prévia do indivíduo ao tema.

Ainda, o desempenho do indivíduo não está necessariamente associado ao grau de conhecimento prévio porque o indivíduo pode ter acumulado mais conhecimento do que aquele necessário para ter um bom desempenho com a atividade.[14]

Proposição 5: Para a transferência do conhecimento tácito, os meios mais relevantes são: o contato diário com o franqueador e os encontros entre franqueados, com ênfase para as visitas do franqueador à unidade. Porém, a eficiência da visita a campo depende do perfil e da capacitação do visitante.

No estudo qualitativo de uma rede de *fast-food*, autores constataram que:

> a transferência de conhecimento entre os pontos da rede ocorre principalmente pela socialização de conhecimentos tácitos, como o deslocamento de equipes mais experientes para a loja recém-criada.[6]

Entende-se pela presente pesquisa que há indícios de que essa constatação pode ser estendida ao processo contínuo da operação da unidade, mesmo posteriormente à sua abertura. Na verdade, parece que esse fato é ainda mais relevante após a inauguração, pois, com o passar do tempo, o franqueado vai amadurecendo seus conhecimentos sendo capaz de criar e sugerir inovações baseadas na própria experiência. E, nesse caso, um meio que se destaca para o efetivo compartilhamento do aprendizado é a visita do franqueador, oportunidade na qual as melhores práticas podem ser exemplificadas para futura adoção.

O papel do visitante pode ser bastante complexo, devendo ter suficiente conhecimento sobre os aspectos das duas operações (franqueador e franqueado) para realizar bem seu papel. A posição de poder do visitante requer conquistar confiança a ponto de tornar-se o interlocutor entre as partes envolvidas, isto é, entre o franqueador e o franqueado. Essa particularidade do perfil do visitante torna-o um recurso valioso e difícil de ser encontrado.[9] Nessas situações, mediadores e consultores externos são usados como opção.[9]

Some-se à importância da visita do franqueador para manutenção da qualidade do sistema a colocação de que uma supervisão mais de perto é a solução para os problemas gerados pela falta de controle direto dos funcionários da pessoa jurídica independente do franqueado.[42]

Proposição 6: A continuidade do processo de transferência de conhecimento aos novos funcionários segue padrões estabelecidos para o conhecimento explícito, mas não há um processo uniforme a ser seguido para a transferência do conhecimento tácito.

De fato, alguns autores chegaram à conclusão de que o *turnover* é irrelevante para a acumulação de conhecimento explícito.[41] Em seu modelo, mostraram ainda que na medida em que o grau de complexidade aumenta, o nível de conhecimento (relativamente ao conhecimento possível) retido diminui. E ainda, concluem que as organizações podem facilitar o aprendizado quando os relacionamentos interpessoais são previamente pequenos e isolados uns dos outros, o que não é o caso das franquias, onde o relacionamento entre todos os agentes não só existe como é necessário e intenso.

Somem-se ainda os argumentos apresentados para justificar a Proposição 2, onde foi discorrido sobre as dificuldades da transferência de conhecimento tácito e momento vivido pelo processo de transferência de conhecimento nas franquias observadas, ou seja, o da socialização.

Pelas entrevistas realizadas, nota-se que os franqueados tendem a fazer esforços para reter pessoal com capacidade de aprendizagem, para assegurar que tal habilidade seja repassada a novos funcionários.[64] Essa característica de transferência do conhecimento tácito por meio de funcionários experientes a novos trabalhadores aumenta a dependência de baixos níveis de rotatividade de pessoal.[6]

Proposição 7: Há disposição para compartilhar conhecimento entre todos os agentes, mas há uma frustração quanto à adoção efetiva do conhecimento adquirido.

A transferência de conhecimento ocorre quando uma unidade de uma organização afeta outra unidade, podendo ocorrer de maneira explícita – quando uma unidade comunica à outra uma boa prática – ou implicitamente – quando o agente receptor é afetado, mas não necessariamente assimila o conhecimento, praticando-o mecanicamente, por exemplo. A compatibilidade entre os membros, as ferramentas e as tarefas não é garantida, devendo adaptar-se ao novo contexto. As interações para transferência de conhecimento envolvendo indivíduos são mais problemáticas que aquelas envolvendo ferramentas e tarefas. Mas o mais problemático condutor de conhecimento é a rede envolvendo indivíduos, não os indivíduos em si.[4] Parece ser o caso da Proposição 7, pois se trata da adoção de conhecimento entre empresas, não entre indivíduos.

A confiabilidade do recursos afeta a percepção de uma oportunidade de transferência de conhecimento nos estágios iniciais.[4] Já a execução da transferência é afetada pela habilidade do receptor de absorver o conhecimento. No caso, o receptor é a empresa franqueadora e/ou a empresa franqueada, não os indivíduos.

As notas anteriores se referem mais à relação entre franqueador e franqueado. Na relação franqueado-franqueado, o conhecimento não parece ser transferido entre unidades pertencentes a diferentes franqueados, diferentemente entre aquelas que pertencem a um mesmo proprietário.[4]

Proposição 8: O perfil ideal dos agentes de transferência de conhecimento contém características que, em sua maioria, são intangíveis. Por esse motivo, a precisão na seleção do perfil é mais complexa.

Quanto mais complexo é o serviço ou o produto, menor o número de candidatos e maior o tempo para encontrá-los e para treiná-los. O tipo de produto ou de serviço dita o tipo de perfil que o franqueado deve ter, em razão, por exemplo, do grau de dificuldade inerente à operação. Além disso, pensando na estabilidade do sistema no longo prazo, o franqueador pode ver-se forçado a escolher entre candidatos muito motivados e inteligentes – mas que podem rapidamente tornar-se insatisfeitos por suas altas expectativas de desafios – e aqueles que requerem mais treinamento – mas são menos suscetíveis a tornarem-se insatisfeitos.[42]

Por essa razão, os processos de seleção de candidatos à franquia consomem tempo e capital, especialmente aqueles que não têm tanta experiência em fazê-lo,[50] tornando a tarefa ainda mais penosa ao franqueador. Na medida em que os franqueadores vão ganhando mais experiência, ficam mais adaptados à identificação de franqueados qualificados.[11]

O relacionamento entre as partes (franqueador e franqueado) não é construído numa noite. Ao longo do caminho há uma avaliação contínua de ambos para verificar se haverá mesmo um longo e feliz casamento. A chave para o recrutamento do parceiro na franquia é identificar qual e em que grau o conhecimento mútuo está alinhado entre as partes. Os candidatos à franquia nem sempre entendem a lógica da parceria da franquia, a importância da marca e dos padrões que a caracterizam.[3]

Considerações finais

Uma empresa de sucesso que deseja expandir seu território de atuação pelo sistema de franquias necessita desenvolver suas competências quanto à habilidade de transferir conhecimento a outras unidades – e respectivas equipes – de modo a multiplicar seu destacado desempenho. Não é uma tarefa fácil e ao mesmo tempo é crucial para a elaboração das estratégias gerais das empresas franqueadoras. Com o objetivo de facilitar a análise da questão, este capítulo apresenta um esquema do fluxo de propagação do conhecimento nos sistemas de franquia, mostrando em seguida como as teorias de estratégia e de administração podem auxiliar no entendimento do processo de transferência de conhecimento. Isso porque o modelo de franquia resultou do desenvolvimento progressivo das organizações e pode ser entendido por distintos tópicos associados a diferentes teorias. A divulgação das informações necessárias é apenas uma parte do processo que contempla ainda a forma como o conhecimento é gerado e apreendido, bem como a escolha dos meios utilizados para isso. Essa afirmação é vista tanto da óptica do franqueador como da do franqueado. Em ambos os casos, os perfis do repassador e daquele que vai apreender o conhecimento devem ser considerados, assim como a qualidade dos mecanismos de sua transferência. O texto ainda chama a atenção quanto a diversos outros aspectos, como o impacto do *turnover* de franqueados e das equipes no processo, a longevidade do relacionamento entre as partes e a questão da imitação.

Resumo

O autor apresenta sua pesquisa que teve como principais resultados: (a) os motivadores para a entrada no sistema são a expansão de qualidade, por parte do franqueador, e o suporte oferecido, por parte do franqueado; (b) o conhecimento da operacionalização do elemento-chave do sucesso da marca torna-se explícito com mais facilidade que o conhecimento dos elementos de gestão da unidade franqueada; (c) apesar de manuais e do treinamento em classe serem meios usuais de transferência de conhecimento explícito, sua sedimentação se dá por meio do treinamento em campo; (d) geralmente o conhecimento explícito é passado em grande quantidade, em pouco tempo e em um momento de maior ansiedade do franqueado, prejudicando o aprendizado; (e) os meios mais relevantes para transferência de conhecimento tácito são o contato diário com o franqueador, os encontros entre franqueados e as visitas do franqueador à unidade, porém o bom resultado dessa depende do perfil e da capacitação do visitante; (f) não foi identificado um processo-padrão para a transferência do conhecimento tácito; (g) apesar da disposição de compartilhar conhecimento entre os agentes, há uma frustração quanto à sua adoção efetiva; (h) o perfil ideal dos agentes da transferência de conhecimento contém características intangíveis, tornando mais complexa a tarefa de sua seleção. Por fim, ao longo das explanações, sugere-se também uma série de questões que podem ser úteis para o início de análises mais profundas sobre o tema da transferência de conhecimento no sistema de franquia.

Questões para discussão

1. Quais são os tipos e as áreas de conhecimento gerados dentro de um sistema de franquia?
2. Qual a importância da transferência do conhecimento na preparação da estratégia de expansão das redes de franquia?
3. Como podem ser desenvolvidas as competências do emissor e do receptor no processo de transferência de conhecimento para que ocorra sua apreensão?
4. Quais são os meios mais comuns utilizados no processo de divulgação do conhecimento nas franquias?

Referências

[1] ACEDO, F. et al. The resource-based theory: dissemination and main trends. *Strategic Management Journal*, v. 27, p. 621-36, 2006.

[2] ALTINAY, L.; WANG, C. L. The role of prior knowledge in international franchise partner recruitment. *International Journal of Service*, v. 17, n. 5, p. 430-43, 2006.

[3] ANCORI, B. et al. The economics of knowledge: the debate about codification and tacit knowledge. *Industrial and Corporate Change*, Oxford University Press, v. 9, n. 2, p. 255-87, 2000.

[4] ARGOTE, L.; DARR, E. Repositoires of knowledge in franchise organizations. In: DOSI, G.; NELSON, R.; WINTER, S. (Eds.). *The nature and dynamics of organizational capabilities*. Nova York: Oxford University Press, 2000. p. 51-68.

[5] ARGOTE, L.; INGRAM, P. Knowledge transfer: a basis for competitive advantage in firms. *Organizational Behavior and Human Decision Processes*, v. 82, n. 1, p. 150-69, 2000.
[6] BANDEIRA-DE-MELLO, R. et al. A replicação do conhecimento organizacional na formação de redes de *fast-food. Revista de Administração e Inovação*, v. 6, n. 1, p. 126-38, 2009.
[7] BARNEY, J. B. Firm, resources and sustained competitive advantage. *Journal of Management*, v. 17, p. 90-120, 1990.
[8] _______. Resource-based *theories* of competitive advantage: A ten-year retrospective on the resource-based view. *Journal of Management*, v. 27, p. 643-50, 2001.
[9] BROWN, J. S.; DUGUID, P. Organizing knowledge. *California Management Review*, v. 40, n. 3, p. 90-107, 1998.
[10] CARNEY, M.; GEDAJLOVIC, E. Vertical integration in franchising systems: agency theory and resource explanations. *Strategic Management Journal*, v. 12, n. 8, p. 607-29, nov. 1991.
[11] CASTROGIOVANNI, G. J.; JUSTIS, R. T.; JULIAN, S. D. Franchise failure rates: an assessment of magnitude and influencing factors. *Journal of Small Business Management*, v. 31, p. 105-114, abr. 1993.
[12] CAVALIERE, F. J.; SWERDLOW, M. R. Why franchise? *Business Forum*, v. 13, n. 3, p. 11, verão 1988.
[13] CHERTO, M. et al. *Franchising*: uma estratégia para a expansão de negócios. São Paulo: Premier Máxima Editora, 2006.
[14] COHEN, W. M.; LEVINTHAL, D. A. Absortive capacity: a new perspective on learning. *Administrative Science Quarterly*, v. 35, p. 128-152, mar. 1990.
[15] COMBS, J. G.; CASTROGIOVANNI, G. J. Franchisor strategy: a proposed model and empirical test of franchise versus company ownership. *Journal of Small Business Management*, v. 32, p. 37-48, abr. 1994.
[16] COMBS, J. G. et al.Franchising: a review and avenues to greater theoretical diversity. *Journal of Management*, v. 30, n. 6, p. 907-31, 2004.
[17] DARR, E. et al. The acquisition, transfer and depreciation of knowledge in service organizations: productivity in franchises. *Management Science*, v. 41, n. 11, p. 1750-62, 1995.
[18] DIERICKX, I.; COOL, K. Asset stock accumulation and sustainability of competitive advantage. *Management Science*, v. 35, p. 1505-11, 1989.
[19] DOSI, G. et al. *The nature and dynamics of organizational capabilities*. Nova York: Oxford University Press, 2000.
[20] DUGUID, P. "The art of knowing": social and tacit dimensions of knowledge and the limits of the community of practice. *The Information Society*, v. 21, p. 109-18, 2005.

[21] EISENHARDT, K.; MARTIN, J. Dynamic capabilities: what are they? *Strategic Management Journal*, v. 21, p. 1105-21, 2000.

[22] EISENHARDT, K. M.; SCHOONHOVEN, C. B. Resource-based view of strategic alliance formation: strategic and social effects in entrepreneurial firms. *Organization Science,* v. 7, n. 2, p. 136-50, mar.-abr. 1996.

[23] ELANGO, B.; FRIED, V. H. Franchising research: aliterature review and synthesis. *Journal of Small Business Management*, v. 35, n. 3, p. 68-81, 1997.

[24] FAMA, E. F. Agency problems and the theory of the firm. *Journal of Political Economy*, v. 88, n. 2, p. 288-307, 1980.

[25] GRANT, R. M. The resource-based theory of competitive advantage: implications for strategy formulation. *California Management Review*, v. 33, n. 3, p. 114-35, 1991.

[26] _______. Prospering in dynamically-competitive environments: organizational capability as knowledge integration. *Organization Science*, v. 7, n. 4, p. 375-87, jul.-ago. 1996a.

[27] _______. Toward a knowledge-based theory of the firm. *Strategic Management Journal*, v. 17, n. esp.: Knowledge and the Firm, p. 109-22, inverno, 1996b.

[28] HELFAT, C. The evolution of firm capabilities. *Strategic Management Journal, Guest Editor's Introduction to Special Issue,* v. 21, p. 955-9, 2000.

[29] INMA, C.; DEBOWSKI, S. Analysis of franchise performance through use of a typology: an Australian investigation. *Singapore Management Review*, v. 28, n. 2, p. 1-30, 2006.

[30] KALE, P.; SINGH, H. Building capabilities through learning: the role of the alliance learning process in alliance capability and firm-level alliance success. *Strategic Management Journal*, v. 28, p. 981-1000, 2007.

[31] KALNIS, A.; MAYER, K. J. Franchising, ownership, and experience: a study of Pizza Restaurant Survival. *Management Science,* v. 50, n. 12, p. 1716-28, 2004.

[32] KETCHEN, D. et al. When does franchising help restaurant chain performance? *Cornell Hotel and Restaurant Administration Quarterly*, v. 47, n. 1, p. 14-26, 2006.

[33] KOGUT, B. The network as knowledge: generative rules and the emergence of structure. *Strategic Management Journal*, v. 21, n. 3, n. esp.: Strategic Networks, p. 405-25, mar. 2000.

[34] KOGUT, B.; ZANDER, U. Knowledge of the firm, combinative capabilities, and the replication of technology. *Organization Science*, v. 3, n. 3, Focused Issue: Management of Technology, p. 383-97, ago. 1992.

[35] LAFONTAINE, F. Agency theory and franchising: some empirical results. *RAND Journal of Economics*, v. 23, n. 2, p. 263-83, 1992.

[36] LEONARD, N.; INSCH, G. S. Tacit knowledge in academia: a proposed model and measurement scale. *The Journal of Psychology*, v. 139, n. 6, p. 495-512, 2005.

[37] LEVINTHAL, D. A.; MARCH, J. G. The myopia of learning. *Strategic Management Journal*, v. 14, p. 95-112, 1993.

[38] LIEBESKIND, J. P. Knowledge, strategy, and the theory of the firm. *Strategic Management Journal*, v. 17, n. esp. de inverno, p. 93-107, 1996.

[39] MARCH, J. G. Exploration and exploitation in organizational learning. *Organization Science*, v. 2, n. 1, n. esp.: Organizational Learning: Papers in Honor of (and by) James G., p. 71-87, mar. 1991.

[40] MAURO, P. C. *Guia do franqueador*: como desenvolver marcas mundiais. 4. ed. São Paulo: Nobel, 2007.

[41] MILLER, K. D. et al. Adding interpersonal learning and tacit knowledge to March's exploration and exploitation model. *Academy of Management Journal*, v. 49, n. 4, p. 709-22, 2006.

[42] MOCKLER, R. J.; EASOP, H. E. The art of managing a franchise. *Business Horizons*, v. 11, n. 4, p. 27, ago. 1968.

[43] MONROY, M. F.; ALZOLA, L. M. An analysis of quality management in franchise systems. *European Journal of Marketing*, v. 39, n. 5/6, ABI/Inform Global, p. 585-605, 2005.

[44] NONAKA, I. A dynamic theory of organizational knowledge creation. *Organization Science*, v. 5, n. 1, p. 14-37, fev. 1994.

[45] NONAKA, I. et al. *A theory of organizational knowledge creation*: understanding the dynamic process of creating knowledge. Creating Organizational Knowledge. *Handbook of Organizational Learning & Knowledge*, Cap. 22, Oxford: Oxford University Press, 2001. p. 491-517.

[46] PASWAN, A. K.; KANTAMNENI, P. S. Public opinion and franchising in an emerging market. *Asia Pacific Journal of Marketing and Logistics*, v. 16, n. 2, ABI/Inform Global, p. 46-61, 2004.

[47] PASWAN, A. K. et al. Intra, extra, and internets in franchise network organizations. *Journal of Business to Business Marketing*, v. 11, n. 1/2, p. 103-29, 2004.

[48] PETERAF, M. A. The cornerstones of competitive advantage: a resource based-view. *Strategic Management Journal*, v. 14, n. 3, p. 179-91, 1993.

[49] PLATTS, M.; YEUNG, M. Managing learning and tacit knowledge. *Strategic Change*, n. 9, p. 347-55, 2000.

[50] RAMOS-RODRIGUEZ, A. R.; RUIZ-NAVARRO, J. Changes in the intellectual structure of strategic management research: a bibliometric study of the Strategic Management Journal, 1980-2000. *Strategic Mangement Journal*, v. 25, n. 10, p. 981-1004, 2004.

[51] SLATER, F. S.; NARVER J. C. Market orientation and the learning organization. *Journal of Marketing*, v. 59, p. 63-74, 1995.

[52] SORENSON, O.; SORENSEN, J. B. Finding the right mix: franchising, organizational learning, and chain performance. *Strategic Management Journal*, v. 22, n. 6/7, p. 713-24, 2001.

[53] SPENDER, J. C. Making knowledge the basis of a dynamic theory of the firm. *Strategic Management Journal*, v. 17, p. 45-62, 1996.

[54] STANWORTH, J. et al. Franchising as as mall business growth strategy: a resource-based view of organizational development. *International Small Business Journal*, dez. 2004.

[55] TEECE, D. J. Capturing value from knowledge assets: the new economy, markets for know-how, and intangible assets. *California Management Review*, v. 40, n. 3, ABI/Inform Global, p. 55, verão 1998.

[56] _______. Explicating dynamic capabilities: the nature of microfoundations of (sustainable) enterprise performance. *Strategic Management Journal*, v. 28, n. 13, p. 1319-50, 2007.

[57] TEECE, D. et al. Dynamic capabilities and strategic management. *Strategic Management Journal*, v. 18, n. 7, p. 509-33, 1997.

[58] WERNERFELT, B. A resource based-view of the firm. *Strategic Management Journal*, v. 5, n. 2, p. 171-80, 1984.

[59] WICK, C. W.; LEÓN, L. S. From ideas to action: creating a learning organization. *Human Resource Management*, v. 34, p. 299, 1995.

[60] WINDSPERGER, J. *The organization of knowledge in franchising firms*. DRUID Summer Conference, Copenhagen/Elsinore, 6-8 jun. 2002.

[61] WINDSPERGER, J.; DANT, R. Contractibility and ownership redirection in franchising: a property rights view. *Journal of Retailing*, v. 82, p. 259-72, 2006.

[62] WINDSPERGER, J.; GOROVAIA, N. The choice of knowledge transfer mechanisms in franchising networks. *A Property Rights View. Center of Business Studies, University of Vienna*, abr. 18, 2007.

[63] WINTER, S. Understanding dynamic capabilities. *Strategic Magement Journal*, v. 24, p. 991-5, 2003.

[64] WINTER, S.; SZULANSKI, G. Replication as strategy. *Organization Science*, v. 12, n. 6, nov.-dez. 2001.

[65] WITHANE, S. Franchising and franchisee behavior: an examination of opinions, personal characteristics, and motives of Canadian franchisee entrepreneurs. *Journal of Small Business Management*, v. 29, p. 22-9, jan. 1991.

12 Gestão da qualidade em franquias de alimentação: o caso "Delta"

Rogério Stival Morgado

Objetivos do capítulo

1. Apresentar características da qualidade no franchising.
2. Demonstrar a importância da qualidade no franchising.
3. Propor um instrumento para a avaliação de qualidade no franchising.
4. Caracterizar as diferenças entre as percepções sobre a qualidade no franchising.

Introdução

O franchising representa um papel de fundamental importância no atual mercado: mediante um contrato de franquia, o franqueador cede o direito de uso de sua marca para o franqueado e oferece todo o suporte de formatação do negócio.

Muitos estudos sobre a qualidade têm buscado desenvolver e testar empiricamente teorias, modelos e conceitos, visando, em geral, melhorar o desempenho das organizações. Dentro disso, a proposta deste trabalho é analisar a qualidade em empresa atuante pelo franchising.

As empresas que buscam realizar seus negócios pelo sistema franchising buscam uma forma de conhecimento integrada sobre gestão de negócios nas diferentes áreas organizacionais, tais como marketing, financeiro, recursos humanos e operações.

O padrão de qualidade é de fundamental importância para a expansão dessas operações e a sua variação poderá trazer problemas para a organização.[4] No franchising, essa questão é ainda mais complexa, pois a variação da qualidade entre as diferentes unidades da mesma rede poderá prejudicar a marca, a relação de confiança com os clientes e, assim, consequentemente, os resultados dessas empresas.

Nesta pesquisa, para melhor compreender a qualidade de serviços no franchising, vamos buscar entender qual a importância e o desempenho de diferentes atributos segundo os principais públicos relacionados a uma unidade, os franqueados, os funcionários e os clientes.

Referencial teórico

Qualidade no franchising

Nos últimos anos, o franchising tem emergido como um fenômeno com grande significado estratégico para os negócios, a criação de empregos e o desenvolvimento econômico. O termo franquia corresponde, de maneira geral, a uma licença de uso de marca, de comercialização de produtos ou serviços e, em muitos casos, de acesso a todo um sistema de negócios já desenvolvido e testado.[10]

No franchising, a empresa que detém a marca e/ou o formato das operações do negócio e concede os direitos de uso a outra empresa é conhecida como franqueadora, enquanto aquela que adquire esses direitos é denominada franqueada.

As operações de franchising podem caracterizar modelos de gestão de operações que sintetizam práticas contemporâneas e mudanças que vêm ocorrendo nos negócios. Esses modelos buscam operar ante novas preferências do consumidor, mais junto às redes de suprimento e fornecedores, utilizando as novas tecnologias, na organização dos processos de trabalho, na estruturas organizacionais e em estratégias competitivas.[12]

Na franquia de formato de negócio, o apoio dado à empresa franqueadora é muito mais abrangente, com a transferência de conhecimento de todo o modelo de gerenciamento do negócio, previamente desenvolvido e testado.[8] Além de marca, o franchising de formato de negócio diferencia-se pela transferência de conhecimento sobre a operação do negócio, incluindo, por exemplo, um programa formal de treinamento, manual operacional, a descrição dos processos, as especificações técnicas e os padrões de qualidade, além de uma estrutura de apoio operacional ao franqueado.

Um aspecto fundamental na qualidade de serviços é identificar como se pode atingir satisfação ou descontentamento com o serviço de uma empresa.[11] Assim, se a empresa pretende satisfazer os seus clientes, inicialmente é necessário questionar sobre os aspectos que os satisfazem e aqueles que geram insatisfação com relação aos produtos e serviços oferecidos.

O franchising atualmente é utilizado por empresas com atividades, dimensões e maturidades muito diferentes e em diversos contextos econômicos, políticos, legais e culturais. As teorias tradicionais sobre o franchising pressupõem a homogeneidade dos franqueadores, dos franqueados e dos relacionamentos de franchising. Entretanto, na prática, percebe-se que isso pode não ocorrer plenamente.

A transferência de conhecimento entre as partes é um aspecto fundamental no franchising. O desempenho da rede de franchising depende da transferência do franqueador para o franqueado de conhecimento relativo ao negócio e da transmissão do franqueado para o franqueador do conhecimento sobre o mercado local.

Os serviços se caracterizam por atos, processos e performances, como também todas as atividades econômicas cujo produto não é físico ou construído, e sua execução pode ou não estar ligada a um produto físico.[9] O serviço é consumido na hora em que é produzido e provê valor agregado essencialmente intangível, que uma parte pode oferecer a outra e que não resulte na posse de nenhum bem.[19]

Os clientes, antes de comprarem um serviço, possuem expectativas, baseada nas suas necessidades individuais, experiências passadas, recomendações de terceiros e propaganda de um prestador de serviços. Após comprarem e consumirem o serviço, os clientes comparam a qualidade esperada com aquilo que realmente receberam.

É importante ressaltar que a qualidade de serviço é composta por dimensões multifacetadas, não existindo nenhum acordo sobre o número de dimensões ou das suas inter-relações.[15] Consequentemente, existe a necessidade de desenvolver múltiplas escalas que capturem adequadamente o contexto de estudos em particular.

As características peculiares inerentes aos serviços (alto contato com o cliente, participação do cliente no processo, perecibilidade, não estocável, mão de obra intensiva, saída variável e não padronizável, intangibilidade e dificuldade de mensurar a produtividade) dificultam a avaliação da qualidade em serviços.

O cliente está presente no momento da realização da "produção" do serviço. Sendo assim, deve existir uma sinergia entre clientes e a organização. É por meio dessa prática que a empresa pode alcançar a tão procurada fidelização. Essa estratégia está relacionada à capacidade da organização em conhecer seus clientes e seus mercados, identificar suas necessidades e antecipar de forma proativa para agregar valor aos serviços oferecidos.[1]

O conceito de serviço surge da análise das necessidades e desejos do cliente que com processos e operações de serviços são formuladas proposições. De forma geral, a qualidade do produto é garantida no *backstage* e se refere a atender conformidades, mas no *frontstage* a qualidade do serviço deve buscar acima de tudo reduzir *gaps* de *design*, entrega e valor. Assim, existem três básicos movimentos para a qualidade em serviços; o primeiro movimento refere-se a fazer a coisa certa tanto no *backstage* como no *frontstage*; o segundo se coloca em fazer a coisa certa para o consumidor, ou seja, superar o *gap* entre expectativas e percepções; e o terceiro preconiza obter melhorias e diferenciações advindas de colocar a voz do cliente ao longo dos serviços.[16]

Assim, dentro disso, a qualidade no franchising se torna ainda mais complexa, pois além da relação entre franqueador e franqueados, cada franqueado tem diferentes formações e experiências, atuam em diferentes localidades, possuem diferentes funcionários, consequentemente podendo ter diferentes desempenho na qualidade percebida pelos clientes.[13]

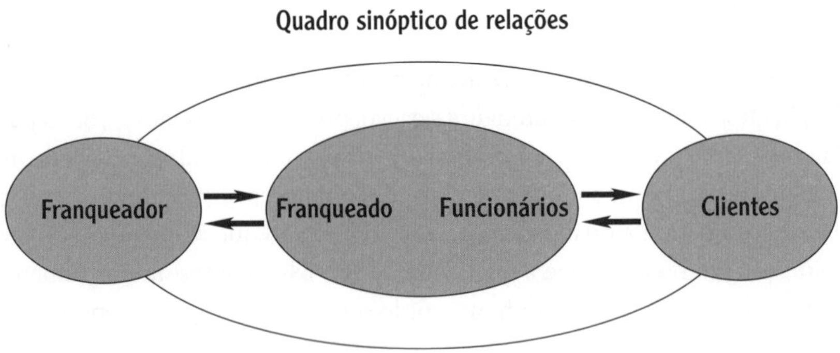

Figura 1 – Qualidade de serviços no Franchising.

Neste estudo, para a avaliação da qualidade de serviços no franchising e sua análise, optou-se por desenvolver um instrumento para a mensuração de atributos entre os diferentes públicos de uma unidade participante de uma rede de lojas.

Análise importância-desempenho para a qualidade no franchising

As empresas devem avaliar regularmente o seu desempenho. Para isso, podem utilizar vários métodos de avaliação: comparação com a concorrência, compradores misteriosos, pesquisas com os clientes, formulários de sugestões/reclamações, equipes de avaliação, entre outros métodos.[8]

Uma ferramenta que pode ser utilizada para a identificação dos atributos classificados como qualificadores e como ganhadores de pedidos e, ao mesmo tempo, avaliar o desempenho da organização, comparando-a aos seus principais concorrentes, é a matriz importância *versus* desempenho. A primeira escala indica como os clientes veem à importância relativa de cada atributo. A segunda escala indica o desempenho de como a empresa está desempenhando esses atributos.

Dessa forma, os serviços podem ser avaliados pela importância dada pelo cliente e pelo desempenho da empresa nesses atributos. A análise importância-desempenho é utilizada para a avaliação dos diversos elementos do pacote de serviços e identificação de mudanças necessárias.

Esse tipo de análise é muito importante e pode ser utilizada para direcionar as ações de melhoria de desempenho com foco nos clientes externos e também nos funcionários de serviços. A análise importância-desempenho é uma ferramenta muito simples que pode ajudar a traçar o panorama de uma empresa ou processo em relação aos seus diferentes aspectos relacionados à qualidade de seus serviços.

Os públicos de uma empresa têm expectativas e necessidades a serem atendidas por essas que, em geral, apresentam diferentes níveis de desempenho. A empresa com essa análise poderá monitorar a satisfação relacionada aos diferentes públicos e melhorar continuamente.[5, 7]

Nesta pesquisa, o conceito de importância-desempenho foi utilizado para analisar a qualidade em uma empresa de franchising para permitir avaliar a escala de importância dada pelos clientes para diferentes atributos e o desempenho da organização diante destes.

Quadro 1 – Instrumento de análise da importância-desempenho na qualidade no Franchising

Avalie a importância e o desempenho dos atributos apresentados, segundo uma escala de 1,0 a 4,0; onde: (4) extremamente importante, (3) importante, (2) pouco importante e (1) sem importância:

Nº	Descrição do atributo	Importância (média)	Desempenho (média)
1	Facilidade de acesso.		
2	Ambiente geral da loja (limpeza, espaço, iluminação).		
3	Pouca fila de espera.		
4	Entrega rápida de pedidos.		
5	Utensílios e talheres limpos.		
6	Aspecto adequado dos produtos.		
7	Atenção dos funcionários.		
8	Disposição dos funcionários.		
9	Preço adequado ao mercado.		
10	Comunicação no ponto de venda (informações, promoção etc.).		

Metodologia de pesquisa

O estudo de caso é um dos mais poderosos métodos de pesquisa em gestão de operações de serviços.[17] Sua utilização é recomendada em quatro situações: exploração de áreas ainda não suficientemente cobertas, construção de uma nova teoria, teste de uma teoria existente e extensão de uma teoria. Nesse último caso, permite ver quanto generalizável é a teoria e em que contextos ela se aplica. Trata-se, portanto, de um método adequado ao presente trabalho, considerando que o estudo da qualidade no franchising é recente e ainda pouco explorado.

Assim, para a elaboração desta pesquisa, realizou-se inicialmente uma revisão bibliográfica e documental dos assuntos qualidade e franchising, em livros, *sites* e periódicos, analisando as principais abordagens sobre esses assuntos. Nesta parte, ainda buscou-se integrá-los tentando identificar possíveis relações.

Em seguida, desenvolveu-se uma estrutura conceitual, relacionando a qualidade no franchsing. A partir dessa, foi estabelecida para esta pesquisa a seguinte questão: *Qual é a importância e o desempenho de diferentes atributos da qualidade no franchising segundo seus diferentes públicos: franqueados, colaboradores e clientes?*

Para esclarecer a questão proposta e garantir uma compreensão mais profunda do assunto e de sua relevância para a qualidade, optou-se pela seleção de uma única empresa. A escolha de uma unidade de análise é justificável em algumas situações especiais, entre elas, quando o caso é considerado típico ou representativo.[18]

O caso único selecionado para este estudo pode ser considerado típico ou representativo, porque permite a captura de circunstâncias e condições do dia a dia de uma instituição típica de determinado setor; nesse caso, o franchising. Assim, realizou-se um estudo de caso em uma empresa de franchising na área de alimentação, sendo escolhida uma empresa com experiência e que vem nos últimos tempos passando por transformações internas e estruturais. Essa organização neste trabalho é denominada FRANQUIA DELTA.

A coleta de dados primários foi efetuada especialmente por meio de entrevista com aplicação de instrumento desenvolvido para a análise importância-desempenho entre os franqueados, funcionários e clientes dessa empresa. As entrevistas foram complementadas por outras fontes como pesquisa documental e observação, ou seja, buscou-se explorar ampla variedade de evidências, importante fator dos estudos de casos.[3]

A etapa da coleta de dados foi realizada durante os meses de julho e agosto de 2010, e compreendeu as seguintes atividades: análise prévia de informação sobre a empresa, elaboração de roteiro para entrevista semiestruturada, agendamentos de entrevistas, visitas à sede da empresa, realização das entrevistas, aplicação da análise importância-desempenho e sistematização dos dados coletados.

Os atributos escolhidos para a avaliação desta pesquisa foram considerados baseando-se em Parasuraman et al.,[14] sendo outros atributos aqui descritos decorrentes do ciclo de serviço que normalmente os clientes fazem fisicamente nessa unidade franqueada. O atributo denominado aspecto do produto buscou abranger aspectos visuais e avaliativos sobre o alimento.

Foram incluídos também como atributos o preço e a comunicação no ponto de venda, pois estes podem ser considerados como determinantes diretos da qualidade, tendo uma forte relação com essa, afetando-a indiretamente por meio das expectativas do cliente.[6]

Resultados

Os resultados coletadas pela pesquisa sugerem que as práticas adotadas pela empresa em relação à qualidade podem ser tomadas como referências valiosas por organizações que desejam investir na busca por maior coerência entre as percepções dos seus diferentes públicos.

Para a realização desta pesquisa foi escolhida uma rede de franchising notadamente conhecida, atuante na área de alimentação, mais especificamente no setor *fast-food*. O interesse foi de comparar as informações obtidas ante o quadro teórico elaborado e os objetivos de melhor compreender a qualidade de serviços por meio de um instrumento de análise importância-desempenho nesse contexto.

Para captação dos dados e respostas foi desenvolvida a sequência: (a) entrevistas pessoais com franqueados e gerentes, em que se aplicou o instrumento de análise importância desempenho; (b) junto aos funcionários considerou-se a equipe praticamente completa em determinado turno de trabalho para a realização desta pesquisa; e (c) na pesquisa junto aos clientes considerou-se uma amostra aleatória, composta por sessenta respondentes, realizada em determinado período.

Os públicos avaliados tiveram diferentes resultados na análise importância-desempenho de diferentes atributos sobre a qualidade de serviços no franchising.

Tabela 1 – Importância de atributos em qualidade no franchising

Franqueado	Funcionários	Clientes
- Ambiente geral da loja.	- Entrega rápida de pedidos.	- Ambiente geral da loja.
- Pouca fila de espera.	- Ambiente geral da loja.	- Atenção dos funcionários.
- Atenção dos funcionários.	- Utensílios e talheres limpos.	- Comunicação no ponto de venda.
- Entrega rápida de pedidos.	- Aspecto adequado dos produtos.	- Preço adequado ao mercado.
- Aspecto adequado dos produtos.	- Pouca fila de espera.	- Aspecto adequado dos produtos.

Tabela 2 – Desempenho de atributos em qualidade no franchising

Franqueado	Funcionários	Clientes
- Ambiente geral da loja.	- Facilidade de acesso.	- Comunicação no ponto de venda.
- Utensílios e talheres limpos.	- Entrega rápida de pedidos.	- Ambiente geral da loja.
- Aspecto adequado dos produtos.	- Aspecto adequado dos produtos.	- Utensílios e talheres limpos.
- Comunicação no ponto de venda.	- Ambiente geral da loja.	- Aspecto adequado dos produtos.
- Preço adequado ao mercado.	- Utensílios e talheres limpos.	- Facilidade de acesso.

Qualidade no franchising segundo os franqueados

A FRANQUIA DELTA se constitui em empresa atuante pelo franchising praticamente presente em todo o território nacional e referência no produto e no mercado em que atua.

Os franqueados entrevistados aceitaram realizar a entrevista para a pesquisa e demonstraram muito interesse em participar e contribuir em todo o processo. Embora aplicando suas avaliações de qualidade tanto às próprias como às da rede de franchising, eles demonstraram muito interesse em conhecer a análise importância-desempenho aqui desenvolvida.

Para esses, os principais atributos da qualidade identificados pela análise em ordem decrescente de importância foram: ambiente geral da loja, pouca fila de espera, atenção dos funcionários, entrega rápida de pedidos e aspecto adequado dos produtos. Na análise de desempenho, a ordem de atributos de forma decrescente foi: ambiente geral da loja, utensílios e talheres limpos, aspecto adequado dos produtos, comunicação no ponto de venda e preço adequado ao mercado.

Qualidade no franchising segundo os funcionários

Os resultados encontrados apresentam posições próximas entre os atributos na avaliação análise importância-desempenho realizada. Os funcionários demonstraram boa percepção da importância de suas funções em relação à qualidade dos serviços prestados. Por sua vez, alguns dos atributos identificados entre as primeiras posições das duas colunas (por exemplo, entrega rápida de pedidos) mostram alinhamento entre a percepção da visão do cliente e o esforço por parte desses funcionários em atenderem bem esse atributo.

Para os funcionários, os principais atributos da qualidade identificados pela análise em ordem decrescente de importância foram: entrega rápida de pedidos, ambiente geral da loja, utensílios e talheres limpos, aspecto adequado dos produtos e pouca fila de espera. No desempenho, a ordem de atributos de forma decrescente foi: facilidade de acesso, entrega rápida de pedidos, aspecto adequado dos produtos, ambiente geral da loja e utensílios e talheres limpos.

Qualidade no franchising segundo os clientes

Foi constatado que os problemas decorrem de inadequados sistemas, estratégias de retaguarda e falta de conhecimento por parte dos funcionários envolvidos.

Para os clientes, os principais atributos da qualidade identificados pela análise em ordem decrescente de importância foram: ambiente geral da loja, atenção dos funcionários, comunicação no ponto de venda, preço adequado ao mercado e aspecto adequado dos produtos. Na análise de desempenho, a ordem de atributos de forma decrescente foi: comunicação no ponto de venda, ambiente geral da loja, utensílios e talheres limpos, aspecto adequado dos produtos e facilidade de acesso.

Apesar de existirem divergências nos resultados apresentados entre os públicos em relação à ordem de importância dos atributos que afetam a qualidade, verificou-se a predominância nos diferentes públicos de alguns atributos com melhor desempenho. A seguir, colocamos as considerações finais sobre esta pesquisa.

Considerações finais

A entrega de serviços com alta qualidade ao consumidor tem sido um fator-chave no desempenho das empresas. Não surpreendentemente, a mensuração da qualidade de serviço tem se tornado um importante aspecto para diversos estudos empíricos e conceituais em gestão de operações, tendo diversas escalas e índices desenvolvidos e utilizados.

O sistema franchising permite a expansão das empresas de serviços para diferentes localidades. Dessa forma, busca-se por meio desse sistema a expansão de operações que realizem e desenvolvam o mesmo padrão de qualidade. Entretanto, as unidades possuem diferentes equipes de trabalho, compostas por atendentes, supervisores, gerentes e franqueados.

O sistema franchising tem crescido e evoluído muito nos últimos anos, mas talvez os princípios presentes nessas operações e assim sua variabilidade podem trazer situações de avaliações diferentes ante os atributos.

Foi elaborado um modelo de fácil aplicação baseado na análise importância-desempenho para avaliar a qualidade em empresas atuantes pelo franchising. Esse modelo baseou-se em instrumentos anteriores da literatura sobre qualidade de serviços, sendo incluídas algumas modificações e, especialmente, maior detalhamento dos elementos do ciclo do serviço na empresa analisada.

As diferentes opiniões encontradas sobre a qualidade na empresa pesquisada por meio dos diferentes atributos sugerem a necessidade de maior integração entre as diferentes áreas que constituem o franchising. Aconselha-se, portanto, maior integração entre as diretrizes da franqueadora, a gestão da unidade franqueada e ações frente à parte operacional, como treinamento dos funcionários.

Pela análise importância-desempenho realizada, demonstra-se que os funcionários têm consciência dos atributos que podem auxiliá-los a realizar um serviço de qualidade.

Outro fator também percebido com este estudo é que os consumidores podem ser sempre fontes sobre suas insatisfações. Sistemas preparados para "ouvir a voz" do cliente podem auxiliar a empresa a melhorar sua qualidade.

As organizações precisam buscar maior coerência nas diferentes avaliações dos atributos da qualidade para seu melhor desempenho. A análise importância-desempenho realizada nessa pesquisa pode ser utilizada por várias unidades franqueadas de uma mesma rede e também por diferentes empresas de serviços.

Uma limitação deste estudo é que os resultados obtidos para os atributos da qualidade são específicos para o tipo de serviço aqui analisados e não podem ser generalizados para outras tipologias de serviços sem as devidas adaptações.

Em trabalhos futuros, recomenda-se a identificação de atributos que determinam a qualidade em outros tipos de serviços relacionados ao franchising.

Resumo

Este capítulo analisa a qualidade de serviços em empresa de uma rede de franchising desenvolvendo um instrumento para a sua avaliação. O objetivo principal desta pesquisa foi melhor conhecer as diferenças de percepção sobre a qualidade de serviços em uma unidade franqueada. O trabalho realizou um estudo de caso em uma unidade, na qual foi aplicada análise importância-desempenho de atributos de qualidade de serviços junto aos franqueados, aos funcionários e aos clientes. Buscou-se, ainda, observar se esses atributos são coincidentes e/ou diferentes nas avaliações entre esses diferentes públicos, propiciando, assim, uma visão integrada do assunto para maior possibilidade de acertos no atendimento das expectativas dos clientes. A qualidade de serviços é composta por dimensões multifacetadas, não existindo nenhum acordo sobre o número de dimensões ou das suas inter-relações. Consequentemente, existe a necessidade de desenvolver múltiplas escalas que capturem adequadamente o contexto de estudos em particular. As empresas de franchising devem avaliar regularmente o seu desempenho. Para isso, podem utilizar vários métodos de avaliação: comparação com a concorrência, compradores-misteriosos, pesquisas com os clientes, formulários de sugestões, equipes de avaliação, entre outros métodos. Uma das maneiras que os serviços podem ser avaliados é pela importância dada pelo cliente e pela avaliação do desempenho da empresa nesses atributos. As diferentes opiniões encontradas sobre a qualidade de serviços na empresa pesquisada, por meio dos diferentes atributos presentes na análise importância-desempenho desenvolvida, sugerem a necessidade de maior integração entre as diferentes áreas que constituem o sistema franchising.

Questões para discussão

1. Discuta sobre a importância da qualidade no franchising.
2. Defina as responsabilidades sobre a qualidade do franqueador e do franqueado.
3. Qual pode ser a participação do cliente para a melhoria da qualidade nas empresas atuantes pelo franchising?
4. Quais são os atributos da qualidade mais importantes em redes de franquias atuantes no mercado de alimentação? Enumere os benefícios e as dificuldades em buscar a qualidade nessas empresas.

Referências

[1] ALBRECHT, K. *Serviços com qualidade*: a vantagem competitiva. São Paulo: Makron Books, 1992.

[2] BERRY, L. L.; PARASURAMAN, A. *Serviços de Marketing*: competindo através da qualidade. 3. ed. São Paulo: Maltese, 1991.

[3] EISENHARDT, K. M. Building theories from case study research. *Academy of Management Review*, v. 14, n. 4, p. 532-550, 1989.

[4] FITZSIMMONS, J. A.; FITZSIMMONS, M. J. *Administração de serviços*: operações, estratégia e tecnologia de informação. Porto Alegre: Bookman, 2000.

[5] GIANESI, I.; CORRÊA, H. L. *Administração estratégica de serviços para a satisfação do cliente*. São Paulo: Atlas, 1996.

[6] Grönroos, C. *Marketing*: gerenciamento e serviços: a competição por serviços na hora da verdade. Rio de Janeiro: Campus, 1995.
[7] Johnston, R.; Clark, G. *Administração de operações de serviços*. São Paulo: Atlas, 2002.
[8] Kotler, P. *Marketing Management*: Millenium edition. 10. ed. New Jersey: Prentice Hall, 2000.
[9] Kotler, P.; Armstrong, G. *Princípios de marketing*. Rio de Janeiro: Prentice Hall do Brasil, 1998.
[10] Levy, M.; Weitz, B.A. *Administração de varejo*. São Paulo: Atlas, 2000.
[11] Lovelock, C.; Wright, L. *Serviços*: Marketing e gestão. São Paulo: Saraiva, 2001.
[12] Mauro, P. C. *Guia do franqueador*: como desenvolver marcas mundiais. 4. ed. rev. e ampl. São Paulo: Nobel, 2007.
[13] Morgado, R. S.; Silva, M. T. Qualidade de serviços no franchising - Uma análise importância/desempenho em uma unidade. In: I Simpósio Brasileiro de Ciência de Serviços, 2010, Brasília. SBCS. Brasília: Gráfica e Editora Paranaíba, 2010. v. 1, p. 131-132.
[14] Parasuraman, A. et al. A conceptual model of service quality and its implications for future research. *Journal of Marketing*, v. 49, n. 4, p. 41-50, 1985.
[15] Parasuraman, A. et al. Reassessment of expectations as a comparison standard in measuring service quality: implications for further research. *Journal of Marketing*, v. 58, n. 1, p. 111-24, jan. 1994.
[16] Teboul, J. *Service is front stage*. Nova York: Palgrave MacMillan, 2006.
[17] Voss, C. et al. Case research in operations management. *International Journal of Operations Management*, v. 22, n. 2, p. 196-219, 2002.
[18] Yin, R. K. *Estudo de caso*: planejamento e métodos. 3. ed. Porto Alegre: Bookman, 2005.
[19] Zeithaml, V.; Bitner, M. J. *Services Marketing*: Integrating customer across the firm. Nova York: McGraw-Hill, jan. 2000.

Impressão e Acabamento
Bartira
Gráfica
(011) 4393-2911

CARBON FREE

A Cengage Learning Edições aderiu ao Programa Carbon Free, que pela utilização de metodologias aprovadas pela ONU e ferramentas de Análise de Ciclo de Vida calculou as emissões de gases de efeito estufa referentes à produção desta obra (expressas em CO2 equivalente). Com base no resultado, será realizado um plantio de árvores, que visa compensar essas emissões e minimizar o impacto ambiental da atuação da empresa no meio ambiente.